· 工程建设理论与实践丛书 ·

GAOSU GONGLU SHIGONG YU GAIKUOJIAN JISHU

高速公路施工与改扩建技术

李绍才　刘军涛　周元成　主编

华中科技大学出版社
http://press.hust.edu.cn
中国·武汉

内 容 简 介

本书聚焦高速公路建设全生命周期技术要点,分 7 章构建完整知识体系。开篇绪论勾勒行业发展与技术框架,随后依次详述路基路面、桥涵、隧道核心施工工艺,从基础修筑到特殊结构施工,拆解关键技术与质量控制要点。针对改扩建需求,单独列章阐述施工技术,并结合 2 个典型案例深化实践认知——北京市东六环改造工程案例,呈现城市高速公路改扩建的交通导改、结构利用等复杂问题解法;淑坡头至旬邑高速公路总承包项目案例,展现新建高速公路从设计到施工的协同管理逻辑。理论与实践交织,为公路工程从业者提供新建与改扩建施工全流程技术指引,助力高效、优质建设。

图书在版编目(CIP)数据

高速公路施工与改扩建技术 / 李绍才,刘军涛,周元成主编. -- 武汉 : 华中科技大学出版社,2025. 5. -- ISBN 978-7-5772-1938-7

Ⅰ. U418.8

中国国家版本馆 CIP 数据核字第 2025NN7865 号

高速公路施工与改扩建技术　　　　　　　　　李绍才　　刘军涛　　周元成　　主编
Gaosu Gonglu Shigong yu Gaikuojian Jishu

策划编辑:周永华

责任编辑:周永华

封面设计:张　靖

责任监印:朱　玢

出版发行:华中科技大学出版社(中国·武汉)　　　电话:(027)81321913
　　　　　武汉市东湖新技术开发区华工科技园　　　邮编:430223

录　　排:华中科技大学惠友文印中心

印　　刷:武汉科源印刷设计有限公司

开　　本:787 mm×1092 mm　1/16

印　　张:18

字　　数:336 千字

版　　次:2025 年 5 月第 1 版第 1 次印刷

定　　价:98.00 元

编　委　会

主　编　李绍才　北京城建集团有限责任公司

　　　　刘军涛　陕西华山路桥集团有限公司

　　　　周元成　陕西路桥集团有限公司

副主编　杨慧军　陕西锦通公路勘察设计有限公司

　　　　周　彬　中交第二公路工程局有限公司

　　　　万　浩　保利长大工程有限公司

　　　　任小界　陕西路桥集团建筑工程有限公司

　　　　胡平平　中交一公局第九工程有限公司

　　　　陈加宝　中交二公局华西建设有限公司

编　委　温从瑜　北京泰克华诚技术信息咨询有限公司

　　　　方存星　中交第二航务工程局有限公司

　　　　何安彬　四川展旗建设工程有限公司

前言 | Preface

　　随着经济的快速发展和城市化进程的推进,交通基础设施在国家发展战略中的地位愈发重要。高速公路作为现代交通体系的核心组成部分,承担着高效运输的关键任务,对经济发展和社会进步起着不可或缺的支撑作用。

　　本书系统地阐述了高速公路施工与改扩建的理论、技术及实践。在施工技术方面,本书详细介绍了高速公路建设从规划、设计到施工这一过程涉及的各类技术要点,包括路基路面施工、桥梁隧道建设等关键环节,为新建高速公路提供了全面的技术指导。在高速公路改扩建技术方面,本书深入分析了在既有高速公路基础上进行升级改造所面临的挑战和解决方案,涵盖拓宽技术、拼接工艺等内容。

　　全书共 7 章,包括:绪论;路基路面施工技术;桥涵施工技术;隧道施工技术;高速公路改扩建施工技术;高速公路改扩建施工案例——以北京市东六环(京哈高速—潞苑北大街)改造工程第 3 标段施工项目为例;高速公路施工案例——以湫坡头(陕甘界)至旬邑高速公路设计施工总承包项目为例。

　　本书旨在为交通领域的专业人士,如工程师、技术人员、科研人员等,提供全面且实用的技术参考资料。同时,本书也可作为高等院校相关专业师生的教学辅助材料,帮助学生更好地了解行业发展动态,掌握前沿技术。希望本书能为我国高速公路建设事业的持续健康发展贡献一分力量,推动交通基础设施不断完善,为经济社会发展提供更加坚实的保障。

目 录 | Contents

第 1 章

绪　　论

1.1 高速公路的概念、特点及发展

1.1.1 高速公路的概念和特点

1. 高速公路的概念

高速公路建设是经济发展对交通需求的客观反映,也是构筑现代化交通的重要任务之一。高速公路与普通公路有质的区别。一般认为:高速公路是将各种汽车折合成小客车后年平均日交通量在 2.5 万辆以上,专供汽车分向、分车道高速行驶,并全部控制出入的多车道公路。《公路工程名词术语》(JTJ 002—87)则将高速公路定义为"具有四个或四个以上车道,并设有中央分隔带,全部立体交叉并具有完善的交通安全设施与管理设施、服务设施,全部控制出入,专供汽车高速度行驶的公路"。《公路工程技术标准》(JTG B01—2003)将高速公路定义为"专供汽车分向、分车道行驶并应全部控制出入的多车道公路"。《公路工程技术标准》(JTG B01—2014)将高速公路定义为年平均日设计交通量宜在 15000 辆小客车以上,专供汽车分方向、分车道行驶,全部控制出入的多车道公路。《中华人民共和国道路交通安全法》第六十七条规定:"行人、非机动车、拖拉机、轮式专用机械车、铰接式客车、全挂拖斗车以及其他设计最高时速低于七十公里的机动车,不得进入高速公路。"

各国对高速公路的称呼不一,欧洲多数国家称之为"汽车公路""汽车专用公路",如英国称之为"motorway",法国称之为"autoroute",德国称之为"autobahn",意大利称之为"autostrada",瑞典等一些国家则称之为"expressway"。在美国,早期称之为"superhighway",对收费高速公路则称为"turnpike";另外,早期建设的一些国家公园路(parkway)由于线形标准较高,又只允许通行小汽车,具有高速公路的部分特征,有时也将其作为高速公路的一种。

根据以上定义或解释并结合相关规定可以总结出一般高速公路应具备下列 4 个条件。

(1) 在高速公路上行驶的小型载客汽车的最高车速不得超过 120 km/h,其他机动车不得超过 100 km/h,摩托车不得超过 80 km/h。

(2) 高速公路设有中央分隔带,将上下行车辆完全隔开。

(3) 高速公路与任何铁路、公路都是立体交叉的,不存在一般公路平面交叉口的横向干扰。

（4）高速公路沿线是封闭的，控制出入。

从狭义上讲，控制出入有以下两层含义。

①高速公路的出入口并非随意开设，而是根据区域规划、交通量等因素进行科学布局。一般会在城市的主要出入口、交通枢纽附近等设置出入口，方便车辆快速便捷地进入高速公路，同时避免设置过多的出入口对周边交通造成干扰。

②除全定向互通式立体交叉外，汽车进入或驶出高速公路必须右转行驶，不允许左转出入（在日本、英国等国，车辆靠左行驶，正好相反），也就是说在高速公路标线上不允许有平面交叉存在。

从广义上讲，控制出入也有两层含义。

①只准符合规定（车速、车高、车宽、轴重等）的车辆进入高速公路。

②不准高速公路两侧的任何单位及个人让有害气体或光线等进入高速公路，也不准在高速公路两旁树立与高速公路无关的广告牌、宣传标语牌等，以免影响车辆的正常行驶。

完全控制出入的目的是排除横向干扰。但在人口稀少、横向干扰小的地区，高速公路上交通量不大时，为减少投资，也可以在高速公路上设置少量的平面交叉，称为“部分控制出入”。另外，这些条件也不是绝对的。例如，有些国家考虑到战时的需要，在一些高速公路路段不设中央分隔带，以便紧急情况下高速公路可作为飞机跑道使用。

高速公路因具备上述特点，汽车可以在较高的速度下安全地行驶，而不必担心来自横向或对面车辆的干扰。

2. 高速公路的特点

我国高速公路主要连接全国重要城市、工业中心、交通枢纽及陆上口岸，是国家及省市的干线公路，为城市之间、区域之间提供快速、高效的直达运行交通。普通公路存在以下缺陷：线形标准低；车速慢；混合交通相互干扰大；开放式管理造成车辆受侧向行人与非机动车等干扰，事故多、安全性差。高速公路在设计指标及管理上与普通公路有质的区别。高速公路应满足以下基本要求。

（1）为快速交通服务。

针对普通公路各种交通混行，相互干扰大、不安全且影响车速的缺点，高速公路为机动车专用，并对交通实施限制，包括对车型和车速加以限制。凡非机动车和由于车速有限可能形成危险和妨碍交通的车辆（包括拖拉机、农用车以及装载危险品等特殊货物的车辆等），均不得在高速公路上行驶。为防止车辆车速相差过大，同向车流相互干扰，一般规定低速车辆不得上路，并限定最高车速。我国高速公路相关法规规定高速公路应当标明车道的行驶速度，最高速度不得超过 120 km/h，最低速度不得低于 60 km/h。

（2）实行分隔行驶。

为防止对向撞车和减少同向车辆因车速差而相互干扰，高速公路不仅在对向车道间设置中央分隔带，而且同向车道采用画车道标线设多车道的办法，对车辆实行分离。如果高速公路的中央分隔带较窄，则需在其上设置防眩板或防护栅。此外，高速公路还在一些特殊地点设置爬坡车道、变速车道、集散车道、辅助车道等，使车辆在局部路段分离，保证不同车速的车辆在各车道上安全、畅通地行驶。

（3）完全控制出入。

普通公路的平面交叉口是交通事故的多发地，路侧行人、车辆横向穿越是引发交通事故的主要原因之一，也是普通公路车速不能提高的重要原因。高速公路全封闭、全立交，完全控制出入，车辆只能从指定的互通式立交匝道出入，对不准车辆出入的路口，则设置分离式立交加以分隔，并设置禁入栅和护栏等设施，确保汽车快速、安全行驶。同时，高速公路用地范围内，任何单位或个人不得设置广告牌等；在其用地范围以外，不得产生对高速公路交通正常运行有妨碍的气体、粉尘、光亮、振动、噪声等。

（4）设置完善的设施。

除本身具有良好的线形和路面条件外，高速公路还设置许多附属设施，如安全、监控、通信、服务设施等。高速公路沿线每隔一定距离还会设置收费站、加油站、公用电话、停车场、饭店和旅馆等。在高速公路交通繁忙地区，可设置交通监控中心，整个地区的车辆运行情况由摄像机传到显示屏，可以据此指挥交通，还可利用无线电将信息传送给汽车驾驶员。当道路发生交通事故时，监控中心可派巡视车或直升机到现场进行处理。这些设施充分保障了车辆快速、安全、舒适行驶。

1.1.2 高速公路的发展

高速公路是社会经济发展的必然产物，它是伴随着汽车工业的蓬勃发展和整个社会政治、经济的发展而发展起来的。

高速公路于 20 世纪 30 年代起步，最早修建高速公路的国家是德国。在世界高速公路的发展史上，德国、美国及日本的高速公路发展各有其鲜明的特点。

1. 国外高速公路的发展

（1）德国。

德国的现代化交通政策可追溯到 1919 年通过的德国宪法（《魏玛宪法》），根据这一宪法，1921 年柏林修建了一条长约 10 km 的"汽车、交通及练习公路"。这条公路拥有上下行分离的行车道，并且取消了平面交叉口，可以看作高速公路的雏形。符合现代高速公路标准的第一条高速公路是在 1929—1932 年修建的大约 20 km 长的科隆—波恩高速公路。1933 年,德国通过了"关于设立帝国高速公路企业的法律",规划了 4800 km 长的高速公路网络。1934 年又通过了"公路新规定法",将规划的高速公路网扩大到 6900 km。至 1942 年,德国建造了 3860 km 的高速公路,并有 2500 km 高速公路在建。第二次世界大战后,联邦德国将原高速公路改称为"联邦高速公路",并于 1957 年制订了"联邦长途公路扩建计划"。1970 年,当这一扩建计划完成时,联邦德国的小汽车拥有量(包括轿车和客货两用旅行轿车)从 750 万辆增加到了 1680 万辆,公路网仍不能满足交通需求。于是在 1970—1985 年,联邦德国实施了第二个扩建计划,联邦高速公路长度翻了一番。同期,民主德国的高速公路长度从 500 km 增加到 1880 km。截至 1996 年,德国的联邦高速公路长度达 11190 km,占公路总里程的 4.89%。德国统一后,交通政策目标和交通需求都发生了新的变化:政府的管辖范围扩大;东西向交通联系复苏,交通需求快速增加;汽车化程度的提高主要集中在东部地区。鉴于上述情况,1992 年,德国联邦交通部制订了新的联邦交通干线规划。该规划提出,至 2012 年,德国新建 2882.6 km、扩建 2617.3 km 高速公路,以适应德国的交通需求。虽然德国的高速公路里程在全国公路网总里程中仅占 1.8%,但高速公路承担的交通量却是全国总交通量的 24%。密集的高速公路网对德国的国民经济发展起到了巨大作用。除了城镇郊区和横跨城市中心的路段,德国境内约有 2/3 的高速公路不限时速,德国也成为世界上唯一有不限速高速公路的国家。在不限速路段,一些高配置车辆的极限速度可达 350 km/h,甚至超过大型客机的起飞速度。

德国高速公路建设起步早,其设计、施工与运营管理经验对世界各国高速公路的发展具有重要的借鉴作用。

(2)美国。

美国的高速公路发展迅速、路网发达、设施完善。其高速公路网的建成提高了运输效率,加快了资源和商品的流通速度,促进了社会的发展和科学技术的进步,并在很大程度上影响了美国人的生活方式。美国高速公路的发展特点是有计划、有步骤,而且速度快。1916 年,第一次世界大战使美国认识到其公路状况无法满足国防发展需要,于是开始全面开展公路建设。1937 年,美国在加利福尼亚州建成了国内第一条长 11.2 km 的高速公路。到 1941 年,美国在参与第二次世界大战前夕完成了宾夕法尼亚州高速公路和康涅狄格州梅里特高速公路的建设。战争带来的财政困难和战后恢复工作减缓了美国高速公路的建设,但美国认识到了高速公路的战略性作用,于 1944 年通过了《联邦资助公路法》,并提出了"州际高速公路系统"的概念,确定了州际高速公路系统 6.44 万 km 的规划总长度,当时预计能承担全国公路总交通量的 20%～25%,并适应未来 20 年的交通需求。1956 年美国修订了《联邦资助公路法》,将州际高速公路系统改称为"全国州际与国防高速公路系统",同时将规划总长度调整为 6.6 万 km。《联邦资助公路法》还规定了公路建设费用的来源,从而大大促进了高速公路的建设。1957 年,州际与国防高速公路网开始正式投资建设,美国的高速公路建设发展速度很快。在高速公路建设中,美国政府注重公路建设的走向和布局,既考虑与城市道路网的连接,又注意偏远、荒漠地区发展的需要。20 世纪 70 年代末期,美国高速公路网已基本形成。

到 2021 年,全美公路总长度达到 660 万 km,是铁路运营里程的 65 倍,其中高速公路总长度已超过 8 万 km,占全球高速公路总里程的一半。它以十纵十横的主骨架路向外延伸、加密,形成发达的高速公路路网。高速公路大大加快了商品的流通,提高了运输效率,为美国的经济发展做出了巨大的贡献。现阶段的美国高速公路建设已经可以满足国内交通运输、国防建设及国民经济发展的需要,今后建设的重点是完善高速公路与航空、铁路及水运等各种交通运输方式之间的联运,加强对高速公路的科学管理和维护,提高运力,减少交通事故。

(3)日本。

日本是一个岛国,国土面积狭小,人口密度很大,但日本的汽车工业十分发达。日本是世界上公路密度最高的国家之一,截至 2019 年,日本公路总里程达到了 128 万 km,形成了覆盖全国的本州-四国-九州路网以及北海道和冲绳岛路网。

日本高速公路建设起步较晚,开始于第二次世界大战后。日本于 1957 年颁布了《高速公路干道法》,正式批准并实施建设 7 条纵贯国土、总长 3700 余千米的高速公路。其中第一条为 1963 年通车的名神高速公路。在发展初期,日本的高速公路建设标准和技术指标都经过充分的研究和比较论证,为以后的持续发展打下了坚实的基础。1966 年日本又制订了新的高速公路修建计划,提出至 2000 年建设 32 条、总长 7600 km 的高速公路,日本全国 1 h 可到达高速公路的地区占 70%;2 h 可到达高速公路的地区占 90%。到 20 世纪 80 年代后期,按计划已建和在建项目超过了计划的 2/3。在 1987 年又提出到 2015 年建设 14000 km 高标准干线公路的目标,其中,国家干线高速公路在原 7600 km 的基础上再增加 3920 km,达到 11520 km,另外 2480 km 为一般国道。此举旨在加强 10 万人以上地区中心城市的联系;强化东京、名古屋和京阪神都市圈三大城市环行和绕行高速公路;加强重要港口、机场等客货源集中地的连接;在全日本形成从城市、农村各地 1 h 可到达高速公路的干线网络;建设在出现灾害时能可靠替代其他运输方式的高速公路网;消除已有高速公路中交通严重拥堵的路段。至 2012 年,日本主要的干线公路已基本完成高速化。据 2024 年最新统计数据,日本高速公路总里程达 8923 km。以国土面积(约 37.8 万 km^2)计算,日本高速公路密度达 236 km/10000 km^2。

2. 我国高速公路的发展与规划

（1）我国高速公路发展情况。

我国高速公路建设虽然起步较晚，但是发展迅速。改革开放以来，我国经济发展速度明显加快，综合国力日趋增强，经济发展对交通的需求越来越强烈。尤其是 1998 年以来，为应对东南亚金融危机，国家实施了扩大内需的积极财政政策，大规模启动公路交通基础设施建设，连续几年每年都有 2000 亿元以上的资金注入公路建设，公路在总量和质量上都实现了重大突破。高速公路的建设不仅极大满足了交通量增长对公路建设的需求，而且对国民经济的总体发展起到了促进作用。

从 1988 年 10 月沪嘉高速公路通车，到 2012 年底高速公路里程达 9.62 万 km，我国仅仅用了 20 多年的时间，走过了发达国家需要好几十年才能完成的发展历程。

2023 年末，全国公路里程 543.68 万 km，比上年末增加 8.20 万 km；公路密度为 56.63 km/100 km^2，增加 0.85 km/100 km^2。全国四级及以上等级公路里程 527.01 万 km，占公路总里程的比重为 96.9%。

截至 2024 年 2 月 28 日，中国高速公路里程达 18.4 万 km。截至 2024 年 12 月 23 日，已有 18 个省份公布了 2024 年高速公路里程数据，其中，高速公路里程达到或超过 1 万 km 的省、自治区有 4 个，分别为广东省（11700 km）、云南省（10758 km）、四川省（10310 km）、广西壮族自治区（10000 km）。

2024 年全国新增公路通车里程约为 5 万 km，其中新改（扩）建高速公路里程超过 8000 km。

我国高速公路发展可分为以下四个阶段。

①起步阶段。1988 年，沪嘉高速公路建成通车。20 世纪 80 年代末，交通部制订了"五纵七横"国道主干线规划并在批准后付诸实施，当时预计总投资 9000 亿元。沈大、京津塘、成渝、济青等一批具有重要意义的高速公路相继建成，突破了高速公路建设的多项重大技术瓶颈。

②快速发展阶段。1998—2004 年，我国加快基础设施建设步伐，年均通车里程超过 4000 km，年均完成投资 1400 亿元。1999 年，全国高速公路通车里程突破 1 万 km。至 2004 年底，通车里程超过 3 万 km。2008 年全年全国交通运输行业基础设施建设完成规模达到 8000 亿元。

③扩大规模、提高路网质量阶段。2004—2013 年，我国按照道路的使用功能和交通需求，采用新技术、新材料、新工艺，重点提高经济相对发达地区的公路技术等级，并大力扶持西部地区公路基础设施建设。

④高速公路稳定发展阶段。2014 年至今，高速公路网规模趋于稳定，且因资源紧缺，路

网运行质量的提高主要依靠提高交通管理水平实现,智能运输系统日趋完善是其主要标志。

(2)国家高速公路网规划。

国家高速公路网是我国公路网中最高层次的公路通道,服务于国家政治稳定、经济发展、社会进步和国防现代化,体现国家强国富民、安全稳定、科学发展的理念,建立综合运输体系以及加快公路交通现代化的要求;主要连接大中城市,包括国家和区域性经济中心、交通枢纽、重要对外口岸;承担区际、省际以及大中城市间的快速客货运输,提供高效、便捷、安全、舒适、可持续的服务,并为应对自然灾害等突发性事件提供快速交通保障。

2013年发布的《国家公路网规划(2013年—2030年)》提出,国家干线公路网布局合理、功能完善、覆盖广泛、安全可靠,实现首都辐射省会、省际多路连通,地市高速通达、县县国道覆盖。1000 km以内的省会之间可当日到达,东中部地区省会到地市可当日往返,西部地区省会到地市可当日到达;区域中心城市、重要经济区、城市群内外交通联系紧密,形成多中心放射的路网格局;有效连接国家陆路门户城市和重要边境口岸,形成重要国际运输通道,与东北亚、中亚、南亚、东南亚的联系更加便捷。

2022年7月,经国务院批准,国家发展改革委、交通运输部联合印发了《国家公路网规划》,规划期至2035年,远景展望到21世纪中叶。根据规划,到2035年,基本建成覆盖广泛、功能完备、集约高效、绿色智能、安全可靠的现代化高质量国家公路网,形成多中心网络化路网格局,实现国际省际互联互通、城市群间多路连通、城市群城际便捷畅通、地级城市高速畅达、县级节点全面覆盖、沿边沿海公路连续贯通。国家公路网规划总规模约46.1万km,由国家高速公路网和普通国道网组成,国家高速公路约16.2万km(含远景展望线约0.8万km),普通国道约29.9万km。

其中,国家高速公路网由7条首都放射线、11条北南纵线、18条东西横线,以及6条地区环线、12条都市圈环线、30条城市绕城环线、31条并行线、163条联络线组成。按照"保持总体稳定、实现有效连接、强化通道能力、提升路网效率"的思路,补充完善国家高速公路网。

为保障国家公路网的实施,《国家公路网规划》等文件提出应进一步完善国家投资、地方筹资、社会融资相结合的多渠道、多层次、多元化投融资模式;继续实施收费公路政策,鼓励包括民间资本在内的社会资本参与国家高速公路建设;并且要科学论证、量力而行,有序推进国家高速公路建设,把握好建设节奏,合理确定建设时机,因地制宜确定建设标准。慎重决策国家高速公路远景展望线,原则上到2035年左右,视区域经济社会和交通发展需求适时开展建设,灵活掌握建设标准,在满足安全和运输需求的前提下,努力降低公路建设和运营成本。

1.2　高速公路改扩建工程与技术发展

1.2.1　高速公路改扩建工程概述

1. 高速公路改扩建工程的含义

高速公路改扩建工程是指既有道路已经不能满足交通需求,为进一步提高道路等级或者拓宽车道等而进行的改扩建。它包括以下两方面含义。

(1) 因不能满足交通需求而必须进行的道路结构强度方面的改扩建工程。

(2) 现有的高速公路及其附属设施已经不能满足交通需求,在既有高速公路基础上进行道路拓宽的改扩建工程。

2. 高速公路改扩建工程的特点

目前我国高速公路改扩建的经验及相应的规范、标准主要集中在对既有高速公路进行扩建,将二级或一级公路提升改造为高速公路的情况更加复杂,经验不成熟,实际案例极少。高速公路改扩建不同于新建高速公路,主要有以下六个特点。

(1) 需要协调新老高速公路的建设标准。

既有高速公路一般运营 10 年以上才会出现改扩建的需求,改扩建时可能会出现以下两种情况。

①改扩建时现行高速公路的技术标准和既有高速公路采用的技术标准不同。现行《公路工程技术标准》(JTG B01—2014)较 1997 版以及 2003 版有了较大的调整,如设计速度、服务水平分级、横断面宽度、桥梁设计荷载、车辆折减系数、标准车型等方面均有所变化。同时公路路线、路基、路面、桥涵、交叉、附属设施等技术要求也有部分调整。因此,在确定设计标准时,应充分考虑技术标准的衔接。

②与既有高速公路交叉的河道、铁路等的技术标准有变化。随着相关行业规划的调整,以及与既有高速公路交叉的铁路建筑限界、河道通航等级及相应技术标准的变化,在改扩建时,高速公路新建部分应当考虑按照新的技术标准修建,既有部分需要综合考虑。当既有高速公路已纳入与其相交叉的铁路或河道的改造提升工程时,一般考虑按照新的标准修建,否则宜维持既有高速公路的标准不变。同时设计时应考虑相应技术标准的近远期衔接。

(2) 需要处治既有高速公路的各种病害。

一方面,限于经济条件、技术水平和建设经验等,早期修建的高速公路可能存在一些问题,如部分线形指标取值偏低、路基压实度不足、地基处理不到位、路面结构厚度偏小、边坡防护不当等;另一方面,高速公路经过多年的运营,或多或少存在病害,如路面疲劳破损、路基沉陷、桥梁结构病害、隧道渗水、沿线交通设施破损及老化等,这些病害直接影响既有高速公路的质量和正常运营,甚至直接威胁车辆行驶安全,造成不必要的损失,同时也给日常养护、维修工作带来许多麻烦。因此,在进行高速公路改扩建时,应认真细致地分析病害,提出合理的处理措施。

(3)需要协调好新老高速公路间的衔接。

高速公路改扩建的难点和重点之一是处理好新老高速公路间的衔接问题,如线形(高程和横坡)的衔接、路基差异沉降的控制、新老路基衔接、路基横向排水衔接、路面拼接、桥梁拼接、互通立交的衔接等。只有协调好新老高速公路的路基、路面、桥梁、隧道、沿线设施,才能充分发挥高速公路改扩建工程的功能。

(4)需要合理利用既有高速公路。

高速公路改扩建时,应充分考虑利用既有的路基、路面、桥梁、涵洞、交通工程、沿线设施及道路两侧的富余用地等。同时,对废弃的既有高速公路的路基填土、路面挖除材料、桥梁拆除废料、安全设施等材料,应综合考虑,尽量在高速公路改扩建工程或其他低等级的公路工程中合理利用。

(5)需要维持施工期间既有高速公路的运营。

对交通日益繁忙的高速公路进行改扩建,完全封闭交通是非常困难的,因此在既有高速公路运行状态下进行改扩建是必然选择。交通组织方案应遵循不中断和少影响交通的原则,既要考虑施工期交通组织方案对施工方案和设计方案的反作用,又要根据总体工程方案制定可行的交通组织方案。总之,高速公路改扩建项目要制订行之有效的综合性交通保障方案,包括区域路网的交通分流组织及高速公路施工路段的交通组织两个部分,确保把改扩建对交通的影响降到最低限度。

(6)需要动态的设计及建设管理。

由于高速公路改扩建工程施工周期比较长,并且施工期间还需保证既有高速公路的交通运营,根据施工现场实际情况,积极配合施工,最大限度减少施工过程对于道路交通的影响,往往需要采用动态设计的方法,及时调整设计,做到方案合理、投资节省、方便施工、保证安全。例如路面补强及加罩设计是根据项目前期的检测评价结果确定的,但是保通期间路面的技术状况会出现衰减,在实际进行路面改建时(一般时间间隔在2年左右),需要重新评价既有路面技术状况,动态地调整路面补强及加罩设计方案。与进行动态的设计一样,改扩建工程中需要进行动态的建设管理,包括动态的计划调整、动态的交通组织调整、动态的建成路段运营管理等。良好的、实时的动态建设管理是"保证交通、提高质量、加快建设速度"的基础。

3. 高速公路改扩建方式

国内外高速公路改扩建所采用的方法存在一些差别。以美国为例,美国地广人稀,高速公路的中央分隔带宽度多在 10 m 以上,改扩建时可以直接对中央分隔带进行改造,增加高速公路的车道数。而我国通常是在高速公路的单侧或双侧预留一定的绿地,改扩建时通过拼接的方式来增加车道数,以提升高速公路的通行能力。

拓宽改建有多种实现形式,包括单侧加宽、两侧加宽、混合加宽等。单侧加宽和两侧加宽均包含分离加宽和拼接加宽。分离加宽和拼接加宽又包含高架桥方案和路基方案。高架桥方案包含内侧高架和外侧高架方案。拓宽改建方式分类如图 1.1 所示。

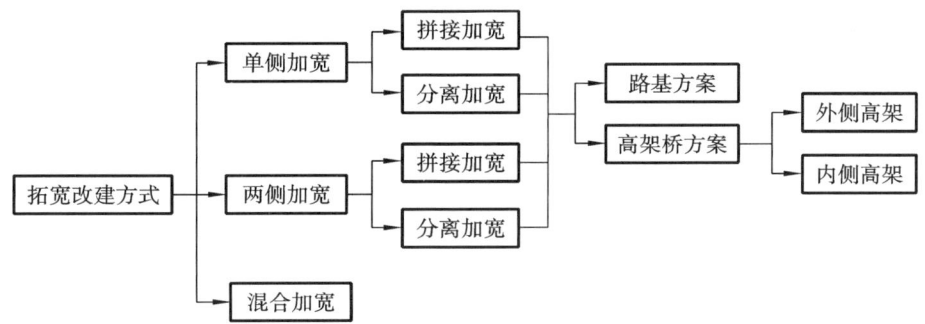

图 1.1　拓宽改建方式分类

单侧加宽是指既有高速公路一侧受地形、建筑物等限制而从另一侧对高速公路进行拼接加宽的方式。这种加宽方式的优点是可以充分利用现有地形,减小拆迁量;路基不加宽侧的防护、排水沟、防撞护栏等设施可继续保留使用;新老路基差异沉降不明显(只有一条拼接缝);施工对高速公路上的交通影响较小,既有高速公路可继续运营;施工期间临时工程量小,临时占地较少,施工便道、预制场沿加宽侧布设即可满足需要。缺点是路基中心线发生偏移,平面线形须重新拟合;原有的中央分隔带用作车行道,其内部原有的排水、通信管道、防撞护栏等设施须拆除,需要在新中央分隔带内重建这些设施;路基加宽侧的防护、防撞护栏等设施不能利用,也须拆除重建;新老路幅横断面不能有效组合,路拱不规则,路面排水复杂;加宽侧互通匝道线形调整较大;上跨桥梁因主线平面线形向一侧偏移,桥梁净空(净高和净宽)不足,须拆除重建,造成浪费;原主线桥梁分两幅设置,合并为一幅技术难度大,施工困难,且对既有高速公路的交通造成干扰。

两侧加宽是指既有高速公路两侧不受地形、建筑物等限制,从两侧对既有高速公路进行拼接加宽,这种加宽方式为高速公路拓宽的常用手段。这种加宽方式的优点是基本保持了既有高速公路的几何线形,原有的中心线可留作加宽后高速公路的中心线;中央分隔带及内部的排水、通信管道、防撞护栏等设施可充分利用;新老路幅横断面能有效组合,路拱规则,可继续使用,路面排水简单;互通匝道线形调整较小;对部分上跨桥梁净空(净高和净宽)影响不大,主线桥拼宽难度较小,施工也较方便。缺点是路基两侧的防护、排水沟、防撞护栏等设施须拆除重建;施工对高速公路上的交通影响较大(两侧干扰);施工期间临时工程量相对较大,占地较多,施工便道、预制场须沿高速公路两侧布设;拆迁量相对较大。总体而言,两侧加宽比单侧加宽的工程规模小,可利用的工程项目多,技术较成熟,更具优势。

单侧分离加宽是指将既有高速公路作为半幅路基,并通过完全分离或中央隔离的方式将既有高速公路隔离,对另半幅路基进行新建。单侧分离加宽可以降低技术难度,采用该方案通常不再对原高速公路的断面形式进行调整。根据工程中是否需要调整新建路基的纵面,单侧分离加宽可划分为单侧平面分离加宽和单侧平纵分离加宽。其中,单侧平面分离加宽是在新老路基之间设置中央分隔带,设置时需对新路基的纵面线形进行微调;单侧平纵分离加宽是新老路基采用分离式路基的形式,新老路基间的高差大,无法正常设置中央分隔带。

两侧拼接加宽方式会给各项工程的拼接带来技术上的困难,而且部分路段限制条件多、交通组织难度大,所以局部路段可采用两侧分离加宽的方式。两侧分离加宽是在高速公路的两侧各新建车道,整体成为多车道高速公路。新建路基与老路基间的分离宽度视实际条件而定,为减少用地,同时考虑构造物施工方便,根据工程实践,一般情况下可按 2~3 m 控制。

由于实际的改扩建工程会受到各种建设条件的限制,单一的扩建方案很难获得理想的效果,可以将上述扩建方案相结合,进而发挥各自的优势,降低对交通的影响。常见的组合方式包括:两侧拼接加宽方案与单侧分离加宽方案相结合;两侧拼接加宽方案与两侧分离加宽方案相结合等。

在实际工程中,分离加宽由于占地宽度较大、车辆分合流较多等问题而较少使用,仅在局部路段才会采用,两侧拼接加宽和单侧拼接加宽是改扩建工程较常用的两种方式。下面对单侧加宽和两侧加宽进行对比研究,如表 1.1 所示。

表 1.1　单侧加宽与两侧加宽对比分析表

对 比 选 项	单 侧 加 宽	两 侧 加 宽
平面线形	路基中心线发生偏移,平面线形需重新拟合	基本保持了原有高速公路的几何线形,原有的中心线可留作加宽后公路的中心线
已有设施的利用情况	路基不加宽侧的防护、排水沟、防撞护栏等设施可继续使用,路基加宽侧的这些设施需拆除重建;原中央分隔带用作车行道,其内部原有的排水、通信管道、防撞护栏等设施需拆除,需要在新中央分隔带内重建这些设施	中央分隔带及其内部的排水、通信管道、防撞护栏等设施可充分利用;路基两侧的防护、排水沟、防撞护栏等设施需拆除重建
建筑物拆迁量	需根据具体路段来确定	
施工期间交通组织	施工基本不占用原有高速公路,交通运行状态可以维持	施工对高速公路上的交通影响较大,需制定相应的交通组织方案
临时工程量	施工期间临时工程量少,占地也较少,施工便道、预制场沿加宽侧布设即可满足需要	施工期间临时工程量相对较大,占地较多,施工便道、预制场须沿公路两侧布设
互通式立交	加宽侧互通匝道线形调整较大	互通匝道线形调整较小
横断面组合效果	新老路幅横断面不能有效组合,路拱不规则,路面排水复杂	新老路幅横断面能有效组合,路拱规则,可继续使用,路面排水简单
路基沉降	新老路基间只有一条拼接缝,差异沉降不明显	两侧各有一条拼接缝,需采用技术手段减小新老路基间的差异沉降
主线桥梁拼接难度	原中央分隔带处的桥梁护栏需拆除,将左右半幅桥梁上部结构连接成一幅,结构受力计算复杂、施工难度大,而且会对老路交通造成干扰	主线桥梁拼宽难度较小,施工也较方便
对沿线上跨桥梁的影响	上跨桥梁因主线平面线形向一侧偏移,桥梁净空不足,部分桥梁需拆除重建,造成工程浪费	对上跨桥梁净空影响相对较小

从以上的对比分析中可以看出,两侧加宽比单侧加宽的工程规模小,技术难度相对较低,更具优势。

1.2.2 高速公路改扩建技术发展

1. 国外技术发展

美国、德国、日本等国家较早开始建设高速公路，其理论体系较为成熟和完善。随着公路研究的不断深入和道路建设的日益饱和，高速公路改造升级的方法和技术越来越受到重视。其中，以美国高速公路的改扩建研究最为典型，取得的成就也很显著。

第二次世界大战之后，出于国防要求，美国在国内大规模建设高速公路，到 20 世纪 70 年代末期，美国的高速公路网基本成型，高速公路的建设从新建转向对原有道路进行扩容改造。同期，美国国内数条高速公路已经开始初步进行改扩建研究和实践。从 1981 年开始，美国政府基本上不再投资新建高速公路项目，而是转向投资 4R（restoration，resurfacing，reconstruction，relocation）项目，对高速公路进行重修、重新铺面、重建和重置。1982 年，美国国会通过《陆上运输资助法》，规定州际高速公路的资助金额中，用于 4R 项目的不得少于 40%，这项政策突显了美国政府对高速公路改扩建的重视。

1983 年，美国交通运输研究委员会（Transportation Research Board，TRB）在美国组织召开了公路扩建工程专题国际会议，总结了发达国家的高速公路扩容改建技术和方法，会议集中对结构拼接和施工方法进行了总结。

在美国 AASHTO-2002 版设计方法中，老路拓宽部分的设计强调了新路和老路必须良好结合，要求新拓宽的路面结构性能尽可能和既有路面相近，认为在常规设计下，既有高速公路拓宽工程中，沿结合面破坏是不可避免的。美国国家公路与运输协会（American Association of State Highway and Transportation Officials，AASHTO）仅提出了一些原则和技术措施建议，没有提供明确的有针对性的结构设计方法。最新的 AASHTO 标准提出将拓宽工程纳入"结构-地基相互作用"体系，要求验算差异沉降引起的剪切应力。

日本已建成通车的高速公路中隧道和桥梁所占比例较大，填筑路基段大多位于山垭峡谷，依山体而建，因此，根据地形条件，除少数一般平原、丘陵挖、填方路段采用两侧拼接加宽的方式外，其他路段多采用单侧拼接加宽，局部路段的隧道、桥梁和路基采用分离加宽的方式。路基段的拼接采用轻质填料，拼接过程中对原路基一般不作大面积开挖台阶及复压处理。路面大多采用排水性沥青混凝土路面，结构为 4 cm 厚排水性沥青混凝土面层＋6 cm 厚沥青防水层＋10～20 cm 厚沥青处治基层＋17～25 cm 厚水泥处治底基层，面层石料为坚质砂岩，其中 10～13 mm 粒径石料占 70%～80%、砂占 10%～15%、矿粉占 4%、树脂沥青占 5%，孔隙率达 20%，排水性沥青混凝土路面提高了道路的安全系数和行车的舒适性。

　　日本是地震灾害多发的国家,桥梁的设计更加注重抗震性能,在高速公路改扩建中,一般不对原桥作直接拼接加宽处理,而是与原桥并行新建桥梁,新旧桥梁上下结构均不做连接,多采用钢箱梁及其他形式的钢梁结构。在需要对原桥直接作拼接加宽处理时,上下结构均作连接(当预应力混凝土连续箱梁施加有横向预应力时,上部结构不连接),以提高新老桥梁连接后的整体强度。在新老桥梁连接时采用膨胀混凝土技术,以减小原桥行车振动产生的影响和普通硅酸盐水泥混凝土自身干缩性的影响,保证新老混凝土交接处的整体性。高速公路改扩建需要新增下穿通道时,一般采用液压顶推混凝土箱体技术,形成了独特的"单桩顶推、组合成梁、拱圈浇筑"施工方法。

　　日本十分重视环境保护、安全生产、文明施工和现场作业管理。日本的高速公路拓宽改造施工有的是在开放交通的情况下进行的,施工中对运送材料的车辆安装了防散落、防扬尘密封设施,施工现场分类摆放垃圾箱,严禁乱扔杂物,材料分类堆放整齐。道路拓宽施工组织严密,基本做到了边填筑、边整坡、边清理、边绿化,排水设施同步施工。

　　综上所述,国外发达国家对高速公路扩容改造的方案选择由过去简单考虑满足交通功能的思维模式转变为考虑交通、生态、环境、经济、技术、社会影响等多目标的思维模式。高速公路与周边环境、生态系统和公众生活的相适性越来越受到重视,选择怎样的改扩建方案以及怎样利用先进技术来减小改扩建项目的影响成为高速公路改扩建研究的重点。

　　通过对国外高速公路改扩建的分析可知,近几十年,国外的高速公路改扩建研究重点涉及改扩建方案比选、公路改建拓宽的几何设计、路基路面结构拼接和施工方法等方面,并且在设计规范中对高速公路改扩建提出原则和技术建议。

2. 国内发展状况

　　我国高速公路的发展与国外发达国家相比整体较晚,20 世纪 90 年代以前,我国的高速公路建设以新建为主,有关高速公路改扩建工程的研究较少,相关工程经验比较欠缺。

　　20 世纪 90 年代中后期,随着我国经济发展持续突飞猛进,极大地带动了公路事业的发展,既有高速公路的通行能力越来越不能适应急剧增长的交通量需求,我国高速公路开始大规模进行拓宽建设。国内工程技术人员对高速公路改扩建工程的研究不断深入,并在设计和施工中进行了大量的实践。

　　我国高速公路建设初期,受投资及用地条件的限制,建设时大多没有预留用于拓宽改造的中央分隔带,大量高速公路改扩建工程需要在道路两侧进行拼接,路基不均匀沉降导致新老路基结合问题较为突出。因此,在我国的高速公路改扩建技术研究初期,主要研究内容是路基填挖结合部位不均匀沉降处治技术、匝道拼接技术、路堤加宽技术等,围绕这些内容开展了大量工程实践和理论研究工作。

随着对高速公路改扩建工程的研究越来越深入，以及新技术的不断融入，研究重点开始转向改扩建条件与时机、改扩建标准化、拓宽路基差异沉降控制标准、桥梁涵洞拼宽、路面再生技术以及高速公路改扩建交通安全和施工组织等方面。

近年间，一批高速公路改扩建工程相继竣工并顺利通车。在这些项目推进过程中，围绕改扩建方案的论证、比选等环节，开展了大量深入且前沿的分析研究。运用先进的技术手段与创新的研究方法，对工程的各个层面进行了全方位剖析。这些努力收获了一系列极具价值的研究成果，涵盖新型施工工艺、高效交通疏导策略、精准的成本效益评估模型等，为后续高速公路改扩建实施提供了宝贵的实践经验与理论支撑，具有不可忽视的借鉴意义。

第 2 章

路基路面施工技术

2.1 挖填方路基施工

2.1.1 挖方路堑施工

路堑开挖是将路基范围内设计高程之上的天然土体挖除并运到填方地段或其他指定地点的施工活动。开挖路堑会破坏土体原来的平衡状态,开挖时能否保证挖方边坡的稳定性是十分重要的问题。深长路堑工程量巨大,开挖作业面狭窄,常常是路基施工中的控制性工程。应因地制宜,以加快施工进度、保证工程质量和施工安全为原则,综合考虑工程量大小、路堑深度与长度、开挖作业面大小、地形与地质情况、土石方调配方案、机械设备等因素,编制切实可行的开挖方案。

1. 土质路堑开挖

土质路堑开挖方式根据路堑深度和长度分为横挖法、纵挖法及混合式开挖法三种。

(1)横挖法。

在路堑横断面全宽范围内从一端或两端向前开挖的方式,称为横挖法。其主要适用于短而浅的路堑。路堑深度不大时,一次性挖到设计高程的开挖方式称为单层横挖法。若路堑较深,为增加作业面,容纳较多的劳动力和施工机械,做到多层、多方向出土,以加快施工进度,而在不同高度上分几个台阶同时开挖的方式称为多层横挖法。多层横挖法的各施工层面应具有独立的出土通道和临时排水设施。每层挖掘深度根据工作便利性和施工安全而定,采用人工施工时,一般为 1.5~2.0 m;采用机械施工时,每层台阶深度可加大到 3~4 m。当运距较近时,用推土机进行开挖;运距较远时,宜采用挖掘机配合自卸汽车进行开挖,或用推土机推土堆积,再用装载机配合自卸汽车运土。机械开挖时,边坡应配以平地机或由人工分层修刮平整。

(2)纵挖法。

纵挖法是开挖时沿路堑纵向将开挖深度内的土体分成厚度不大的土层依次开挖的方法,分为分层纵挖法、通道纵挖法和分段纵挖法三种。

①分层纵挖法。

沿路堑全宽以深度不大的纵向分层挖掘前进的路堑开挖方式,称为分层纵挖法。本法适用于开挖较长的路堑。施工中当路堑的长度较短(不超过 100 m),开挖深度不大于 3 m 时,若地面横坡较陡,宜采用推土机作业,运距宜为 20~70 m,最远不宜超过 100 m;若地面横坡较平缓,表面宜横向铲土,下层的土宜纵向推运;若路堑横向宽度较大,宜采用两台或多台推土机横向联合作业;当路堑前傍陡峻山坡时,宜采用斜铲推土;当路堑长度较长(超过 100 m)时,宜采用铲运机或铲运机加推土机联合作业。

②通道纵挖法。

沿路堑纵向挖掘一通道,然后将通道向两侧拓宽,上层通道拓宽至路堑边坡后,再开挖下层通道,按此方式直至开挖到挖方路基顶面高程,这种开挖路堑的方式称为通道纵挖法。这是一种快速施工的有效方法,通道可作为机械运土和出土的路线,便于开展土方挖掘和外运的流水作业。本法适用于开挖较长、较宽、较深而两端地面坡度较小的路堑。

③分段纵挖法。

沿路堑纵向选择一个或几个适宜处,将较薄一侧路堑横向挖穿,将路堑在纵向按桩号分成两段或数段,各段再纵向开挖,这种开挖路堑的方式称为分段纵挖法。本方法适用于开挖过长、弃土运距过远的傍山路堑,或一侧的堑壁不厚的路堑。采用本法时还应满足中间段有经批准的弃土场、土方调配计划有多余的挖方等条件。

(3)混合式开挖法。

混合式开挖法,即将横挖法与通道纵挖法混合使用,先沿路堑纵向开挖通道,然后沿通道横向坡面挖掘,以拓宽开挖坡面。每一坡面应能容纳一个施工作业组或一台机械作业。在挖方量较大地段,还可沿横向挖掘通道以安装运土传送设备或布置运土车辆。这种方法适用于路堑纵向长度和深度都很大的地段。

路堑开挖应自上而下进行,不得超挖、滥挖。在不影响边坡稳定性的条件下可采用小型爆破以提高开挖效率,并且应保证开挖过程中及竣工后能顺利排水。在开挖过程中,当土质发生变化时,应及时修改施工方案和边坡坡度。对于已开挖的适宜种植草皮和有其他用途的土,应储备好供后期利用。路堑路床的表层土若难以晾干,或为有机土、其他不宜用于路床的土时,应用符合要求的土置换,然后按路堤填筑要求进行压实。

2. 石质路堑开挖

由于岩石坚硬,石质路堑开挖往往比较困难,这对路基施工进度影响很大,尤其是工程量大而集中的山区的石质路堑更是如此。因此,采用何种开挖方式以加快工程进度,是石质路堑开挖需要解决的重要问题。通常,应根据岩石类别、风化程度、节理发育程度、施工条件及工程量大小等选择爆破法、松土法或破碎法进行开挖。对于软石和强风化岩石,能用机械直接开挖的均应采用机械开挖,也可人工开挖。凡不能使用机械或人工直接开挖的,则应采用爆破法开挖。

(1)爆破法开挖。

爆破法是利用炸药爆炸的能量将土石炸碎以利挖运或借助爆炸能量将土石移到预

定位置的方法。用这种方法开挖石质路堑具有工效高、施工速度快、劳动力消耗少、施工成本低等优点。对于岩质坚硬，不可能用人工或机械开挖的石质路堑，通常采用爆破法开挖。爆破后用机械清方，这是非常有效的路堑开挖方法。

根据炸药用量的多少，爆破法分为中小型爆破和大爆破，其中使用频率较高的是中小型爆破，大爆破的应用则受多种因素限制。例如，开挖山岭地带的石质路堑时，若岩层不太破碎、路堑较深且路线通过突出的山嘴时，采用大爆破开挖可有效提高施工效率。但如果路堑位于页岩、片岩、砂岩、砾岩等非整体性岩体时，则不应采用大爆破开挖。尤其是路堑处岩石朝路线倾斜，有夹砂层、黏土层及易坍塌的堆积层时，禁止采用大爆破开挖，以免对路基稳定性造成危害。

①爆破原理。

为了爆破某一岩体，在岩体中或表面放置一定数量的炸药，将其称为"药包"。药包根据形状和集结程度的不同，分为集中药包、延长药包和分集药包三种。凡药包形状接近球形或立方体，或是高度不超过直径四倍的圆柱体、最长边不超过最短边四倍的直角六面体，均属于集中药包；药包的长度或高度超过上述情况者，属于延长药包；分集药包是一种能提高炸药有效能量利用率的装药方式，它将集中药包分为保持一定距离且相对集中的子药包。

药包在无限介质内爆炸时，炸药在瞬间转化成气体状爆炸产物，体积增加数千倍乃至上万倍，形成高温、高压，产生的冲击波以每秒数千米的速度自药包中心按球面等量扩展，传递到周围介质，在介质内产生各种不同程度的破坏和振动作用，这种作用随距药包中心距离的增大而逐渐减小，直至消失。按介质被破坏的不同程度，将药包爆炸影响的范围分为以下四个区。

a. 压缩圈。在此作用圈范围内，介质直接承受药包爆炸产生的巨大作用力。若介质为坚硬的脆性岩石，则将会被爆炸能量粉碎；若介质为可塑性土，则将会被压缩而形成空腔。

b. 抛掷圈。此作用圈所受的爆破作用力虽较压缩圈小，但介质原有的结构将受到强烈破坏而破裂成碎块，且爆炸力尚有足够能量使这些碎块获得运动速度。若药包在有限介质内，这些碎块的一部分会向临空面（即自然地面）方向抛掷。在无限介质内不会产生任何的抛掷现象。

c. 松动圈。在此作用圈范围内，爆破作用力更弱，能使介质结构受到不同程度的破坏，但没有较大的位移，因而称为"松动圈"。

d. 振动圈。此作用圈范围内微弱的爆破作用力不能使介质产生破坏，而只能产生振动现象。振动圈以外，爆破作用的能量就完全消失了。

以上几个区域受到的作用就称为药包的"球形爆破作用"。

在球形爆破作用下,具有临空面的表面都会出现一个爆破坑,一部分被炸碎的土石被抛出坑外,一部分仍回落到坑底,爆破坑呈漏斗状,故称"爆破漏斗"。爆破漏斗的形状和大小,既与药包炸药量大小、炸药性能、介质类别有关,又与临空面的数量和所处边界条件有关。

②爆破器材。

爆破器材又称为"火工产品",分军用与民用两大类。民用爆破器材又称"工业爆破器材",包括炸药、雷管、导火索、导爆索、塑料导爆管等。

炸药是指能够发生化学爆炸反应的物质。公路工程施工中常用的是岩石铵梯炸药,该炸药具有中等威力和一定敏感性,在 8 号雷管的作用下可以充分起爆,是安全的炸药。但其受潮和结块后,爆破性能会降低,生成的有毒气体明显增加。湿度超过 3% 则可能会拒爆,湿度大于 0.5% 时不得用于地下,湿度大于 1.5% 时不得用于露天爆破。

雷管是用来起爆炸药的,其按点火方式分为电雷管与火雷管。用导火索引爆的雷管称为"火雷管",分 6 号、8 号两种,除有沼气的地方和矿井中不可使用外,可用于一般爆破工程,使用中应注意纸壳雷管的防潮;电雷管的构造与火雷管基本相同,只是增加了一个电气点火装置,根据雷管中净装药量的不同可将其分为 6 号、8 号两种。

延期电雷管与瞬发电雷管的不同点只是延期电雷管在电气点火装置与起爆炸药之间设置了一段缓燃导火索。由于导火索燃烧时间不同,延长起爆时间也不同,延长时间以秒、毫秒计。当一个作业面需要同时爆炸的,用瞬发电雷管;需要不同时爆炸以制造临空面、提升爆破效果的,用延期电雷管。

导火索是一种以黑火药为药芯,以一定燃速传递火焰的索状火工品。导火索以火点燃,用以引爆火雷管或黑火药包,按燃烧速度可分为普通导火索和缓燃导火索,每米燃烧速度分别为 100～125 s 与 180～215 s。

导爆索的索芯用高级烈性炸药制成,按其包缠结构分为棉线导爆索和塑料导爆索。由于导爆索着火较困难,使用时要在药室外的一段导爆线上捆扎一个 8 号雷管来起爆。由于导爆索的爆速快,每秒可达 6000 m,故适用于深孔洞室爆破。

塑料导爆管由低密度聚乙烯制成,内、外径分别为 1.4 mm 和 3 mm,内装混合炸药,药量为 14～16 mg/m。国产塑料导爆管爆速为 1600～2500 m/s,可用雷管、导爆索、火帽、引火头等可产生冲击波的器材激发,冲击波通过塑料导爆管传递到雷管进而使雷管激发起爆。起爆网络与药包的联结方式有并联、串联、簇联和复式联结等。由于塑料导爆管起爆法具有抗杂电、操作简便、使用安全可靠、成本较低等优点,所以其有逐渐替代导火索和导爆索起爆法的趋势。

③常用爆破方法。

中小型爆破主要包括裸露药包法、炮孔法、药壶法、猫洞法、微差爆破、光面爆破和预裂爆破等。

a. 裸露药包法。这种方法是将药包置于被炸物体表面或经过清理的石缝中，药包表面用草皮或稀泥覆盖，然后进行爆破。由于炸药利用率低，这种方法仅用于爆破孤石或大块岩石的二次爆破。

b. 炮孔法。根据炮孔的深浅不同，炮孔法又可分为浅孔爆破法和深孔爆破法。

浅孔爆破法。此方法又称为"钢钎炮"，它是在被爆破的岩石内钻凿直径为 25～75 mm、深度为 1～5 m 的炮孔进行装药爆破。由于炮孔浅，用药量少，每次爆破的石方量不大（通常不超过 10 m³），在路基石方工程量大而集中时，很少采用这种方法。但这种方法操作简单、机动性好、耗药量少，在工程分散、石方量少及地形艰险地段仍是比较适宜的爆破方法。其在大规模爆破工程施工中是一种改造地形、为其他爆破方法创造临空面的辅助爆破方法。

深孔爆破法。此方法是一种使用延长药包的爆破方法。炮孔孔径一般为 75～120 mm、深度大于 5 m。炮孔需用大型的凿岩机或钻孔机打孔。这种爆破方法装药量大，一次爆破量大，施工进度快，爆破效率较高，对路基边坡稳定性影响比大爆破小，爆破效果容易控制，比较安全。但这种方法需要使用大型机械，施工准备和转移工地比较困难，因此其多用于石方工程量大而集中的工地。深孔爆破后仍有 10%～25% 的大石块需进行二次爆破以方便清方。

当最小抵抗线穿过不同岩层时，可用加权平均法计算。当所遇岩体节理发育或风化严重时，可酌情降低岩石等级 1～2 级来选用岩性值。

c. 药壶法。此方法俗称"葫芦炮"，爆破时先将少量炸药装入炮孔底部，经一次或多次烘膛后扩大呈葫芦形，这样炸药将基本集中于炮孔底部的药壶内，爆破效果大大提高。药壶法所用炮孔深度常为 5～7 m，装药量为 10～60 kg，适用于开挖均匀致密的黏土（硬土）、次坚石、坚石。如果炮眼深度小于 2.5 m，施工地段有节理发育的软石、地下水较发育，或在雨季施工不宜采用药壶法。

药壶法每次可炸数十立方米到百余立方米岩石，是中小型爆破中最省炸药的方法。一般在有较大较多临空面、地面横坡较陡的地段使用，但不宜靠近设计边坡，药室至设计边坡线的水平距离不宜小于最小抵抗线。炮孔烘膛后应将药室内的碎渣掏净。

d. 猫洞法。此方法是将集中药包直接放入直径为 0.2～0.5 m、深度为 2～6 m 的水平或略微倾斜的炮洞底部进行爆破。这种方法的特点是能充分利用岩体崩坍作用，能用较浅的炮洞爆破较高的岩体，适用于硬土、胶结良好的古河床、冰渍层、软石和节理发育的次坚石等,还可以利用坚石的裂隙形成炮洞或药室进行爆破。猫洞法爆破的炮洞深度应与台阶高度和自然地面横坡相配合,遇高阶梯时应布置多层药包。炮洞可根据岩土类别,分别采用浅眼烘膛、深眼烘膛和内部扩眼等方法形成。

e. 微差爆破。此方法是指相邻两个药包或前后排药包以数十毫秒的时间间隔(一般为 15～75 ms)依次起爆。微差爆破的特点是在装药量相等的条件下,可减振 1/3～2/3;前发药包为后发药包开创临空面,从而加强了对岩石的破碎作用,同时可降低岩石堆积高度以利于清方。由于该方法是依次爆破,减少了岩石夹制力,可节省 20% 的炸药,并可增大孔距,提高每米钻孔的爆破量。多排孔微差爆破是浅孔、深孔爆破的发展方向。

f. 光面爆破和预裂爆破。这两种爆破都属于控制爆破。光面爆破是在开挖界面的周边以适当间隔开凿炮孔,在有侧向临空面的情况下,用控制抵抗线和落量的方法使爆破后的坡面顺直、平整。预裂爆破是在开挖界限处按适当间隔开凿炮孔,在没有侧向临空面的情况下,用控制用药量的方法预先炸出一条裂隙,使拟爆破岩体与山体分离,作为隔震、减震带,从而消除和减弱对开挖界面以外山体或建筑物的影响。

(2) 松土法开挖。

松土法开挖是充分利用岩体自身存在的各种裂缝和结构面,用推土机牵引的松土器将岩体翻碎,再用推土机或装载机与自卸汽车配合,将翻松的岩块搬运到指定地点。松土法开挖避免了爆破法所具有的危险性,而且有利于保障开挖边坡稳定与附近建筑物安全,凡能用松土法开挖的石方路堑,应尽量不采用爆破法施工。随着大功率施工机械的使用,松土法越来越多地应用于石质路堑的开挖,而且开挖的效率也越来越高,能够用松土法施工的范围也越来越广。

松土法开挖的效率与岩体破裂面情况及风化程度有关。当岩体被破碎岩石分隔成较大块体时,松开效率较高;当岩体已裂成小块或粒状时,只能劈成沟槽,效率较低。砂岩、石灰岩、页岩等沉积岩有沉积层面,是比较容易松开的岩石,沉积层越薄越容易分开。花岗岩、玄武岩、安山岩等岩浆岩不呈层状或带状,松开比较困难。片麻岩、片岩、石英岩等变质岩的松开难易程度因破裂面发育程度而异。

多齿松土器适用于松动较破碎的薄层岩体,单齿松土器则适用于松动较坚硬的厚层岩体。松土器型号及松土间隔应根据岩石强度、裂隙情况、推土机功率等选择,最好通过现场松土器劈松试验来确定。遇到较坚硬的岩石,松土器难以贯入,引起推土机后部翘起或履带打滑时,可用另一台推土机顶推松土器。若岩石较为完整且坚硬,可先进行适当的浅孔爆破,再进行松土作业。

(3) 破碎法开挖。

破碎法开挖是利用破碎机凿碎岩块,然后进行挖运等作业。凿子一般安装在推土机或挖掘机上,利用活塞的冲击作用使凿子产生冲击力以凿碎岩石,其破碎岩石的能力取决于活塞的大小。破碎法宜用于裂缝较多、体积较小、抗压强度低于 100 MPa 的岩石。破碎法的工效不高,不宜作为开挖岩体的主要方法,仅适用于不能使用爆破法或松土法施工的局部地段,或作为爆破法和松土法的辅助作业方式。

2.1.2　填方路堤施工

土质路堤的填筑方式因填料类型的不同而不同。

1. 土质路堤填筑

土质路堤常根据路段地形情况的不同分别采用水平分层填筑法、纵向分层填筑法和混合填筑法施工。

(1) 水平分层填筑法。

水平分层填筑法,即将路基设计横断面全宽分成若干水平层次并逐层向上填筑。如原地面不平,应由最低处分层填筑,每填一层,需压实至符合规定后,再填上一层。路堤每侧填土宽度应大于填层设计宽度,压实宽度不得小于设计宽度,逐层填、压密实,最后整修削坡。路堤两侧超填宽度一般应控制在 0.3～0.5 m。水平分层填筑法是填筑路堤的基本方法,它最能保证填土质量,一般应优先选用。

用透水性不良的土填筑路堤时,应控制其含水率在最佳含水率±2%之内。采用机械压实时,分层的最大松铺厚度,高速公路和一级公路不应超过 30 cm;其他公路,按土质类别、压实机具功能、碾压遍数等,经过试验确定,但最大松铺厚度不宜超过 50 cm。填筑至路床顶面最后一层时最小压实厚度不应小于 8 cm。

若填方分几个作业段施工,两段衔接处必须采取分层相互搭接、相互覆盖的做法,以利于路基整体稳定。若两段不在同一时间填筑,则先填地段应按 1:1 的坡度分层留台阶。若两段同时填筑,则应分层相互交叠衔接,搭接长度不得小于 2 m。

加宽旧路堤时,所用填土宜与旧路相同或选用透水性较好的土,并将老路加宽一侧(单侧加宽)或两侧(两侧加宽)沿边坡挖成向内倾斜的台阶,台阶宽度一般不小于 1 m,台阶高度不小于 0.5 m。然后分层填筑,分层碾压,以利新老路堤紧密结合。在新老路基已达到相同高度时,加高部分再按断面全宽分层填筑。

在填筑新路堤或旧路加高时,应随时注意防止雨水聚集浸湿,因而必须留一定横坡,并做好路堤边沟,以利纵、横向排水通畅和及时。

在施工中,沿线的土质经常发生变化,为不致将不同性质的土任意混填,造成路基病害,必须在施工前进行现场调查,做出正确规划,拟定合理的调配方案。

不同性质的土混合填筑时,应遵循以下原则。

①用透水性较差的土填筑路堤下层时,其顶面应设 4% 的双向横坡,以保证来自上面

透水性填土层的水及时排出。

②路堤上层用透水性较差的土填筑时,不应覆盖、封闭其下层透水性较好的填料,以利于路堤内水分蒸发。

③不得将透水性不同的土混杂填筑,以免形成滑动面。每种填料层累计总厚度不宜小于 0.5 m。

④根据强度和稳定性要求,合理安排土质不同的层位,不因潮湿及冻融而改变其体积的优良土应填筑在路堤上层,强度较低的土应填筑在下层。

沿公路纵向用不同的土填筑路堤时,为防止在交接处产生不均匀变形,应将交接处做成斜面,并将透水性较差的土安排在斜面下方。

（2）纵向分层填筑法。

原地面纵坡大于 12% 的地段,可采用纵向分层法施工,沿纵坡分层,并逐层填压密实。该方法适用于推土机或铲运机从路堑取土填筑运距较短的路堤。

（3）混合填筑法。

混合填筑法也称"路堤联合填筑法"。在陡坡路段,下层采用横向填筑方式,上层（填筑至一定高度后）改用水平分层填筑法,其深度大约相当于路基受力工作区深度,这样可使上部填土获得足够的压实度。

填筑土质路堤时应根据填料运距、填筑高度、工程量等进行施工机械的配置,确定作业方式。施工机械应尽量配套,以最大限度发挥各种机械的工效。对于两侧取土,填土高度在 3 m 以内的路堤,可用推土机从两侧分层堆填,配合平地机分层整平,然后在最佳含水率下用压路机压实。对于填方较集中的路堤填筑,当填料运距超过 1 km 时,可用松土机翻松,用挖土机、装载机配合自卸汽车运输,填料运到作业面后用平地机整平,再配合洒水车和压路机压实;当填料运距在 1 km 以内时,可用铲运机运土,辅以推土机开道、翻松硬土、平整取土段、清除障碍和推土等。

2. 填石路堤填筑

填石路堤所用石料强度不应小于 15 MPa（用于护坡的不应小于 20 MPa）,石料最大粒径不宜超过层厚的 2/3。

高速公路的填石路堤均应分层填筑、分层压实。高速公路填石路堤分层松铺厚度不宜大于 0.5 m。填石路堤倾填前,路堤边坡坡脚应用粒径大于 30 cm 的硬质石料码砌。当设计无规定时,若填石路堤高度小于或等于 6 m,其码砌厚度不应小于 1 m;若填石路堤高度大于 6 m,其码砌厚度不应小于 2 m。

当石块级配较差,粒径较大,填层较厚,石块间的空隙较大时,可向每层表面的空隙里扫入石渣、石屑、中粗砂,再以压力水冲入下部,反复数次,将空隙填满。

人工铺填粒径 25 cm 以上的石料时,应先铺填大块石料,大面向下,小面向上,摆平放稳,再用小石块找平、石屑塞缝,最后压实。人工铺填粒径 25 cm 以下的石料时,可直接分层摊铺,分层压实。

用强风化石料或软质岩石填筑路堤时,应按土质路堤施工规定先检验其 CBR (California bearing ratio,加州承载比)是否符合要求,不符合要求者不得使用,符合使用要求时应按土质路堤填筑技术要求施工。

高速公路填石路堤路床顶面以下 50 cm 范围内应填筑符合路床要求的土并分层压实,填料最大粒径不得大于 10 cm。其他公路填石路堤路床顶面以下 30 cm 范围内宜填筑符合路床要求的土并压实,填料最大粒径不应大于 15 cm。

压实度检验:在规定深度范围内,以 12 t 以上振动压路机进行压实试验,当压实层顶面稳定,不再下沉(无轮迹)时,可判断其为密实状态。

3. 土石路堤填筑

天然土石混合材料中所含石料强度大于 20 MPa 时,石料的最大粒径不得超过压实层厚的 2/3,超过的应予清除;当所含石料为软质岩(强度小于 15 MPa)时,石料最大粒径不得超过压实层厚,超过的应打碎。

土石路堤必须分层填筑、分层压实,每层铺填厚度应根据压实机械类型和规格确定,但不宜超过 40 cm。

压实后渗水性差异较大的土石混合料应分层或分段填筑,不宜纵向分幅填筑。如确需纵向分幅填筑,应将压实后渗水良好的土石混合料填筑于路堤两侧。

当石料含量超过 70% 时,应先铺填大块石料,再铺填小块石料、石渣或石屑嵌缝找平,然后碾压。当石料含量小于 70% 时,土石可混合铺填,但应避免硬质石块(特别是大尺寸的硬质石块)集中。

用土石混合料填筑高等级公路时,其路床顶面以下 30~50 cm 范围内仍应填筑符合路床要求的土并分层压实,填料最大粒径不大于 10 cm;其他公路在路床顶面以下填筑 30 cm 的砂类土,最大粒径应不大于 15 cm。

4. 高填方路堤填筑

在水稻田或长年积水地带,用细粒土填筑的路堤高度在 6 m 以上,在其他地带,填土或填石路堤高度在 20 m 以上(填砂、砾路堤在 12 m 以上),这些路堤填筑情况都属于高填方路堤填筑。

高填方路堤应严格按设计边坡填筑,不得漏填。每层填筑厚度,根据所采用的填料,分别按土质路堤、填石路堤或土石路堤的有关规定执行。如填料来源不同,性质相差较大,应分层填筑,不应分段或纵向分幅填筑。

高填方路堤受水浸淹部分应采用水稳性高及渗水性好的填料,其边坡比不宜小于 1：2。

高填方路堤填筑过程中尤其应注意防止局部积水,以免影响填筑质量。特别是在坡度较大的坡面上半填半挖时,除应挖成阶梯与填方衔接分层填压外,还要挖好截水沟,将水排至路堤之外。

2.2　特殊路基施工

我国幅员辽阔,南北纬度跨度较大,气候多变,地形从盆地到平原再到高原等变化复杂,受到气候、地形等各类条件的限制,我国高速公路路基建设所面临的土层、土质变化较多,不利于施工建设。在高速公路建设过程中必须对实际情况进行科学的分析和设计,以保障特殊路基的施工质量。

2.2.1　软土路基处理

1. 软土路基

软土路基是指天然含水量在 35％以上的软土层所构成的路基。软土天然空隙较大、抗剪强度较小,极易导致边坡坍塌以及路基固结甚至沉降,一旦处理不善,极易造成高速公路塌陷,形成安全隐患。

2. 处理方法

软土路基结合其实际情况可以选用垫层法、强夯法、预压法以及加桩复合法等进行处理。通过选用单种方法或者多种方法,综合人工手段,改变软土的沉降特性。

一般软土条件下,优先采用垫层法。垫层法通常是在路基平整后采用砂砾对路基施工地面进行铺垫,并使用设备对砂垫层进行压实。同时注意在处理砂垫层时,需要选用石灰土作垫层材料。垫层法通过垫层处理来改善路基基面软土条件,一般情况下适用于软土厚度较薄地带。在复杂软土条件下,可以综合选用多种方法,如可综合选用垫层法与预压法,有效处理复杂软土路基,改善路基施工条件。

2.2.2　湿陷性黄土路基处理

1. 湿陷性黄土路基

湿陷性黄土路基在性质上与软土路基类似。由于基层含有较高比例的黄土,其黏性和流动性较软土路基更为复杂,湿陷性也更加明显。

2．处理方法

对湿陷性黄土路基一般通过降低含水量改善黄土性质，之后采用垫层法、夯实法、钢筋混凝土灌注桩法实现对土壤条件的有效控制。

首先，通过改善地表排水环境、改造地表河流来实现地表水环境的改善，同时，改善地表渗水状况，通过多种方法减少水的进量，降低黄土的质软性。

其次，通过路基碾压、夯实法、垫层法，对施工基础的黄土进行改善，降低施工作业面黄土的含水量，增强黄土面的硬度。一般采用砂砾和灰土混合料对路基进行充填、碾压，通过预压和碾压来改善土层状况。

特殊条件下，可通过挤压预制钢筋混凝土灌注桩提高黄土的密实性，改善其流动性和质软性，进而改善路基的沉陷现象。

2.2.3 岩溶路基处理

1．岩溶路基

在我国岩溶地貌区，经常存在溶洞和岩溶凹陷等状况，此区域的高速公路施工经常面临着溶洞的困扰。部分地区的高速公路施工中还会遇到溶洞突然破坏，导致路基下形成空洞甚至造成地表塌陷，进而造成高速公路塌陷和破坏。

2．处理方法

一般采用被动填充、盖板涵法等方法对岩溶地段路基进行有效处理，之后按照正常路基的施工方法进行施工。

被动填充通常采用填补片石、整平路基、夯实等手段改善岩溶凹陷等问题，提高路基强度。在条件允许、成本可控的情况下可以采用注浆法将材料注入溶洞内，通过低压间歇式注浆实现对溶洞的填充，有效控制溶洞内外压力，减少溶洞破坏造成的不良影响。

盖板涵法通常用于路基下有岩溶河道、暗河等状况。为避免受河道及暗河的不利影响，导致地表环境改变和塌陷，通过在暗河上方、基底下方铺设盖板来改善和平整路基。应根据实际受力分析，对盖板的布设参数进行控制，实现基底环境的改善和对暗河的保护。

2.2.4 膨胀路基处理

1．膨胀路基

膨胀路基具有较强的吸水性、遇水变化性，常表现为遇水膨胀、失水收缩，在脱离水体影响的条件下，具有较好的路基条件。然而由于地表水的影响，在吸水、放水的过程中会产生体积变化及地基受力的变化,最终造成路基工程的变化,长时间作用将导致路基和路面出现倾斜、位移和变形。

2. 处理方法

由于土质的特殊性,处理膨胀路基的重点是对土质的处理。当前通用的方法是路基置换技术和土壤混合。

路基置换技术是指将原有土壤开挖、移走,通过铺设稳定性较好的土来实现路基范围内土质的改善,提高路基土壤的稳定性,降低和消除土壤膨胀影响。

土壤混合是指通过掺入部分改良型土壤、改良剂等,减少和消除原有土壤的膨胀性,实现路基条件的改善,属于土壤置换方法,在路基置换技术不适宜大范围使用的情况下可采用此方法。

2.2.5　冻土路基处理

1. 冻土路基

冻土路基存在于北方地区,是受北方气候和温度影响而产生的一种特殊路基。该类路基的处理通常会受到土壤性质和路基含水量等因素的影响,最终造成土质变化,对于路基质量和公路建设十分不利。

2. 处理方法

冻土路基的处理主要采用排水法和填土法,还可以采用控温处理法,通过土质分析,对温度进行合理控制,避免由于温差变化所带来的影响。此时施工人员可以通过铺设导气管的方式,将路基内部与外部的粗砂连接在一起,确保路基内外温度一致。这样一来,温度下降,其内部的水便逐渐移向粗砂方向,降低了温度过低的影响,有助于增强路基土质的稳定性。

2.2.6　盐渍土路基处理

1. 盐渍土路基

盐渍土通常由空气、盐溶液、难溶结晶盐、易溶结晶盐以及土颗粒组成,当土体内部的易溶结晶盐平均含量大于 0.3% 时,便可认为是盐渍土。如果温度发生变化或者有下渗水对盐渍土进行浸泡,土中的结晶盐溶解,变成液体,并填充土中的气体空隙。盐渍土便会由固、液、气三相体,转变为固、液两相体,这种转变往往会对土颗粒的结构造成一定程度的破坏。而当水分蒸发以后,土体变得干燥时,盐渍土又会从两相体转化为三相体,这时候土体的体积会发生变化。因此,盐渍土对于高速公路工程来说危害较大。

2. 处理方法

通过盐渍土地区的路线应尽可能避开易遭洪水冲淹的低洼地区及经常潮湿或积水的强盐渍土地带。用盐渍土作路基填料,其含盐量应在容许范围之内。路基排水系统应保证排水通畅,以避免路基附近出现积水现象。路基应有足够的高度,以避免冻胀、翻浆和再盐渍化。如路基高度不能保证,则应采用毛细水隔断层以隔断毛细水,或采取降低地下水位等措施。为保证路基稳定性和路基的有效宽度,必要时还可采取加宽路基、放缓边坡、加固路肩及边坡等措施。

2.3　路面基层施工

基层是指直接位于沥青面层下用高质量材料铺筑的结构承重层或直接位于水泥混凝土面板下用高质量材料铺筑的结构层。底基层是沥青路面基层下铺筑的次要承重层或在水泥混凝土路面基层下铺筑的辅助层。基层和底基层均可以是一层或两层,可以由一种或两种材料构成。

2.3.1　路面基层的基本类型

路面基层按结构组合设计可分成四种类型:第一类是柔性基层,所用材料包括级配型集料、嵌锁型碎石以及沥青碎石混合料等;第二类是半刚性基层,所用材料包括水泥稳定类、石灰稳定类和石灰工业废渣稳定类材料等;第三类是刚性基层,所用材料包括水泥混凝土、贫混凝土和碾压混凝土等;第四类是混(复)合式基层,上部使用柔性基层材料,下部使用半刚性基层材料。

2.3.2　高速公路路面基层施工的基本要求

1. 材料要求

路面基层施工中需要的材料主要是级配砂砾。砂砾种类众多,不能随意选用,若其质量不符合相关工程的要求,会对整个路面的质量产生严重影响。选择砂砾时必须结合工程的实际状况,并在施工前进行级配砂砾试验,严格遵循相关标准,保证符合施工的基本要求,为整个工程的质量提供保障。

2. 人员要求

施工单位安排的施工人员必须具备一定的专业能力,同时能够彼此互相配合工作,保证路面基层施工能够顺利进行。同时,对某些特殊岗位,施工单位需要专门配置持证上岗的工作人员,保证工程质量。

3. 机械设备要求

在现代化的施工过程中,机械设备是必不可少的一部分,在高速公路的路面基层施工中也不例外。施工单位在选择机械设备时要综合考虑施工要求和经济适用性。一般情况下,选择机械设备都要参考实际的工程量和工期,保证机械设备在正常使用情况下能够满足施工要求。此外,需要注意的是,在工程开始施工前,机械设备没有进场的情况下,要事先对机械设备进行检测试验,保证机械设备的零配件没有缺失,不存在故障隐患和安全隐患,保证施工能够正常进行。

2.3.3　高速公路路面基层施工工艺与流程

1. 施工工艺

高速公路路面基层施工工艺主要包括:首先,选定合适的原材料,认真检查采购来的材料质量,做好下承层的施工,同时进行测量放线,并将摊铺机等机械设备按照施工标准调试完毕;其次,计算混合料的合理配合比,并按照计算出的数值进行生产投料,充分拌和;再次,将拌和完毕的混合料运送到施工现场,输入摊铺机的料斗中,然后进行路面摊铺,同时压路机要做好准备,摊铺结束后马上进入碾压工序;最后,对摊铺压实完毕的路面基层进行测量验收,确定没有问题后结束施工,相关负责人员签字确认。

2. 施工流程

(1) 混合料的拌和与运输。

高速公路路面基层施工的起点就是混合料的拌和,这个阶段的工作会直接影响到后面的摊铺和压实工序,同时直接影响路面基层的质量。在混合料的拌和过程中,应该严格控制温度和配合比。在实际拌和之前,应该先取一部分试样进行试拌,以确定合适的拌和时间、配合比和温度。在拌和过程中,要实时检查混合料的均匀性,可以专门安排工作人员通过目测法判断。若发现混合料不符合规定标准,要及时将不合格的混合料处理掉。

混合料在传送到运输车上之前要进行温度检测,并选择专门的运输车,保证运输量大于摊铺机的摊铺用量,避免摊铺机等料。同时,运输车要做好保温、防水工作,避免运送过程中混合料发生离析现象。

(2) 混合料的摊铺。

混合料在摊铺过程中要注意速度和要求。摊铺速度的确定要综合参考混合料的出厂量、运输量和路面施工中的摊铺要求。结合施工现场的实际状况确定摊铺距离,保证匀速、稳定、不间断地摊铺。同时,摊铺时还要根据施工要求确定合理的摊铺厚度和宽度,采用有效的摊铺方法,保证摊铺作业符合施工标准。

(3)路面压实。

摊铺工序完成以后,沥青混合料需要进行压实。为了保证路面面层质量,需要采用合适的压实机械设备和合理的压实步骤。压路机应均匀缓慢碾压。初压、复压、终压要采用不同的颜色标注出来,避免出现重压或漏压。对刚压实完毕的沥青混凝土层要采取一定的保护措施,不要停放任何机械设备或堆积材料及其他杂物。最后,还要安排检测人员实时检查碾压过程中的基层厚度及碾压速度、顺序、次数、温度等。

(4)质量检测。

为保证整个路面基层的施工质量,施工单位必须根据施工现场的实际情况,参考相关规范,实时检查基层的施工质量。施工单位可以聘请专业检测机构进行质量检测,以保证各项工序都满足施工要求。若在检测过程中发现质量问题,检测机构要及时报告施工单位。施工单位则要及时采取相应的措施进行处理,务必保证高速公路路面基层施工的质量和进度。

2.3.4　高速公路路面基层施工常见问题与处理策略

1. 粗细集料离析

在路面基层施工中,粗细集料离析是比较常见的问题,诱发该类问题的原因包括层间结合性差、粗细集料粒径过大、抗水损坏性能较差等。在道路基层施工阶段,如果选择二灰土将会出现底部成型异常、基层结构不均匀等问题,甚至有可能出现路面冒浆、变形等现象。

处理策略:可以通过合理设计配合比、严格把关原材料质量及规范施工流程等方法有效解决,在混合料运输过程中,还需要做好集料装载及卸后的摊铺工作。

2. 基层表面含水量减少

在路面基层摊铺、整形后,表层碎石中所含水分会大量蒸发、散失,此时缺少水分将会导致道路表面无法与基层有效黏结,进而出现道路隆起、分层、塌陷等现象。

处理策略:控制路面基层的摊铺与整形速度,缩短施工周期,并结合施工特点定期洒水。同时,还需要在路面基层最佳含水状态下进行碾压。

3. 基底层收缩裂缝

基底层收缩裂缝是高速公路路面基层施工过程中比较常见的问题,诱发此类问题的原因比较多,主要包括以下几个方面:①二灰土本身主要由粉煤灰、石灰及其他材料组合而成,在早期施工过程中,其强度比较低,而且易出现干缩和冷缩现象,极易导致基层产生收缩裂缝,对道路上层结构产生影响,进而影响路面整体质量;②二灰土配合比不合理,导致整体强度降低,此时如果有荷载作用在道路基层上部,将会诱发拉伸破坏,进而出现基底层收缩裂缝。

处理策略:结合实际情况对二灰土的施工配合比进行设计,并科学、合理地控制细集料与粗集料的用量。此外,还需要对粉煤灰、石灰、碎石的含水量进行有效控制。

4. 基层平整度不符合规范要求

基层平整度会对路面的厚度和平整度产生决定性的影响。如果平整度不能满足施工规范和标准要求,将会降低高速公路路面基层施工的整体质量。通常情况下,诱发此类问题的原因如下:①拌和站供料不足;②下承层平整度和标高不符合要求;③摊铺机摊铺速度不均匀;④施工缝处理不当;⑤碾压方法不当。

处理策略:①摊铺机摊铺速度需要与拌和站生产能力相匹配,并结合实际情况配置运输车辆,以确保有超过 5 辆运料车等待卸料;②如果拌和站供料速度保持恒定,在摊铺过程中需要确保摊铺机以匀速前进,严禁摊摊停停、忽快忽慢,同时,还需要委派专业技术人员指挥运料车停放在摊铺机前 20~30 cm 的位置,严禁与摊铺机发生撞击;③碾压过程要保持连续,摊铺机摊铺时尽可能顺直行走,严禁随意停顿;④每天混合料开始摊铺 2 h 后,或摊铺中断 2 h 后重新开始摊铺前,需要借助 3 m 直尺对已施工完毕的路面基层的平整度进行反复测量,如果平整度不满足规范和标准要求,则需要切除或挖除,最好切成或挖成横向垂直向下的断面,并摊铺新的混合料;⑤如果因温度变化诱发平整度问题,需要对温度变化进行有效控制,可结合设计方案划分多个流水施工段,以确保流水施工的顺利进行,对于大体积混凝土,还需要布设测温管,以便对温度变化情况进行实时监测和记录。

2.4　路面面层施工

2.4.1　沥青混凝土路面面层施工

1. 沥青混凝土路面面层常见病害原因分析

(1)接缝离析问题。

对于沥青路面道路,路面颠簸、跳车现象较为常见,尤其是接缝处和道路构造物两侧,严重影响行车速度及行车舒适性,严重时还可能造成交通事故。路面施工缝分为纵向和横向两种。纵缝主要出现在路面分幅摊铺时；横缝则是在摊铺机提起并重新归位时产生的。

接缝离析问题是沥青混凝土路面施工中的常见问题之一，其诱发原因多种多样。若不注重对接缝部位的施工控制，则极易导致接缝离析，影响道路的使用寿命。纵观当前沥青混凝土路面的实际施工情况，碾压方式选择不当、新旧集料铺设不合理等是导致接缝离析的主要原因。因此，施工作业设备的选取、施工工艺的严谨性和合理性、沥青路面的接缝处理往往能反映出施工队伍的施工水平。

（2）车辙、波浪问题。

随着交通量及载重车辆数量的持续增长，车辙现象也同步加剧。在车辆行驶过程中，道路会受到外来重力作用的影响，其负荷状态出现起伏，久而久之造成路面车辙。车辙将大幅降低路面的平整度和路面结构的整体性。随着车辙数量的增多及深度的加大，将形成系统性车辙问题，即路面波浪。此外，部分道路施工质量不达标（包括施工材料质量控制不严格、不同材料的配合比不严谨、压实温度及压实度不符合规范要求等），也为车辙、波浪问题的出现埋下隐患。

（3）路面坑槽问题。

路面坑槽是在行车作用下，路面骨料局部脱落而造成的路面塌陷。解决此类问题需要在施工过程中严格控制施工质量。部分施工单位所采用的精细化施工管理措施不科学、施工工艺落后，为道路运营阶段出现路面坑槽问题埋下隐患。

2. 高速公路沥青混凝土路面面层施工技术要点

（1）施工前的准备工作。

在高速公路沥青混凝土路面面层施工之前，要认真严格地对整个工程项目的施工图纸和施工技术规范进行详细的审核，确保施工图纸与施工场地保持一致，并编写审核报告。在临时工程建设的过程中，应该有具体的项目设计，明确项目建设的质量，要积极编写施工项目组织设计，确保施工项目各项规章制度完善，符合施工项目的实际要求。例如，编写质量检验保证制度、安全施工管理制度以及环境保护监督制度等，通过这些配套的制度能够让整个高速公路工程项目的施工顺利开展，也能够尽可能地减少对周边生态环境的破坏，提高安全施工水平。应对各种工程材料的性能进行详细的测试，并上报给监理工程师进行审批。在技术准备完成之后，应该积极推进施工机械设备等的准备工作。

施工机械设备、施工材料和施工人员是整个施工环节的三大要素，任何一个要素出现问题都很容易导致施工项目的施工进度受到影响。在机械设备准备的过程中，一定要充分保障接线设备的稳定运行，避免出现机械设备故障而导致项目停工。目前我国大多数高速公路都采用间歇式、大型沥青拌和站,在实际选择时,要严格根据沥青混合料的生产能力进行判断,以满足需求为主,还应该对集料、粉料、沥青计量精度及排放指标等因素进行充分的判断,只有满足设计及规范等的要求,才能够保证沥青混合料拌和设备符合施工要求。沥青混合料运输设备以自动卸料运输车为主,大多数工程项目会采用带有保温功能的自动卸料运输车。科学合理地选择沥青混合料运输设备,能够确保沥青混合料的质量得到合理保护并及时运输到施工现场。沥青混合料摊铺设备应该严格确保路面的平整度,主要采用履带式摊铺机。为了提高路面平整度,可以配备非接触式平衡梁找平系统和摊铺机工料系统,以及熨平板和振动器压实机构等。在选择沥青混合料碾压设备时,应根据实际情况选取振动压路机、轮胎压路机等设备。振动压路机的工作质量应该在 10 t 以上,而轮胎压路机的工作质量应该超过 20 t,通过对压路机速度的合理调节,可以确保碾压施工的整体效率和质量得到有效控制。在选择施工材料的过程中,要严格按照规范筛选、分类堆放沥青碎石和矿粉等主要施工材料,并根据《公路沥青路面施工技术规范》(JTG F40—2004)的要求,对原材料进行抽样检测,加强对原材料的质量管理。

(2) 施工过程的技术要点。

在高速公路沥青混凝土路面面层的施工过程中,要加强沥青混合料拌和的技术管理,严格根据相关规范要求以及试验结果判断拌和时间,保证集料能够均匀地被沥青裹覆。合理控制拌和时间,能够最大限度提高沥青混合料拌和的整体效益。例如,采用间歇式拌和机时拌和时间应该超过 45 s,干拌的时间应该控制在 5~10 s,并根据工地的施工情况进行合理调整。还应该加强对集料烘干的管理,最大限度减少集料的水分,保证其含水量小于 1%。可以在每天拌和集料之前适当提高温度,然后正常进行混合料拌和。要加强对沥青混合料的运输管理,由于目前大多采用大吨位的车辆运输沥青混合料,为了减少热量损失,必须采用双层篷布等对车体进行覆盖,确保沥青混合料运输到现场时温度依然超过 145 ℃。在摊铺的过程中,候料车应该至少有 5 辆,在吊车卸料完成之后,应该及时利用挡板,避免出现泄漏的情况。

要加强对沥青混合料摊铺质量的管理,沥青混合料摊铺大多采用多级梯队摊铺技术,通过 2 台摊铺机一前一后搭接铺筑一定宽度的路面,可以确保整个纵向接缝为热接缝,保证了路面摊铺的整体效果。随着大型摊铺机的快速发展和抗离析技术水平的不断提升,单一全幅摊铺工艺也得到了明显的提升。

要加强对沥青混合料的碾压。目前,沥青混合料碾压工作包括初压、复压和终压。在初压、复压的过程中应该选用 2 台以上振动压路机进行碾压,在碾压过程中可以适当喷涂水溶性隔离剂,每次碾压的长度应为 20~30 m。在静载压路机碾压时,要保证碾压重合宽度为 1/4 轮宽左右,并小于 20 cm。在实际碾压的过程中应该由专人进行检查,对碾压厚度、碾压顺序进行有效控制,具体的碾压速度还应该根据压路机的类型确定。

3. 沥青混凝土路面面层的施工质量控制

(1) 沥青混合料的拌和。

沥青混合料一般由间歇式拌和机拌制,并应根据批准的混合料配合比进行配制。集料加热温度控制在 175～190 ℃,沥青采用导热油加热至 160～170 ℃。应拌和至沥青混合料均匀一致,所有矿料颗粒全部裹覆沥青,结合料无花料、无结团、无粗细料离析现象为止。沥青混合料的拌和时间由试拌确定,沥青混合料的出厂温度严格控制在 155～170 ℃。

(2) 热拌沥青混合料运输。

①从拌和楼向运料车上放料时,首先在车槽内涂一层隔离剂以防粘车,每卸一斗混合料挪动一下位置,以减少粗细集料离析现象。

②热拌沥青混合料宜采用较大吨位的运料车运输,混合料运输车的运量相较于拌和或摊铺量应有所富余,施工过程中运输车应在摊铺机前方 20～30 cm 处停车,挂空挡等候,由摊铺机推动前进并缓缓卸料,不能撞击摊铺机。

③沥青混合料的运输必须快捷、安全,使沥青混合料到达摊铺现场的温度在 145～165 ℃,为防止污染和热量过分损失,必要时每辆车应配备覆盖设施并密封严密。

(3) 沥青混合料的摊铺。

①当用两台摊铺机进行两幅摊铺时,上下两层错缝 0.5 m,摊铺速度控制在 2～4 m/min。沥青下面层或基层宜拉钢丝绳控制标高及平整度,上面层摊铺采用平衡梁装置,以保证摊铺厚度及平整度。摊铺速度必须缓慢、均匀,保持连续不间断,摊铺过程中不得随意变换速度或中途停顿。正常摊铺温度应为 140～160 ℃。另外,在上面层摊铺时纵横向接缝口立 4 cm 厚木条,保证接缝口顺直。

②松铺系数:沥青混合料的松铺系数根据混合料类型、施工机械和施工工艺等,通过试压方法或根据以往的实践经验确定。铺筑过程中,应根据拟用的混合料总量与铺筑面积校验成型后的平均厚度,不符合要求时按铺筑情况及时进行调整。

③对于道路上的窨井,在底层料摊铺前用钢板进行覆盖,保证路面的平整度,以避免在摊铺过程中遇到窨井而需要抬升摊铺机。在摊铺细料前,把窨井抬至实际摊铺高程,保证窨井与路面的平整。

④对施工段起点或终点的摊铺应尽量避免人工作业,采用小型摊铺机摊铺,以保证路面平整度及混合料的均匀程度。对外形不规则、受到空间限制等摊铺机无法工作的地方,可以采用人工进行混合料摊铺。

⑤摊铺过程中应注意以下事项。

a．卸料车司机应与摊铺机司机密切配合，避免车辆撞击摊铺机，使之偏位，或把料卸出摊铺机外。卸料车的后轮宜距摊铺机 20～30 cm，当与摊铺机接触时，汽车开始起升倒料。

b．连续供料。当摊铺机待料时，不应将机内混合料摊铺完，应保证料斗中有足够的余料，防止送料板外露。斗内料因故障已结块时，重铺时应将其铲除，不得用于路面摊铺。

c．检测人员要经常检查松铺厚度，每 5 m 左右查一断面，每断面不少于 3 点，并做好记录，及时反馈给摊铺机司机；每 50 m 检查一次横坡；经常检查平整度。

d．摊铺中应密切注意摊铺动向，对横断面不符合要求、构造物接头部位缺料、摊铺带边缘局部缺料、表面明显不平整、局部混合料明显离析、摊铺后有明显的拖痕等问题，必须在技术人员指导下进行人工修补或更换混合料。人工修补时，工人不应站在高温的沥青面层上操作。

e．每天施工完毕后，禁止在已摊铺好的路面上用柴油清洗机械。

（4）沥青混合料的碾压。

①根据沥青混合料的特性，适当选择压路机的大小、频率与振幅。选择压路机型的基本原则：在保证沥青混合料碾压质量的前提下，所需压路机数量最少，工作效率满足施工需求。

②压实分为初压、复压和终压三道工序。初压的目的是整平和稳定混合料，这是压实的基础，因此要注意压实的平整性。复压的目的是使混合料密实、稳定、成型，最后形成平整的压实面。终压的目的是消除轮迹，使路面平整度满足要求。所有这些工序都必须严格遵守作业程序和操作要求。

③沥青混合料的初压应符合下列要求。

a．初压在混合料摊铺后温度较高时进行，采用轻型钢筒式压路机或关闭振动装置的振动压路机，速度控制在 1.5～2.0 km/h，碾压两遍，初压后，随时检查平整度、路拱，必要时予以修整。如在碾压时出现推移，则等温度稍低后再碾压。

b．压路机从外侧向中心碾压。相邻碾压带应重叠 1/3～1/2 轮宽，最后碾压路中心部分，压完全幅为一遍。当边缘有挡板、路缘石、路肩等支挡时，应紧靠支挡碾压。当边缘无支挡时，可用工具使边缘的混合料稍稍堆高，然后将压路机的外侧轮伸出边缘 10 cm 以上碾压。

c．碾压时将驱动轮面向摊铺机。碾压路线及碾压方向不能突然改变，以免混合料产生推移。压路机起动、制动必须减速缓慢进行。

④复压紧接初压进行，并应符合下列要求：复压采用轮胎式压路机；碾压遍数应经试

压确定,不少于 6 遍,以达到要求的压实度,并无显著轮迹。

⑤终压紧接复压进行。终压选用双轮钢筒式压路机,碾压遍数不宜少于 2 遍,压至无轮迹。

⑥压路机碾压注意事项如下。

a.压路机的碾压段长度以与摊铺速度平衡为原则,并保持大体稳定。压路机每次应由两端折回的位置呈阶梯形随摊铺机向前推进,使折回处不在同一横断面上。在摊铺机连续摊铺的过程中,压路机不得随意停顿。

b.碾压中要确保压路机滚轮湿润,以免黏附沥青混合料。有时可间歇喷水,但应避免水量过大,以免混合料表面冷却。

c.压路机不得在未碾压成型并冷却的路段转向、掉头或停车等候。

(5) 沥青路面接缝的处理方法。

沥青路面的接缝处理,是直接影响路面平整度和稳定性的工序,必须由有经验的人员管理和操作。

①纵向接缝的处理方法。

纵向接缝又分为冷接缝和热接缝,对于沥青混合料,要尽量避免冷接缝。因为沥青混合料一旦冷却后,质地相当坚硬,切缝机很难处理。采用热接缝时,应将先铺的混合料留下 10~20 cm 的宽度暂不碾压,作为后摊铺部分的高程基准面,纵缝应在后摊铺部分摊铺后立即碾压。若摊铺因无法避免的原因不得已暂停,应尽可能缩短时间。如果暂停时间过长,混合料冷却到 140 ℃以下,则应设置冷接缝。

②横向接缝的处理方法。

横向接缝要与路中线垂直,相邻两幅及上下横缝应均匀错开 1 m 以上,接缝时应先沿已刨齐的缝边用热沥青混合料覆盖,待接缝处沥青混合料变软后,再将所覆盖的沥青混合料清除,换用新的热沥青混合料摊铺。

2.4.2 水泥混凝土路面面层施工

1. 水泥混凝土路面面层质量影响因素

水泥混凝土的质量对路面平整度等影响较大。施工技术人员应明确水泥混凝土路面混凝土坍落度的主要影响因素,保障水泥混凝土路面施工质量。

(1) 级配变化。

在相同水灰比和含水率下,细集料混凝土坍落度更小,主要是因为细集料的比表面积大,需要更多浆体包裹,导致自由水分减少、摩擦增大。因此,混凝土生产时必须严格控制级配,平衡细、粗集料比例,确保浆体充分包裹集料,同时保证良好的工作性和强度。

（2）含水率变化。

通常情况下，施工技术人员能够通过搅拌站中的水秤设备掌握含水率的变化情况，但对砂中的含水率却无法进行有效控制。一旦砂中的含水率变大，将会对坍落度造成影响。为此，施工技术人员应在混凝土生产过程中预测含水率，保证混凝土质量满足施工技术要求。

（3）水泥温度。

水泥温度之所以会对高速公路所用混凝土坍落度产生影响，主要是因为使用单机生产能力较大的搅拌站来生产混凝土时，水泥仓内水泥量较多，很多时候，水泥未完成冷却，就着手开始搅拌，导致生产出来的混凝土温度较高，进而使坍落度下降。

（4）添加剂用量。

目前，市场上可供选择的添加剂类型众多，而添加剂用量会直接影响混凝土的坍落度。一旦添加剂的用量偏大，会造成混凝土发生物理与化学性能方面的变化。为此，在水泥混凝土生产过程中，要对添加剂的用量进行控制，使其效果在不影响其他性能的情况下充分发挥出来。

2. 公路水泥混凝土路面面层施工工艺要点

（1）前期准备工作。

全面落实准备工作能够给后续水泥混凝土路面的正式施工创造良好的条件。材料方面，包含水泥、砂石、水、模板等，要求均能够满足质量要求，同时加强进场时的质量检验，进场后采取防护措施，减少日晒、降雨等外界因素对材料质量的影响；人员方面，根据施工需求合理组建施工团队，做好岗前培训及技术交底工作。

（2）模板的制作安装。

以钢模板为优先选择对象，遇急转弯时可采用木模板。以设计图纸为准，提前加工模板，任何形式的模板均要具有良好的表观质量，若存在局部变形，幅度不宜超过 3 mm，否则需修整或换新；模板高度与混凝土路面板厚度相同，加强对该项指标的检测与调整，误差不宜超过 2 mm；模板应平顺连接，在设置纵缝模板的平缝时，应保证该处拉杆穿孔眼位置的精确性。

（3）传力杆的安装。

侧模安装期间，需在合适区域增设传力杆，考虑到混凝土施工的连续性要求，可应用钢筋支架法，以便适时将传力杆安装到位。具体而言，是在嵌缝板上开挖圆孔，于板上方设压缝板条，经检测确定各传力杆的实际位置以及彼此的间距后，在接缝模板下方局部进行加工，使其形成倒 U 形槽，再将传力杆从槽内穿出。施工期间，应保证位于特制支架上的传力杆维持稳定状态，且支架脚需深入基层内部，以免失稳。

若不能连续对混凝土板进行浇筑,则需要通过端头木模固定法来进行传力杆的安装。在端模板的外侧加设新模板,其主要作用就是定位。接着根据板上传力杆的钻孔眼位置、相邻两传力杆之间的距离以及传力杆的直径,从端模板的孔眼中将传力杆穿出,一直延伸到外侧定位模板的孔眼处。最后,使用长度仅为传力杆一半的横木对相邻两个模板进行固定。当需要对相邻模板进行混凝土浇筑时,需要先拆除定位模板、挡板以及横木,最后在相应位置安装传力杆套管、接缝板以及木质压缝板条。

(4)振捣与摊铺。

不同公路的水泥混凝土路面的施工要求各异,部分情况下需在现场拌制干硬性混凝土,单次摊铺厚度以 22～44 cm 较为合适;若在现场拌制塑性混凝土,单次摊铺厚度应控制在 24～26 cm。但现场施工环境错综复杂,各公路工程对路面厚度的要求各异,易出现摊铺厚度超过要求的情况,此时需遵循分层摊铺的原则。水泥混凝土路面面层施工应具有持续性,即摊铺、振捣等环节应紧密衔接,形成流水化作业模式,尽可能避免施工中断,从而保证面层的完整性。振捣是提高混凝土密实度的关键方法,可选用插入式振捣器或其他设备。若施工期间采用真空吸水法,需适当增加混凝土拌和物的水灰比,提升幅度以 5%～10% 为宜,以便摊铺和振捣作业快速落实到位,从而有效保证路面的强度和平整性。在适当加大水灰比后,还可提高混凝土的抗冻性和抗干缩性。但施工期间需加强对工艺的控制,主要包括:真空吸水的深度不可以超过 30 cm;真空吸水完成之后,通过抹石机或者振动梁来进行复平处理,保障路面的平整性。

(5)接缝施工。

模板安装作业落实后,即可进入混凝土浇筑环节,需根据实际情况合理安装拉杆。遇纵向施工缝时,拉杆可穿过模板的拉杆孔;在混凝土达到硬化状态后,切割纵缝槽,要求切割精细,不可影响周边混凝土的稳定性;浇筑期间,将接缝板埋入,在混凝土达到初凝状态后方可拔出,由此形成纵缝槽。经过锯缝处理后,确保混凝土的强度稳定在 5～10 MPa。在混凝土达到硬结状态且无其他质量问题时,需锯成横缩缝。加强对横胀缝位置的控制,要求其与路中心线垂直,各处缝隙宽度一致,在缝隙的下方布设胀缝板,于上方浇灌封缝料。为提高施工效率,需根据设计要求提前制作胀缝板,胀缝板可以油浸纤维板或海绵橡胶泡沫板为基础材料,经过加工后制得;在使用前,需深度清理缝壁,使其维持干燥、洁净的状态。

(6)路面面层的修整与防滑施工。

混凝土浇筑后,密切关注其成型状态,在终凝前抹平,提高混凝土面层的平整性。若采取机械抹光的方式,则需在机械主体上配置圆盘,利用该装置初步粗光,再进一步加装细抹叶片,利用该装置提高面层的精细度。人工抹光方法的局限性较强,例如工作量较大、质量欠佳(混凝土表面易存在凸出的石子、细砂等杂物,使成型后的混凝土不具备足够的强度,表面的稳定性和平整性均难以得到保证,相较于下方结构而言其干缩率更大),不推荐采用。

为保证路面的通行安全性,在施工期间需重视对粗糙度和抗滑性的控制,具体需以水泥混凝土路面的通行水平为依据。应采取合适的控制措施,保证路面摩擦系数的合理性,在行驶速度为 50 km/h 时,该值应达到 0.4 或适当增加;在速度降低至 45 km/h 时,则需达到 0.45 或更高。

第 3 章

桥涵施工技术

3.1 桥梁基础施工

桥梁基础与墩台属于桥梁的下部结构。基础与墩台的施工质量对桥梁的整体质量有非常重要的影响。在桥梁基础与墩台施工过程中，需要根据实际情况选择合理的施工方法，并且加强施工管理，延长桥梁的使用寿命。

桥梁上部承受的各种荷载，通过桥台或桥墩传至基础，再由基础传至地基。基础是桥梁下部结构的重要组成部分，因此基础工程在桥梁结构物的设计与施工中有极为重要的地位，它对结构物的安全和工程造价有很大的影响。

3.1.1 基础的作用与要求

基础指桥梁结构物直接与地基接触的部分，是桥梁下部结构的重要组成部分。承受基础传来的荷载的地层（岩层或土层）则称为地基。地基与基础受到各种荷载作用后，其本身将产生变形。为了保证桥梁的正常使用和安全，地基和基础必须具有足够的强度和稳定性，变形也应在容许范围之内。

根据地基土的土层变化情况、上部结构的要求和荷载特点，可采用各种类型的桥梁基础。基础类型的选定主要取决于土层的工程性质与水文地质条件、荷载特性、桥梁结构与使用要求，以及材料的供应和施工技术等因素。选择的原则是：力争做到使用上安全可靠、施工上简便可行、经济上节约合理。必要时应做方案比较，从中得出较为适宜与合理的方案。

众多工程实例表明，桥梁基础的设计与施工质量关系到整座桥梁的质量。基础工程是隐蔽工程，如有缺陷，较难发现，也较难弥补或修复，而这些缺陷往往会直接影响整座桥梁的使用功能甚至安危。基础工程的施工进度经常控制着全桥施工进度。下部工程的造价，尤其是复杂地质条件下修建的基础或深水基础，其造价通常在全桥造价中占相当大的比重。必须精心设计、精心施工，以确保万无一失。

桥梁结构是一个整体，上下部结构和地基共同工作、相互影响。地基的任何变形都必然引起上下部结构的相应位移，上下部结构的受力状况也必然关系到地基的强度和稳定条件。桥梁基础的设计、施工都应紧密结合桥梁结构的特点和要求，全面分析、综合考虑。

3.1.2 桥梁基础的分类

地基可分为天然地基和人工地基。直接在其上修筑基础的地层称为"天然地基"；若天然地层土质过于软弱或有不良工程地质问题,则需要经过人工加固或处理后才能修筑基础,这种地基称为"人工地基"。

在一般情况下,应尽量采用天然地基。基础的类型,可按基础刚度、埋置深度、构造形式及施工方法来分类。分类的目的在于区分各类基础的特点,以便在设计时根据具体情况合理选用。

1. 按基础刚度划分

基础根据受力后的变形情况,可分为刚性基础和柔性基础。

受力后,不发生挠曲变形的基础称为"刚性基础",一般可用抗弯拉强度较差的圬工材料(如浆砌块石、片石混凝土等)修建。这种基础不需要钢材,造价较低,但圬工体积较大,且支承面积受一定的限制。

受力后,容许发生较大挠曲变形的基础称为"柔性基础"或"弹性基础",通常须用钢筋混凝土修建。由于钢筋可以承受较大的弯拉应力和剪应力,所以当地基承载力较小时,采用这种基础可以形成较大的支承面积。在桥梁工程中多采用刚性基础。

2. 按埋置深度划分

按埋置深度不同,基础可分为浅基础(埋置深度在 5 m 以内)和深基础两种。当浅层地基承载力较大时,可采用埋深较小的浅基础。浅基础施工方便,通常用明挖法从地面开挖基坑后,直接在基坑底面砌筑、浇筑基础,是桥梁基础的首选类型。

如果浅层土质不良,须将基础埋置于较深的良好土层中,则选用深基础。深基础设计和施工较复杂,但具有良好的适应性和抗震性。目前高等级公路上的桥梁普遍应用深基础,常见的形式有桩基础、沉井等。

3. 按构造形式划分

桥梁基础按构造形式可划分为实体式基础和桩柱式基础两类。

当整个基础都由圬工材料修筑时称为"实体式基础"。其特点是基础整体性好,自重较大,对地基承载力的要求也较高。由多根基桩或小型管桩组成,并用承台连接成整体的基础,称为"桩柱式基础"。这种基础相较于实体式基础,圬工体积小、自重较轻,对地基承载力的要求相对较低,桩柱本身一般用钢筋混凝土制成。

4. 按施工方法划分

按施工方法的不同,基础可分为明挖基础、沉井基础、沉箱基础、沉入桩基础、沉管灌注桩基础、钻(挖)孔灌注桩基础等。明挖法施工最为简单,但只适用于浅基础,其他方法均适用于深基础。

3.1.3　桥梁基础施工工艺

1. 桥梁浅基础施工

（1）桥梁浅基础的构造形式。

①刚性扩大基础。

由于地基强度一般比墩台强度低，因而需要将基础平面尺寸扩大，以适应地基强度的要求；同时，相对于地基而言，基础类似一个强大的刚体。

作为刚性基础，其每边的最大尺寸受到其自身材料刚性角的限制。当基础较厚时，可以利用刚性角将基础做成阶梯状，这样既可以减少基础的圬工量，又可以发挥基础的承载作用。

刚性角是材料的一种性质，由于刚性角的存在，设计基础时应当根据刚性角的限定范围将基础平面尺寸按照阶梯形状逐步放大，以便让放大的尺寸尽可能满足刚性角的要求，基础的高度与底边宽度不得随意设定。在充分考虑材料刚性角的前提下进行基础施工，既可以较好地扩散基底应力，又可以节省基础建造材料。

②单独基础和联合基础。

单独基础是立柱式桥墩中常用的基础形式之一，它的纵、横剖面均可砌筑成台阶式。但当两个立柱式桥墩相距较近，每个单独基础为了适应地基强度的要求而必须扩大基础平面尺寸时，有可能导致相邻的单独基础在平面上相接甚至重叠，此时可将基础扩大部分连在一起，形成联合基础。

③条形基础。

条形基础是指基础长度远大于宽度和高度的基础形式，分为墙下条形基础和柱下条形基础。柱下条形基础又可分为单向条形基础和十字交叉条形基础。

条形基础必须有足够的刚度将柱子的荷载较均匀地分布到条形基础上，并且调整可能产生的不均匀沉降。当单向条形基础底面积不足以承受上部结构荷载时，可在纵横两个方向将单向条形基础连成十字交叉条形基础，以增加桥梁的整体性，减小基础的不均匀沉降。

条形基础还可分为梁板式条形基础和板式条形基础两类。梁板式条形基础适用于钢筋混凝土框架结构、框架剪力墙结构、框支结构和钢结构。板式条形基础适用于钢筋混凝土剪力墙结构和砌体结构。

（2）桥梁浅基础基坑开挖。

①基坑定位放样。

在桥梁施工中，首先，要建立施工控制网；其次，进行桥梁轴线标定和墩台中心定位；

最后,进行墩台施工放样,定出基础和基坑的各部分尺寸。桥梁的施工控制网除了用来测定桥梁长度外,还用于控制各个位置,保证各部分结构正确连接。

施工控制网常用三角控制网,其布设应根据总平面图设计和施工地区的地形条件来确定,并作为整个工程施工设计的一部分。布网时要考虑施工程序、方法以及施工场地的布置情况,可以基于桥址地形图拟定布网方案。

桥梁轴线的位置是在桥梁勘测设计中根据路线的总走向、地形、地质、河床情况等选定的,在施工时必须现场恢复桥梁轴线位置,并进行墩台中心定位。中小桥梁一般采用直接丈量法标定桥梁轴线长度并定出墩台的中心位置,也可以用测距仪或全站仪确定。

施工放样贯穿整个施工过程,是质量保证措施的一种。施工放样的目的是将设计图上的结构物位置、形状、大小和高低在实地标定出来,作为施工的依据。

桥梁施工放样的主要内容:墩台纵横向轴线放样;基坑开挖及墩台扩大基础放样;桩基础桩位放样;承台及墩身结构尺寸、位置放样;墩帽和支座垫石结构尺寸、位置放样;上部结构中线及细部尺寸放样;桥面系结构位置、尺寸放样;各阶段高程放样。

基础放样是根据实地标定的墩台中心位置来进行的,在无水地点可直接将经纬仪安置在中心位置,用木桩准确固定基础纵横轴线和基础边缘位置。由于定位桩随着基坑开挖必将被挖去,所以必须在基坑开挖范围以外设置定位桩的保护桩,以备施工中随时检查基坑位置或基础位置是否正确,基坑外围通常用龙门板固定或在地上用石灰线标出位置。对于建筑物标高的控制,常将拟建建筑物区域附近设置的水准点引测到施工现场附近不受施工影响的地方,设置临时水准点。

②陆上基坑开挖。

a.浅基坑无水开挖。

浅基坑无水开挖指的是在陆地深水位地层中开挖。由于这种类型的基坑很浅,而水位又很深,因此,整个开挖过程都是在无水或者渗水很少的情况下进行的。基坑壁的稳定性不会受到水的影响,开挖比较简单。基坑壁形态可根据土质情况灵活选择,可选择竖直状、斜坡状、阶梯状。

b.深基坑无水开挖。

深基坑无水开挖是指开挖较深的基坑,但地下水依旧位于基坑底面以下,坑内渗水较少,一般情况下只需在坑底设置几个集水坑进行抽水即可。少量的渗水不会影响基坑壁的稳定性。

若条件允许,可以采用基坑壁放坡或修筑台阶的方式进行开挖;若条件不允许全方位大尺度扩口,则应当采取适当的护壁措施进行开挖,以防止坑壁发生坍塌。通常采用的护壁措施有插打钢板桩围堰、钢轨、木桩,也可以采用挂网喷射混凝土,修筑地下连续墙、钻孔搅拌桩连续墙等防护措施。

c. 浅基坑渗水开挖。

如果桥梁施工位置的地下水位很浅,施工中会出现严重渗水甚至涌水。在这样的状态下,如果不消除水的影响,那么后续的工作将无法正常开展。

目前使用较多的排水方法主要有以下三种:降水井抽水排水法、钢板桩围堰封闭排水法、地下连续墙封闭排水法。其中,降水井抽水排水法适用于陆地高水位环境;钢板桩围堰封闭排水法既适用于水中环境,又适用于陆地高水位环境;地下连续墙封闭排水法适用于陆地高水位环境。在水中环境和陆地高水位环境中,采用集水坑抽水、排水的方法是难以奏效的。

d. 深基坑渗水开挖。

在水中开挖深基坑是浅基础施工中难度最大的。根据长期的工程实践经验,利用钢板桩围堰封闭开挖空间,隔绝外围水源,在无渗水、无坑壁坍塌的环境中进行水中深基坑开挖是值得推荐的方法。

③水中基坑开挖。

桥梁墩台基础大多位于地表水位以下,有时水流还比较大,施工时都希望在无水或静水条件下进行。桥梁水中基础施工的常用方法是围堰法。

围堰的作用主要是防水和围水,有时还起着支撑施工平台和基坑坑壁的作用。围堰的结构形式和材料要根据水深、水的流速、地质情况、基础形式以及通航要求等条件进行选择。无论何种形式和材料的围堰,均必须满足下列要求。

a. 围堰顶宜高出施工期间最高水位 70 cm,最低应高出 50 cm。

b. 围堰外形应适宜水流排泄,不应过多压缩流水断面,以免壅水过高危害围堰安全,影响通航、导流等。围堰内的平面尺寸应满足基础施工的要求,并留有适当的工作空间。

c. 围堰的填筑应分层进行,减少渗漏,并应满足堰身强度和稳定性的要求,使得基坑开挖后,围堰不致发生破裂、滑动或倾覆。围堰要求防水严密,应尽量采取措施防止或减少渗漏,减轻排水工作。围堰施工一般安排在枯水期进行。

④地基处理。

a. 多年冻土地基的处理。

基础不应置于季节性冻土层上,并不得直接与冻土接触;基础的基底修筑于多年冻土层(即永冻土)上时,基底之上应设置隔温层或保温层,且铺筑宽度应伸出基础外缘 1 m。

按保持冻结原则设计的明挖基础,其多年平均地温等于或高于 3 ℃时,应于冬期施工;多年平均地温低于 −3 ℃时,可在除了高温季节的其他季节施工。

施工前做好充分准备,组织快速施工。施工好的基础应立即回填封闭,不宜间歇。必须间歇时,应以草袋、棉絮等加以覆盖,防止热量侵入。施工过程中,严禁地表水流入基坑。如有明水,应在距坑顶 10 m 之外修排水沟排出。水沟中的水应远离坑顶排放并及时排除融化水。施工时,必须搭设遮阳棚和防雨篷,并及时排除季节性冻土层内的地下水和冻土本身的融化水。

b. 岩层基底的处理。

如遇风化岩层,应挖至地基满足承载力要求或其他方面的要求为止;在未风化的岩层上修建基础前,应先将淤泥、松动的石块清除干净,并洗净岩石;对坚硬的倾斜岩层,应将岩层面凿平,倾斜度较大,无法凿平时,则应凿成多级台阶,台阶的宽度不宜小于 0.3 m。

c. 溶洞地基的处理。

在处理影响基底稳定性的溶洞时,不得堵塞溶洞水路;干溶洞可用砂砾石、碎石、干砌或浆砌片石及灰土等回填密实;基底干溶洞较大,回填处理有困难时,可采用桩基处理,桩基应进行设计,并经有关单位批准。

d. 泉眼地基的处理。

可将有螺口的钢管紧紧打入泉眼,盖上螺帽并拧紧,阻止泉水流出,或向泉眼内压注速凝水泥砂浆,再打入木塞堵眼。堵眼有困难时,可采用管子塞入泉眼,将水引流至集水坑排出或在基底下设盲沟将泉水引流至集水坑排出,待基础圬工完成后,向盲沟压注水泥浆堵塞。采用引流排水时,应注意防止砂土流失,引起基底沉陷。

⑤基坑施工过程中的注意要点。

在距离基坑顶缘四周适当位置处设置截水沟,防止水沟渗水,避免地表水冲刷基坑壁,影响基坑壁稳定性;基坑壁边缘应留有护道,受静荷载作用时,护道距基坑边缘不小于 0.5 m,受动荷载作用时,护道距基坑边缘不小于 1.0 m,垂直基坑壁边缘的护道还应适当增宽;水文地质条件欠佳时应有加固措施。

应注意观察基坑边缘顶面土有无裂缝,基坑壁有无松散塌落现象发生;基坑施工不可延续时间过长,自开挖至基础完成应连续施工。如用机械开挖基坑,挖至坑底时,应保留不小于 30 cm 厚的底层,在基础浇筑前用人工挖至基底标高;基坑应尽量在少雨季节施工;基坑宜用原土及时回填,对桥台及有河床铺砌的桥墩基坑,则应分层夯实。

2. 桩基础施工

(1) 沉入桩基础施工。

当地基浅层土质较差,持力层埋藏较深,需要采用深基础才能满足结构物对地基强度的要求时,可用桩基础。桩基础是常用的桥梁基础类型之一。运用锤击沉桩、振动沉桩、射水沉桩、静力压桩等施工方法修建的桩基础称为"沉入桩"。

基桩按材料分为木桩、钢筋混凝土桩、预应力混凝土桩与钢桩,桥梁基础应用较多的是钢筋混凝土桩与预应力混凝土桩。

①沉入桩基础施工准备工作。

沉桩前应掌握工程地质钻探资料、水文资料和打桩资料;沉桩前必须处理地上(下)障碍物,平整场地,且场地应具备沉桩所需的承载力;应根据现场环境状况采取降噪措施;在城区、居民区等人口密集的场所不应进行沉桩施工。

②锤击沉桩法。

锤击沉桩一般适用于中密砂类土、黏性土地基。由于锤击沉桩依靠桩锤的冲击能量将桩打入土中,对沉桩设备要求较高,因此,桩径不能太大(不大于 0.6 m),入土深度在 40 m 左右。沉桩设备是桩基施工的关键影响因素,应根据土质,工程量,桩的种类、规格、尺寸,施工期限,现场水电供应条件等选择。

锤击沉桩的主要设备有桩锤、桩架、桩帽及送桩等。

a. 桩锤:桩锤可以分为落锤、单动汽锤、双动汽锤、柴油锤和液压锤等。

b. 桩架:桩架是沉桩的主要设备。它的主要作用是装吊锤、吊桩、插桩、吊插射水管和在桩下沉过程中导向。桩架主要由吊杆、导向架、起吊装置、撑架和底盘组成。桩架可以用木料和钢材做成,分为轨道式桩架、液压步履式桩架、悬臂履带式桩架和三点支承式桩架,工程中常用的是钢制轨道式桩架。

c. 桩帽:打桩时,要在锤和桩之间设置桩帽。它主要起缓冲锤击力和保护桩顶的作用。因此,需要在桩帽上方(锤与桩帽接触处)填充硬质缓冲材料,如橡木、树脂、硬桦木、合成橡胶等;在桩帽下方应垫以软质缓冲材料,如麻饼、草垫、废轮胎等。

d. 送桩:当桩顶设计标高在导杆以下时,需用送桩。送桩可以用硬木、钢或钢筋混凝土等制成。

施工技术要求如下。

a. 混凝土桩要达到设计强度并具有 28 d 龄期。

b. 重锤低击,混凝土管桩桩帽上宜开逸气孔。

c. 打桩顺序一般是由一端向另一端打;密集群桩由中心向四边打;先打深桩,后打浅桩;先打坡顶桩,后打坡脚桩;先打靠近建筑的桩,然后往外打;遇到多方向桩,应设法减少变更桩机斜度或方向的次数。

d. 在桩的打入过程中,应始终保持锤、桩帽和桩身在同一轴线上。

e. 沉桩时,以控制桩尖设计标高为主。桩尖标高等于设计标高,而贯入度较大时,应继续锤击,使贯入度接近控制贯入度。当贯入度达到控制贯入度,而桩尖标高未达到设计标高时,应继续锤击 100 mm 左右(或锤击 30~50 击)。如无异常变化,即可停锤。

f. 无论桩多长,打桩和接桩均须连续作业,中间不应有较长时间的停歇。

g. 在一个墩、台桩基中,同一水平面内的桩接头数不得超过桩基总数的 1/4,但采用法兰盘按等强度设计的接头可不受此限制(抗水平剪力的需要)。

h. 沉桩过程中,若遇到贯入度剧变,桩身突然发生倾斜、位移或严重回弹,桩顶或桩身出现严重裂缝、破碎等情况,应暂停沉桩,分析原因,采取有效措施。

i. 在硬塑黏土或松散的砂土地层下沉群桩时,如在桩的影响区内有建筑物,应防止地面隆起或下沉(黏土隆起,砂土下沉)对建筑物造成破坏。

③振动沉桩法。

振动沉桩法是用振动打桩机(振动桩锤)将桩打入土中的施工方法。其原理是:振动打桩机使桩产生上下方向的振动,在抵抗桩与周围土层间摩擦力的同时,松动桩尖地基,从而使桩贯入或拔出。振动沉桩法一般适用于砂土、硬塑及软塑的黏性土和中密及较软的碎石土地层。振动沉桩施工要点及注意事项如下。

a. 振动时间的控制。

每次振动时间应根据土质情况及振动打桩机性能,通过实地试验确定,一般不宜超过 15 min。当振动下沉速度由慢变快时,可以继续振动;如果由快变慢,下沉速度小于 5 cm/min 或桩头冒水时,即应停振;当振幅过大而桩不下沉时,则表示桩尖端土层坚实或桩的接头已振松,应停振并继续射水,或另作处理。

b. 振动沉桩停振控制标准。

主要控制通过试桩验证的桩尖标高,以最终贯入度或可靠的振动承载力公式计算出的承载力进行校核。如果桩尖已达标高而最终贯入度或计算承载力相差较大时,应查明原因,报有关单位研究后另行确定。

c. 管桩改用开口桩靴,振动吸泥下沉。

若桩基土层中含有大量卵石、碎石或遇破裂岩层,采用高压射水振动沉桩难以下沉,可将锥形桩尖改为开口桩靴,并在桩内用吸泥机配合吸泥,非常有效。

d. 振动打桩机机座、桩帽应连接牢固。

振动打桩机和桩中心轴线应尽量保持在同一直线上;开始沉桩时宜用自重下沉或射水下沉,桩身有足够的稳定性后,再采用振动下沉。

④射水沉桩法。

射水沉桩应视土质情况选择施工方法,在砂夹卵石层或坚硬土层中,一般以射水为主,锤击或振动为辅;在亚黏土或黏土中,为避免降低承载力,一般以锤击或振动为主,以射水为辅,并应适当控制射水时间和水量;下沉空心桩,一般用单管内射水,当下沉较深或土层较密实时,可用锤击或振动,配合射水;下沉实心桩,将射水管对称地装在桩的两侧,并沿着桩身上下自由移动,以便射水冲土。不论采取何种施工方法,在桩沉入至离设计标高 1~1.5 m 时,应停止射水,只用锤击或振动将桩沉入至设计标高。

射水沉桩所用设备主要包括水泵、输水管路和射水管等。射水沉桩的施工要点是:吊插基桩时要注意及时引送输水管,防止拉断与脱落;基桩插正立稳后,压上桩帽、桩锤,开始用较小水压,使桩靠自重下沉。初期应控制桩身使其不下沉过快,以免阻塞射水管嘴,并注意随时控制和校正桩的方向;下沉渐趋缓慢时,可开锤轻击,沉至一定深度(8~10 m)已能保持桩身稳定后,可逐步加大水压和锤的冲击动能;沉桩至距设计标高一定距离(1~1.5 m)时停止射水,拔出射水管,进行锤击或振动,使桩下沉至设计要求的标高。若采用中心射水法沉桩,要在桩垫和桩帽上留有排水通道,防止射水从桩尖孔返入桩内,产生水压,造成桩身胀裂。管桩下沉到位后,若设计要求以混凝土填芯,应用吸泥法等清除沉渣以后,再用水下混凝土填芯。

⑤静力压桩法。

静力压桩法适用于高压缩性黏土或软黏土地基。

a.静力压桩法的特点。

施工时无冲击力,噪声和振动较小;桩顶不易损坏,可预估和验证桩的承载力;较难压入 30 m 以上的长桩,但可通过接桩分节压入;压桩设备的拼装和移动耗时较多。

b.静力压桩法施工要求。

所选用压桩设备的设计承载力宜大于压桩阻力的 40%;压桩前检查各种设备,使压桩工作不至于间断;采用 2 台卷扬机放下压梁时,压梁是静力压桩中的力传导枢纽,2 台双卷扬机必须同步运行,避免压梁倾斜导致桩身偏位;压桩尽量避免中途停歇;当桩尖标高接近设计标高时应严格控制进程;遇到特殊情况,应暂停施压。

(2)钻孔灌注桩施工。

钻孔灌注桩可以根据持力层的变化,按使用期间可能出现的最不利内力组合配置钢筋,钢筋用量较少,便于施工,且承载能力强,故应用较为普遍。钻孔灌注桩施工的主要工序有埋设护筒,制备泥浆,钻孔,清孔,钢筋骨架制作、运输及吊装,灌注水下混凝土等。

①埋设护筒。

护筒能稳定孔壁、防止坍孔,还有隔离地表水、保护孔口地面、固定桩孔位置和为钻头导向等作用。护筒要求坚固耐用,不漏水,其内径应比钻孔直径大(采用旋转钻机时,约大 20 cm;采用潜水钻机、冲击锥或冲抓锥时,约大 40 cm),每节长度为 2~3 m。

护筒常用钢护筒,钢护筒在陆上与深水中均能使用,钻孔完成可取出重复使用。在深水中埋设护筒时,应先打入导向架,再用锤击或振动加压沉入护筒。护筒入土深度视土质与流速而定。护筒平面位置的偏差不得大于 5 cm,倾斜度不得大于 1%。

②制备泥浆。

钻孔泥浆由水、黏土(膨润土)和添加剂组成,具有浮悬钻渣、冷却钻头、润滑钻具、增大静水压力,并在孔壁形成泥皮隔断孔内外渗流、防止坍孔的作用。通常采用塑性指数大于 25、粒径小于 0.005 mm、颗粒含量大于 50% 的黏土,通过泥浆搅拌机或人工调和后储存在泥浆池内,再用泥浆泵输入钻孔内。

③钻孔。

a. 正循环回转钻机钻孔。

开始钻孔时,应稍提钻杆,在护筒内搅拌泥浆,开动泥浆泵进行循环,待泥浆均匀后开始钻进。在黏土中宜选用尖底钻头,用中等转速、大泵量、稀泥浆的方法钻进;在砂土或软土层中宜选用平底钻头,用控制进入深度、轻压、抵挡慢速、大泵量、稠泥浆的方法钻进。在钻孔过程中,钻机的主吊钩应始终吊住钻具,钻机的全部重量不全由孔底承受,这样既可避免钻杆折断,又可保证钻孔质量。

b. 反循环回转钻机钻孔。

反循环程序是泥浆由孔外流入孔内,用真空泵或其他设备(如空气吸泥机等)将钻渣通过钻杆中心从钻杆顶部吸出;或将吸浆泵随钻锥一同钻进,从孔底将钻渣吸出孔外。钻孔过程中,必须连续不断地补充水或泥浆,保证护筒内水位稳定。

c. 冲击锥钻进成孔。

利用钻锥不断地提锥、落锥,反复冲击孔底土层,把土层中的泥砂、石块挤向四壁或打成碎渣,钻渣悬浮于泥浆中,利用掏渣筒取出,重复上述过程,直至冲击钻进成孔。钻头应有足够的重量、适当的冲程和冲击频率,以有足够的能量将岩石打碎。

d. 冲抓锥钻进成孔。

通过钻架,由带离合器的卷扬机操纵兼有冲击和抓土功能的抓土瓣靠自重冲击,使抓土瓣锥尖张开插入土层,然后收拢抓土瓣将土抓出,弃土后继续冲抓成孔。常采用六瓣或四瓣冲抓锥冲抓成孔。冲抓锥钻进成孔适用于黏性土、砂性土及夹有碎卵石的砂砾土层,成孔深度宜小于 30 m。

e. 旋挖钻进成孔。

旋挖钻进成孔主要依靠旋挖钻机的动力头带动钻杆及钻头旋转,利用钻头的切削刃对土层进行切削破碎。在旋转切削过程中,钻头将切削下来的土屑通过钻杆内部的通道或钻斗收集起来,随后通过钻机的提升装置将钻杆及钻头提出孔外,将土屑排出,如此循环往复,逐步完成钻孔作业。在钻进过程中,可根据不同的地质条件,调整钻机的转速、扭矩和钻进压力等参数,以提高钻进效率和保证成孔质量。

④清孔。

钻孔深度达到设计标高后,应对孔深、孔径进行检查,符合要求后方可清孔。清孔方法应根据设计要求、钻孔方法、机具设备条件和地层情况选定。在吊入钢筋骨架后,灌注水下混凝土之前,应再次检查孔内泥浆性能指标和孔底沉淀厚度,如超过规定,应进行二次清孔,符合要求后方可灌注水下混凝土。

⑤钢筋骨架制作、运输及吊装。

钢筋骨架现场制作时,长桩骨架宜分段制作,分段长度应根据吊装条件确定,且应确保不变形、接头错开。应在骨架外侧设置控制保护层厚度的垫块,其竖向间距为 2 m,横向垫块不得少于 4 处。骨架顶端应设置吊环,骨架入孔一般用吊机,无吊机时,可采用钻机钻架、灌注塔架。钢筋骨架应按编号入孔。钢筋骨架制作和吊放的允许偏差为:主筋间距±10 mm、箍筋间距±20 mm、骨架外径±10 mm、骨架倾斜度±0.5%、骨架保护层厚度±20 mm、骨架中心平面位置 20 mm、骨架顶端高程±20 mm、骨架底面高程±50 mm。

⑥灌注水下混凝土。

灌注水下混凝土时,配备的搅拌机等设备应能使桩孔在规定时间内灌注完毕。灌注时间不得长于首批混凝土初凝时间。若估计灌注时间长于首批混凝土初凝时间,则应掺入缓凝剂。水下混凝土一般用钢导管灌注,导管内径为 200~350 mm,具体视桩径大小而定。导管使用前应进行水密承压和接头抗拉试验,严禁用压缩空气试压。混凝土拌和物运至灌注地点时,应检查其均匀性和坍落度等。如不符合要求,应进行二次拌和,若仍不符合要求,不得使用。首批灌注混凝土的数量应满足导管首次埋置深度和填充导管底部的需要。首批混凝土拌和物下落后,混凝土应连续灌注。在灌注过程中,导管的埋置深度宜控制在 2~6 m,应经常测探井孔内混凝土面的位置,及时调整导管埋深。为防止钢筋骨架上浮,当灌注的混凝土顶面距钢筋骨架底部 1 m 左右时,应降低混凝土的灌注速度。当混凝土拌和物上升到钢筋骨架底口 4 m 以上时,提升导管,使其底口高于钢筋骨架底部 2 m 以上,即可恢复正常灌注速度。在灌注过程中,特别是潮汐地区和有承压水地区,应注意保持孔内水头。在灌注过程中,应将孔内溢出的水或泥浆引流至适当地点处理,不得随意排放,以免污染环境。灌注中发生故障时,应查明原因,确定合理处理方案,及时处理。

(3)挖孔灌注桩施工。

①开挖桩孔。

一般采用人工开挖,开挖之前应清除现场四周及山坡上的悬石、浮土等,排除一切不安全的因素,做好孔口四周临时围护和排水。孔口应采取措施防止土石掉入孔内并安排好排土提升设备(卷扬机等),布置好弃土通道,必要时孔口应搭雨棚。挖孔过程中要随时检查桩孔尺寸和平面位置,防止出现误差。注意施工安全,下孔人员必须佩戴安全帽和安全绳,必须经常检查提取土渣的机具。孔深超过 10 m 时,应经常检查孔内二氧化碳浓度,如超过 0.3% 应采取通风措施。孔内如用爆破施工,采用浅眼爆破法,严格控制炸药用量并在炮眼附近加强支护,以防止震塌孔壁。孔深大于 5 m 时,应采用电雷管引爆,爆破后应先通风排烟 15 min 并经检查确认孔内安全后,施工人员方可下孔继续开挖。

②护壁和支撑。

挖孔灌注桩开挖过程中,开挖和护壁两个工序必须连续作业,以确保孔壁不坍塌。应根据水质、水文条件、材料来源等情况因地制宜地选择支撑及护壁方法。桩孔较深、土质较差、出水量较大或遇流沙等情况时,宜就地灌注混凝土护壁,每下挖 1~2 m 灌注一次。护壁厚度一般为 0.15~0.20 m,采用 C15~C20 混凝土,必要时可配置少量的钢筋,也可下沉预制钢筋混凝土圆管护壁。若土质较松散而渗水量不大,可考虑用木料做框架式支撑或在木框架后面铺架木板做支撑。木框架或木框架与木板间应用扒钉钉牢,木板后面也应与土面塞紧。

③排水孔。

若孔内渗水量不大,可采用人工排水(用小型卷扬机等配合提升);若渗水量较大,可用高扬程抽水机或将抽水机吊入孔内抽水。若同一墩台有几个桩孔同时施工,可以安排一孔超前开挖,使地下水集中在一孔排出。

④吊装钢筋骨架及灌注桩身混凝土。

挖孔达到设计深度后,应进行孔底处理。必须做到孔底表面无松动渣土等,保证桩身混凝土与孔壁及孔底密贴,受力均匀。若地质情况复杂,应钎探了解孔底以下地质情况是否满足设计要求。若不满足设计要求则应与监理、设计单位研究处理措施。吊装钢筋骨架及灌注桩身混凝土的有关方法及注意事项与钻孔灌注桩基本相同。

3.2 桥梁下部结构施工

3.2.1 桥梁下部结构组成

通常情况下,桥梁下部结构主要由基础、桥台、桥墩等组成。

1. 基础

桥梁基础是连接桥梁与地面的重要结构,承受着桥墩、桥台、桥身、桥梁防护建筑等结构自重以及桥面上的可变荷载,其稳固性、可靠性直接关系着桥梁整体结构的稳定、可靠与安全,其施工是桥梁施工的基础环节,也是桥梁施工的重点内容。

2. 桥台

桥台位于桥梁的两端,是有效连接上部结构与路堤的建筑物,能够有效将来自桥梁上部结构的荷载传递到基础之上,保持桥头路基的稳定。通常情况下,桥台主要由石材、素混凝土、钢筋混凝土等构成,具有多种类型,包括重力式桥台、组合式桥台、承拉桥台、埋置式桥台、薄壁轻型桥台等。

桥梁下部结构受地质条件、水文条件、自然气候、结构类型等因素影响较大,在设计与施工中应进行综合分析与管控。

3. 桥墩

桥墩是桥梁上部结构的主要支撑物,主要由石材、钢材、木材、混凝土等材料构成(分为实体式桥墩、桩式桥墩、柱式桥墩、空心式桥墩等类型),能够将桥跨支座之上的力均匀分散地传递给基础,同时承受土压力、水压力等多种荷载的作用,因此对桥墩的刚度、强度具有较高的要求。

3.2.2　下部结构施工

1. 桥梁下部结构施工要求

(1)桥台。

以整体式桥台为例,使用整体式桥台的桥梁,其主梁端与桥台固结,桥梁主体则采用活动独立墩和盖梁柱,台后的路面与填土部分承载了大部分荷载,只有很小一部分荷载是由柔性结构承担的。因此施工过程中必须充分考虑温度变形所造成的不良影响。

(2)桥墩。

桥墩的主要作用是承受桥梁荷载,同时有效控制纵向力与横向力所产生的影响,因此进行桥墩设计时应该充分考虑上部结构的应力变化,以及下部结构所受外力的变化。在桥梁上部结构出现伸缩变化之后,墩顶会变形,同时桥墩也会出现弯曲现象,此时应该准确确定上部位移量以及固结状况,从而有效消除桥墩弯曲变形问题。

2. 桥梁下部结构施工技术

(1)桥台施工技术。

①重力式桥台。重力式桥台主要依靠自身重力来维持稳定。施工时,先进行基础施工,然后按照设计要求进行桥台的砌筑或浇筑。重力式桥台的台身一般采用块石砌筑或混凝土浇筑,施工过程中要保证砌体灰缝饱满、混凝土振捣密实,以确保桥台的强度和稳定性。

②轻型桥台。轻型桥台具有结构轻巧、施工方便等优点。常见的轻型桥台有薄壁轻

型桥台、桩柱式桥台等。薄壁轻型桥台施工时,先进行基础和台身的钢筋混凝土施工,然后安装台帽。桩柱式桥台则是先施工桩基础,再在桩顶浇筑盖梁,最后安装桥台板。

（2）桥墩施工技术。

①钢筋混凝土桥墩。钢筋混凝土桥墩是常见的桥墩形式。施工前,先进行钢筋的加工和绑扎,确保钢筋的规格、数量和连接方式符合设计要求。然后安装模板,模板应具有足够的强度、刚度和稳定性,以保证混凝土浇筑过程中不变形。在浇筑混凝土时,要分层浇筑、分层振捣,确保混凝土的密实度。同时,要注意控制混凝土的浇筑温度,防止出现裂缝。

②薄壁空心墩。薄壁空心墩具有节省材料、结构自重轻等优点。其施工工艺与钢筋混凝土桥墩类似,但在模板安装时,需要采用专门的空心模板,以形成空心结构。在混凝土浇筑过程中,要注意控制浇筑速度和振捣方式,防止出现模板上浮或混凝土不密实的情况。

3.3　桥梁上部结构施工

桥梁上部结构是道路路线中断时跨越障碍的主要承重结构,它主要包括承重结构（主梁、支座）和桥面系（桥面铺装、防水和排水设施、伸缩缝、人行道、护栏、灯柱等）。桥梁上部结构的作用是承担车辆、行人荷载等,并通过支座将荷载传递给墩台。

3.3.1　桥梁上部结构组成体系

桥梁工程是一项系统性工程,在桥梁工程上部结构设计中,首先需要了解桥梁工程上部结构组成,具体包括以下三点。

（1）桥面。桥面是供车辆以及行人通行的部分,不同桥梁工程的桥面有一定的区别。

（2）桥跨结构。在桥梁工程中,桥跨结构为承重结构,是桥梁工程设计的核心内容,桥跨的跨径、所承受的作用都会对桥跨结构的构造形式产生较大影响。

（3）支座。支座是将上部结构所产生的支撑反力传递至墩台的中间节点。

在高速公路桥梁工程设计中,上部结构体系主要有以下三种。

（1）拱式体系。拱式体系桥梁工程建设区域的覆土层比较薄,如果基岩承载力比较高,则拱式体系桥梁工程可发挥造价低的优势。

（2）先简支后结构连续体系与简支体系。这类桥梁工程的上部结构能够预制装配,同时可进行标准化施工,造价低廉,是比较常见的形式,常用跨径有 25 m、30 m、40 m 三种。一般采用预制空心板结构的梁桥的跨径在 25 m 以内,建筑高度比较小,被广泛应用于中小型桥梁工程。另外,T 梁的截面受力合理,经济性较好,但是其抗震性以及景观效果比较差,因此如果桥梁工程建设对于抗震性及景观效果的要求比较低,可采用 T 梁结构形式。

(3)连续刚构及连续梁体系。有些桥梁工程需要跨越 U 形深谷,无法采用装配式结构形式,此时可采用大跨径连续梁体系方案。当桥梁工程桥墩高度在 30 m 以上时,需要注意对墩梁进行加固设计,进而改善桥梁上部结构受力状况。

3.3.2 桥梁上部结构施工工艺

桥梁上部结构是桥梁施工需要重点关注的部分,它直接影响工期和造价,也关系到桥梁功能的实现和桥梁结构的稳定性,与桥梁的安全性和美观性息息相关。桥梁上部结构的施工工序较多,施工技术也呈现出多样化的特点,主要有浇筑法、预制安装法、悬臂施工法、转体施工法、顶推法、移动模架逐孔施工法及横移法。

1. 浇筑法

浇筑法主要用于桥梁上部结构支架搭建完成后的浇筑工序,工作人员可以根据桥梁上部结构的搭建情况进行浇筑。运用的材料以混凝土为主,当浇筑厚度和强度达到桥梁上部结构施工要求时停止施工,工作人员拆除其周围的保护设施,让桥梁上部结构自然风干,提高桥梁上部结构的塑性。

采用这种方法进行桥梁上部结构施工时,要保持好桥梁上部结构浇筑时主筋的状态,浇筑一旦开始就不能中断,否则会影响桥梁上部结构整体性能。还要考虑混凝土的收缩情况,混凝土的保管措施应合理,否则容易增加桥梁上部结构施工中的损耗,还容易因混凝土浇筑影响桥梁上部结构施工,进而影响整个工程的进度。

利用浇筑法便于工作人员观察桥梁上部结构施工,减少搭建支架等对桥梁上部结构施工产生的影响。

2. 预制安装法

该方法主要是在桥梁上部结构支架上设置好预制结构,然后利用架设方法在桥梁上部结构进行安装。采用这种方法时可以根据桥梁上部结构施工情况合理选择安装设备。

利用预制安装法进行桥梁上部结构施工的时候要注意预制构件的尺寸、质量、构造等。预制安装法是一种很有效的桥梁上部结构施工方式,为施工提供了便利,还降低了混凝土收缩对桥梁上部结构施工带来的影响,能提高工作效率,保障桥梁上部结构施工工期。

利用预制安装法进行桥梁上部结构施工给工作人员提供了施工前的准备时间,让桥梁上部结构设计、施工更合理,并能在材料和安装上节省资金。

3. 悬臂施工法

悬臂施工是从桥墩开始操作的,利用浇筑梁或者预制梁结构从两边拼装梁体。这种方法可以减少施工中支架的使用量,为桥梁上部结构施工节省资源。

利用悬臂施工法可以让桥墩承受一部分桥梁上部结构的施工压力和施工过程中受到的作用力,减少施工过程中因受力过大给工程带来的负面影响。可以根据施工情况选择合适的悬臂施工方式,加快施工进度。

4. 转体施工法

转体施工法是将常规支架换成旋转支架,将常规水平轴变为旋转轴,从设计阶段开始提高桥梁上部结构的支撑力,平衡好施工过程中的稳定性,保障桥梁上部结构施工顺利进行。

工作人员在实施这种操作的时候要根据地形将旋转预制构件设置在合理的位置,维持桥梁上部结构施工的稳定性。采用转体施工法进行桥梁上部结构施工减少了施工设备,降低了操作难度,还为工程施工节约了成本,给施工带来了便利。转体施工法还降低了高空作业频率,保障了施工的安全性。

5. 顶推法

这种方法可以保障桥梁上部结构的连接,减少施工过程中的噪声,能够较好把控桥梁各部分的受力情况。山谷、高桥墩上的桥梁上部结构多采用这种方法施工。

利用顶推法进行桥梁上部结构施工有助于对桥梁上部结构施工中不合理的地方进行调整,缓解了技术压力,还平衡了桥梁的受力情况。

6. 移动模架逐孔施工法

该方法利用设备从桥梁的一端向另一端按照施工孔逐个进行施工。这种施工方式可以不在地面设立支架,对船只通行不造成影响。移动模架在施工中可以反复利用,减少了桥梁上部结构施工中的设备需求。利用移动模架逐孔施工可以有效保护桥梁上部结构,降低施工对周围环境的影响。

7. 横移法

横移法是桥梁上部结构施工中一种横向移动预制构件或施工结构的安装工法,核心是利用横向移动设备将构件从预制场地或临时存放位置"平移"到设计安装位置,适用于场地受限工况或特定结构的施工。这种方法可以配合其他方法一起使用,扩充了桥梁上部结构施工方案。

横移法对混凝土质量有要求,混凝土质量不过关会降低横移法的有效性,影响竣工后桥梁的使用,也会对桥梁上部结构的塑性产生影响,对桥下船只通航造成安全隐患。在施工过程中要注意混凝土的配合比、材料质量等。

3.4 涵洞施工

3.4.1 钢筋混凝土框架涵施工

钢筋混凝土框架涵施工时,基坑开挖采用人工配合机械施工,墙身采用 C20 混凝土现场浇筑,模板采用组合钢模,混凝土由拌和站拌和、专用运输车运输。浇筑时采用插入式振捣器振捣,保证混凝土质量。

1. 施工准备

基坑开挖前需进行遮阳准备、排水准备。为防止基坑开挖后暴晒,须准备充足的遮阳棚将基坑盖好,边施工边封闭。根据现场情况疏通出入口、做排水沟,基坑内排水可通过在基坑周边挖集水沟用水泵将水抽出。施工便道、施工场地布置好并做好充分的施工准备后,才能进行基坑开挖以及基底的处理工作。

2. 基坑处理

(1) CFG 桩(cement fly-ash gravel pile,水泥粉煤灰碎石桩)施工。

涵洞地基处理方式一般与路基处理方式相同,若采用 CFG 桩加固地基,地基 CFG 桩应与路基 CFG 桩同步施工。施工要点如下。

①技术人员测放好基坑开挖线后,按照施工设计图布孔,桩身直径为 0.5 m。钻至硬层后对照基底设计标高,除桩头超封 30～50 cm 外,预留足够的空钻长度,施工时严格按照 CFG 桩的施工工艺进行。

②CFG 桩施工完 7 d 后,进行基坑开挖、桩头破除、基础垫层铺设等工作。桩头按照设计标高破除后,施工 CFG 桩扩大桩头,桩头上部为直径 1 m 的圆形截面,高 0.6 m,下部与桩身混凝土连接,整个桩头为倒锥形结构。

③CFG 桩扩大桩头施工完成,待桩头混凝土强度达到设计强度后,即可回填 60 cm 厚碎石垫层,回填宽度为涵身底板尺寸两边各加宽 0.5～1 m,褥垫层回填时采用压路机或小型夯实机械夯实,每层夯实并经检测合格后即可进行下道工序施工。铺设褥垫层填料时,为避免碾压时对褥垫层中的土工格栅造成破坏,应增设中粗砂保护层,即褥垫层的组成自上而下为 25 cm 厚碎石垫层、5 cm 厚中粗砂、5 cm 厚土工格栅、25 cm 厚中粗砂碎

石垫层。

④基坑开挖采用人工配合挖掘机进行,挖至距设计换填层底标高 20～30 cm 后采用人工清理。基坑应垂直开挖,避免超挖。按涵身底部尺寸每边加宽 50 cm 作为施工空间。开挖时,开挖弃土及时用自卸汽车运走,严禁在基坑周围存放,更不允许将弃土堆在周围草地及农田内。同时,施工现场负责人应严格规范施工区域,严禁挖掘机和施工车辆进入施工区以外区域,以免破坏农田及其他设施。

⑤基底褥垫层施工后,立好模板并经检查合格后,即可进行涵身进出口混凝土扩大基础的浇筑作业,基础横断面尺寸为 2 m×1 m,采用 C20 混凝土。

(2)测量放线。

基坑开挖完成后,按要求利用全站仪进行测量放线。测放出涵身纵横十字线,以便控制涵身基础垫层的铺设范围,同时测放好控制桩和护桩,以便控制基础模板的位置。

(3)垫层的设置。

出入口基础垫层施工时,可由人工清理至设计标高后,采用小型夯实机械先对基坑底进行夯实,再分层夯填砂夹碎石垫层,分层厚度为 10～15 cm,夯至设计标高后整平垫层表面,在报检合格后,即可立模进行出入口基础混凝土的浇筑工作。

涵身垫层采用 C20 混凝土进行浇筑,垫层厚度为 10 cm,在基底褥垫层施工至设计标高后,整平褥垫层顶面,按测放出的涵身纵横十字线立好模板,进行涵身垫层的浇筑施工。

3. 涵节施工

在涵节基础混凝土及垫层混凝土养护至强度不低于 2.5 MPa 时,再进行测量放线。测放出涵身纵向中心线、涵身中心里程桩及横向中心线,按照设计尺寸挂好涵身纵向中心线、墙身内外侧钢筋绑扎线后,即可依据配套钢筋设计图进行涵身底板钢筋绑扎作业,每米涵身配置 8 排钢筋,每排间距 12.5 cm,且同一截面上的接头数不能超过钢筋总根数的 50%(两钢筋接头相距 30 cm 以内,或两焊接接头相距 50 cm 以内,或两绑扎接头的中距在绑扎长度以内,均视为同一截面,并不得少于 50 cm),且同一截面内同一根钢筋上的接头不超过 1 个。

涵身底板钢筋绑扎完成,经现场技术、质检、监理人员检查合格后,即可进行模板拼装。模板宜采用组合钢模板,采用强度等级不低于 M20、厚度为 50 mm 的水泥砂浆垫块控制混凝土结构保护层厚度及截面尺寸,以保证涵节形状、尺寸正确及端面平直。模板拼装好经检查合格后,方可进行混凝土的浇筑施工。涵身混凝土的浇筑分两阶段进行:先浇筑涵身底板(浇筑至涵身下倒角顶面处),待底板混凝土强度达到设计强度的 50%后,再施工边墙及顶板。

混凝土集中拌和,并用混凝土运输车运送至施工现场。浇筑时混凝土坍落度严格控制在标准坍落度±15 mm范围内,混凝土的倾落高度不能超过2 m,且不能将混凝土粘到还没有浇筑的模板板面上,避免影响混凝土结构物的外观质量。振捣采用插入式振捣器,严格控制振捣时间,一般振捣时间不得少于20 s,以保证混凝土的密实度。

在混凝土初凝后,将倒角处混凝土表面凿毛。夏季混凝土施工要做好混凝土的养护工作,洒水次数以混凝土面保持湿润为宜,不能因混凝土内部早期水化热过高,造成混凝土表面开裂,影响混凝土工程的外观质量。

涵身施工时,先绑扎涵节两侧墙身钢筋,再进行涵节内模板和墙身内外侧模板的拼装作业。内外侧模板均用钢管支架进行加固,在顶板处设置可调顶托,以便调整顶板模板的高度及平整度。待墙身和顶板模板按设计及规范要求拼装、加固好后,经检查无误,就可进行涵身顶板的钢筋绑扎工作。绑扎时按要求调整好各排钢筋的间距,且在钢筋与模板间垫好垫块,以防露筋。

在涵身混凝土浇筑作业中,作业人员要分工明确、各负其责,以保证混凝土浇筑施工能够顺利进行,确保工程施工质量创优。

4. 附属工程施工

翼墙、帽石采用现浇混凝土施工。技术人员测量放样立模控制边线,严格按线立模。模板配合使用组合钢模板和木模板,外露部分用钢模板,要求搭配合理,拉杆及支撑紧固,面板顺直,接缝严密。模板下口加设海绵条,外侧用黏土或砂浆包严以防漏浆。混凝土由拌和站拌制,混凝土运输车运至工地,浇筑时采用插入式振捣棒振捣密实。严格控制入模温度和施工配合比,使翼墙内实外光。翼墙沉降缝及防水层施工与涵节相同。

附属工程包括涵洞出入口铺砌及锥坡、边坡防护。涵洞出入口铺砌时应注意与路基排水沟、改沟顺接,做到排水有出路,涵洞内不积水。铺砌均采用M10水泥砂浆浆砌片石,下设10 cm厚碎石垫层。

5. 沉降缝及防水层施工

涵身沉降缝嵌塞2 cm厚的石棉水泥板作防水之用,施工期间,将石棉水泥板与涵身钢筋骨架焊接,作模板用。沉降缝外侧涂刷聚氨酯防水涂料并粘贴防水卷材。应保持相邻涵节不均匀沉降差小于5 mm。待涵洞施工完成后,在沉降缝内侧嵌入硫化型橡胶止水条。涵洞出入口翼墙与涵身间的沉降缝,应采用M20水泥砂浆嵌填至缝深15 cm;当缝宽大于30 mm时,中间空隙宜填充聚丙烯纤维增强混凝土,并振捣密实。

沉降缝、防水层施工完后,经检查合格,即可进行涵洞两侧回填施工,以保证涵洞的稳定性。在涵洞两侧大于两倍涵洞净宽范围内同时进行回填。回填时每层厚度不超过

30 cm,人工用小型机具夯实。

3.4.2 盖板涵洞施工

1.施工安排

盖板涵洞多数位于填方地段,为了尽快实施路基大面积填筑,必须优先施工涵洞工程。施工初期,先打通至涵洞的施工便道。根据涵洞的分布位置及工程量,组织涵洞施工队。

2.盖板涵洞施工方法

(1)施工工序。

施工放样→基坑开挖→基坑验收→基础、铺底施工→台身施工→现浇盖板→涵洞进出口施工→台背回填。

(2)施工工序说明。

①施工放样:涵洞测量放样时,注意核对涵洞纵横轴线是否与设计图相符,涵洞长度、涵底标高的正确性。对斜交涵洞、曲线上的陡坡涵洞,应考虑交角加宽、超高和纵坡对涵洞具体位置、尺寸的影响。遇到与设计图纸不符的情况,应及时与监理工程师沟通,适当调整位置。施工过程中,应经常检查涵洞结构浇砌和安装部分的位置与标高,并作测量记录。

②基坑开挖:采取人工配合反铲挖掘机开挖基坑,若施工机械无法进入涵洞施工现场,采用人工开挖。基坑大小应满足基础施工的要求,如遇渗水土质,则根据基坑排水需要及设计所需基坑大小而定。基坑壁坡度按地质条件、基坑深度和现场具体情况确定。

③基坑验收:基坑开挖并处理完毕,由施工质检人员自检并报请总承包方、监理工程师检验,确认合格后填写基坑检验表。未经验收,不得进行下道工序施工。

④基础、铺底施工:盖板涵洞基础、铺底采用 C25 钢筋混凝土。涵洞地基承载力要符合设计要求,不能满足要求时,按照监理工程师指示进行处理。基础按图纸要求设置沉降缝,采用泡沫板,沉降缝两端面竖直、平整,上下不得交错,在沉降缝处加铺抗拉强度较高的卷材(如油毡),加铺层数及宽度按设计图纸或监理工程师指示确定。

⑤台身施工:台身采用 C20 片石混凝土,台身沉降缝设置与基础一致。基础经验收合格后,方可进行台身片石混凝土施工。墙身模板采用组合钢模板,混凝土采用强制搅拌机拌和,人力推送或混凝土运输车运送,并采用插入式振捣器捣固。

⑥现浇盖板:台身及台帽混凝土施工完成后,搭设脚手架,架设现浇钢筋混凝土盖板模板,再安装盖板钢筋,验收合格后,浇筑盖板混凝土,浇筑方法与台身相同。

⑦涵洞进出口施工：浆砌用片石采用石方开挖段的合格石料；砂浆采用砂浆搅拌机拌制，手推车运输。石料在砌筑前充分浇水湿润，表面如有泥土、水锈应清洗干净。

涵洞进出口建筑与路基的坡面协调一致。出水口的沟床应顺直，形成顺畅的水流通道。进出口砌体分层砌筑，砌筑时必须按要求错缝，平顺有致，砂浆饱满，外表平整。砌筑工作中断后恢复砌筑时，已砌筑的砌层表面应加以清扫和湿润。外露浆砌片石部分采用 M7.5 砂浆勾缝，缝采用凹缝，勾缝应嵌入砌缝内不小于 10 mm。

⑧台背回填：当涵洞砌筑及盖板安装完成，且混凝土强度达到设计强度的 70％时，才能进行台背回填。回填时涵洞两侧对称同时填筑，并按要求水平分层压实，每层松铺厚度不超过 15 cm，压实度按照规范的要求执行。填料采用透水性良好的砂砾土或砂质土壤，不得采用含草、腐殖质的土。边角等压路机无法压实的部位，采用小型压实机械进行压实，压实度应满足规范要求。

第 4 章

隧道施工技术

4.1 新奥法隧道施工技术

新奥法即"新奥地利隧道施工方法"(new Austrian tunneling method, NATM)的简称。其概念是奥地利学者拉布西维兹教授于 20 世纪 50 年代提出的,它是一种以隧道工程经验和岩体力学理论为基础,将锚杆和喷射混凝土组合在一起作为主要支护手段的施工方法,经过一些国家的实践和理论研究,于 20 世纪 60 年代取得专利权并正式命名。之后这种方法在西欧、北欧、美国和日本等地的许多地下工程中广泛应用。20 世纪 60 年代新奥法被介绍到我国,并在 70 年代末 80 年代初得到迅速发展。现在它成为在软弱破碎围岩地段修筑隧道的一种基本方法。

4.1.1 双连拱隧道新奥法施工及意义

双连拱隧道采用单向掘进新奥法施工时,由进口向出口方向掘进。明洞段采用明挖法施工,正洞采用"三导洞"法开挖,即中导洞先行贯通,施工完中隔墙,再施工两侧导洞,左、右导洞拉开一定距离。洞身衬砌采用复合式衬砌,初期支护采用锚喷网、工字钢架、格栅钢架结合长、短管棚及超前锚杆。二次衬砌采用模筑混凝土。初期支护和二次衬砌间铺砌 450 g/m^2 的土工布和 1.5 mm 厚改性 LDPE(low density polyethylene,低密度聚乙烯)防水板组成的复合防水层。掘进采用 YT28 凿岩机钻孔,拱部采用光面爆破,边墙采用控制爆破,用非电毫秒雷管起爆,侧卸装载机装渣,自卸汽车运输。二次衬砌采用模板台车,其混凝土在拌和站集中拌制,由混凝土泵送入模并用机械振捣,通风采用自然通风。

双连拱隧道无论从结构形式,还是从施工特点来看,与单洞隧道都有明显的不同,施工难度较大。由于双连拱隧道具有土地占用少、环境污染小、植被保护好等优点,在丘陵区高速公路中得到了广泛应用。相对于单洞分离式隧道,双连拱隧道缩短了隧道长度和公路长度,从而节约了投资,且能较好地处理和路线路基的连接,保持了路基设计整体性。

多年实践证明,新奥法相较于传统隧道施工方法,人力、物力投入少,施工质量能够得到保障,施工进度也较快。

4.1.2 新奥法施工特点

1. 新奥法与传统施工方法的区别

传统施工方法关注隧道围岩产生的荷载,认为应用厚壁混凝土支护松动围岩。而新奥法认为围岩是一种承载结构,可以构筑薄壁、柔性、与围岩紧贴的支护结构(采用喷射混凝土、锚杆等),使围岩与支护结构共同形成支撑环来承受压力,最大限度地保持围岩稳定,而不致松动破坏。

新奥法将围岩视为隧道承载构件的一部分,因此,施工时应尽可能全断面掘进,以减少对隧道周边围岩应力的扰动,并采用光面爆破、微差爆破等措施,减少对围岩的振动,以保证其整体性。同时需要注意隧道表面应尽可能平滑,避免局部应力集中。

新奥法将锚杆、喷射混凝土适当进行组合,形成比较薄的衬砌层,即用锚杆和喷射混凝土来支护围岩,使喷射层与围岩紧密结合,形成围岩-支护系统,故而可以最大限度地利用围岩本身的承载力。

2. 保护隧道围岩自身的承载力

新奥法施工在隧道开挖后采取一系列综合性措施(构筑防水层,进行围岩隧道排水,选择合理的断面形状、尺寸,给支护留变形余量,开挖后及时做好支护、封闭围岩等)保护隧道围岩自身的承载力,将对围岩的扰动控制在最小范围内,并加固围岩,提高围岩强度,使其与人工支护结构共同承受隧道压力。

3. 允许围岩有一定量的变形,以利于发挥围岩的强度

围岩的变形应控制在一定范围内,如果围岩变形过大,将会导致围岩强度削弱以致引起垮落、失稳。支护结构具有一定的变形量,允许隧道围岩产生一定的变形,以缓和来自隧道的巨大压力,并进一步减轻支护荷载。

4. 新奥法施工过程中量测工作的特殊性

由于地质条件、地质作用及施工条件的复杂性,以及对工程设计参数的精确要求,需要通过多种量测手段,在施工过程中动态地对围岩和支护结构的状态进行监测,并依据监测结果修改初步设计,指导施工。

4.1.3　新奥法施工关键技术

1. 开挖

隧道开挖前,应确定隧道分部开挖顺序、各部位标高,然后就各部位的钻眼、装药、爆破等细节合理调整系数,以达到开挖量少、成型轮廓圆顺的效果。

确定中导洞及主洞分部位开挖标高时,应充分考虑工程量比例、初期支护难度、机械设备运转空间要求等方面的因素。

(1)考虑工程量比例:分部位开挖施工要求每步工程量适当,以便形成流水式作业,减少开挖和支护时间,提升机械的使用效率。

（2）考虑初期支护难度：尤其是拱部开挖时，断面尺寸既要考虑到使工人操作简单、快速，又要考虑到便于支护材料合理下料，不至于浪费。如拱部断面不合理，势必增加出渣、支护的难度和时间，还会给施工带来极大安全隐患。

（3）考虑机械设备运转空间要求：一般情况下，拱部开挖标高满足装载机运行需求即可，断面不宜过大。

当然还要考虑断面支护结构受力要求，尽量避免初期支护施工结束后支点处于不利的受力状态。

2. 钻眼施工

隧道钻眼施工影响断面轮廓的圆顺性以及开挖量。而钻眼施工的各工序中，眼数、眼深、布眼角度、布眼形式等均需根据现场实际情况调整，以获得理想效果。

掏槽眼：根据地质资料选择，破碎岩层优先选用直眼掏槽＋大直径空眼；完整岩层可选楔形掏槽，以降低成本。

辅助眼：是隧道爆破中位于掏槽眼与周边眼之间的核心炮眼，承担主体岩体破碎与抛掷任务。其设计直接影响爆破效率、块度均匀性及开挖量。

周边眼：是决定轮廓成形是否圆顺的关键因素。结合不同类别的岩石，将眼距控制在 25～45 cm。在一些特别破碎地段，眼距为 25 cm 时，采用隔眼装药方法进行爆破。周边眼要求眼位尽量在同一环状平面上，并且眼深一致。

底眼：应尽量控制在同一平面或设计轮廓上，并尽量减少底部的超挖回填工作。底眼比其他眼深 20～30 cm。

辅助眼、周边眼的眼深要保持一致，这样才有利于爆破后开挖面平齐，便于后续施工。

3. 第一次支护

第一次支护又称"初支""初期支护"，初支作业包括：初喷封闭、拱架架立、联网、锚杆施工、复喷混凝土、超前支护。隧道断面爆破后，应及时排烟、排险、处理危石后出渣。

如果出渣后发现有欠挖应立即处理。同时洞外进行初支材料准备工作（如混凝土拌和、拱架、锚杆、机具准备等），充分利用爆破后围岩的自稳时间，做好工作面的封闭和支撑。主要工序有初喷封闭、拱架架立、锚杆施工，具体如下。

（1）初喷封闭。

出渣、排险后立即对开挖面的裸露岩体喷射混凝土，封闭岩石裂隙，防止石块及石渣掉落伤人。一般喷射混凝土厚度为 5 cm，要求初喷表面外观尽量平顺，以便进行拱架的安装。

（2）拱架架立。

开挖面初喷结束后，立即进行钢架（格栅或型钢拱架）架立。架立时要求位置准确，垂直度符合要求，构件连接牢固，纵向连接成整体。钢架底支撑块采用钢板、方木或者混凝土块。拱架架立应纵向平顺、横向圆顺。

（3）锚杆施工。

锚杆施工前应备好锚杆施工机具（双液注浆机、风钻等）、杆体材料（中空注浆锚杆、双液浆）。拱架架立完毕，按设计间距进行锚杆布置。布置时尽量与钢架连成整体，以实现整体受力，通过锚杆将围岩应力传递至钢架并往四周分散。

锚杆施工顺序：定位→钻眼→清孔、检孔→杆体顶入→安装止浆塞、托板→钢筋网片安装（紧贴初喷基面）。

如果清孔不彻底、检孔不合格应进行补孔或复钻，直至达到设计深度，并满足其他要求。浆液注浆要保证压力、效果满足规范要求。

4．第二次支护

第二次支护又称"二次衬砌"。为了保证隧道工程在长期使用过程中的安全，要对开挖好的隧道进行衬砌。复合式衬砌由初期支护和二次衬砌组成。初期支护是帮助围岩初步稳定，二次衬砌则是提供安全储备或承受后期围岩压力。

复合式衬砌施工必须严格按照新奥法的原则进行，遵循技术规范的要求和设计图纸规定进行施工和监测。对于 S3（高强度支护）衬砌段，二次衬砌要求在围岩变形基本稳定以后施作；对于 S0（轻量化支护）、S2（中等强度支护）衬砌段，当围岩变形过大，初期支护承载力不足时，除应及时加强初期支护外，也可以提升二次衬砌参数或提前施作二次衬砌。

二次衬砌采用模筑衬砌方法，也就是采用模筑混凝土作为衬砌材料进行内层衬砌，浇筑时采用长度大于 8 m 的模板台车，模板台车的生产能力大，可配合混凝土输送泵联合作业。但其尺寸较为固定，可调范围较小，影响其适应性，且一次性设备投资较大。

（1）施工前准备。

隧道衬砌施工时，其中线、标高、断面尺寸和净空均须符合设计要求。

①断面检查。

根据隧道中线和水平测量结果，检查开挖断面是否符合要求，欠挖部分按规范要求进行修凿，并做好断面检查记录。

二次衬砌施工前必须检查初期支护净空尺寸是否侵入二次衬砌，对于侵入二次衬砌最大值不大于 3 cm 的地段可直接进行二次衬砌施工；对于侵入二次衬砌最大值大于 3 cm 的地段，必须进行挑顶、换拱施工。

对已完成支护的地段,继续观察隧道的稳定状态,注意支护是否变形、开裂、侵入净空等,及时记录,作长期稳定性评价。

②模板台车检查。

使用模板台车时,应在洞外组装好设备并调试好各机构的工作状态,检查好各部分尺寸,保证进洞后即可正常投入使用。每次脱模后应予检修。

根据放线位置架设模板台车。安装就位后,做好各项检查,包括位置、尺寸、方向、标高、坡度、稳定性等,并注意处理好以下几个问题。

模板台车的纵向轴线必须与隧道设计中线(即隧道中心线)垂直,不得倾斜;对于曲线隧道,因曲线外弧长、里弧短,应调整台车方向。模板台车的架设要牢固稳定,不产生过量位移,模板台车立好后对其稳定性进行检查。挡头模板同样应安装稳固,挡头模板常用木板加工、现场拼铺,以便于缝隙嵌填严密。

(2)模筑混凝土。

①施工顺序。

模筑混凝土施工顺序:仰拱或底板浇筑→小边墙浇筑→仰拱充填混凝土→拱圈边墙浇筑施工→混凝土养护。

②主要施工工艺。

a.仰拱或底板浇筑。

施工之前,要清除积水、杂物和虚渣。超挖部分用同标号混凝土浇筑密实。由于仰拱和底板占用洞内通道,对前方的开挖及初期支护作业的出渣、进料造成干扰,所以应对分块施工顺序和运输等进行合理安排。在衬砌段交界处,仰拱和拱圈边墙必须设立贯通沉降缝,沉缝缝间可用泡沫板进行隔离。

b.小边墙浇筑。

先把小边墙基底的石渣、污物和基坑内积水清除干净,严禁在有积水的基坑内浇筑混凝土。如墙基松软,可进行必要的加固处理。小边墙的顶标高可控制在比模板台车定位后的底标高高 5 mm 的位置。

4.2 盾构法隧道施工技术

4.2.1 盾构法概述

盾构法是指使用盾构机,一边控制开挖面使围岩不发生坍塌失稳,一边进行隧道掘进、出渣,并同时拼装管片形成衬砌环、实施壁后注浆,尽量不扰动围岩的隧道修建方法。

盾构法具有以下突出优点。

（1）可在盾构设备的掩护下安全地进行土层的开挖与衬砌的支护工作。

（2）除竖井内作业外，施工作业均在地下进行，施工时不影响地面交通，对环境影响小。

（3）施工中的振动和噪声小，对周围地区居民几乎没有干扰。

（4）由于不降低地下水，可控制地表沉降，减少对地下管线及地面建筑物的影响。

（5）进行水底隧道施工时，可不影响航道通航。

（6）施工自动化程度高、速度快，且不受气候条件的影响，有较高的技术经济优越性。

4.2.2 盾构法施工

盾构法施工的主要工序为：盾构施工的准备工作→盾构的开挖与推进→隧道衬砌的拼装→衬砌壁后压浆。

1. 盾构施工的准备工作

盾构施工的准备工作主要有盾构竖井的修建、盾构设备的拼装与检查、盾构施工附属设施的准备。

盾构施工是在地面或河床以下一定深度内进行暗挖施工，因而在盾构起始位置要修建盾构拼装井进行盾构的拼装，在盾构施工的终点位置还需修建盾构拆卸井，以便拆卸盾构并将其吊出。此外，长隧道中段或隧道弯道半径较小的位置也应修建盾构中间井，以便进行盾构的检查、维修和转向。

盾构设备的拼装一般在拼装井底部的拼装台上进行，小型盾构也可在地面拼装好以后整体吊入井内。拼装必须按照盾构安装说明书进行。拼装完毕的盾构，应进行外观检查、主要尺寸检查、液压设备检查、无负荷运转试验、电气绝缘性能检查、焊接检查等，合格后方可投入使用。

盾构施工所需的附属设备因盾构类型、地质条件、隧道条件等的不同而不同。一般来说，盾构施工设备分为洞内设备和洞外设备两部分。洞内设备是指除盾构以外安装在竖井井底至开挖面之间的设备，包括排水设备、装渣设备、运输设备、背后压浆设备、通风设备、衬砌设备、电气设备、工作平台等。洞外设备包括低压空气设备、高压空气设备、土渣运输设备、电力设备、通信联络设备等。

2. 盾构的开挖与推进

盾构的开挖主要分敞胸式开挖、挤压式开挖和密闭切削式开挖三种。

无论采取什么开挖方式，在盾构开挖之前，必须确保在出发竖井盾构的进口封门拆除后地层暴露面的稳定性,必要时应预先对竖井周围和进出口区域的地层进行加固。

(1)敞胸式开挖。敞胸式开挖必须在开挖面能够自行稳定的条件下进行,采用这种开挖方法的盾构有人工挖掘式盾构、半机械化挖掘式盾构等。在进行敞胸式开挖的过程中,原则上应将盾构切口环与活动的前檐固定连接,伸缩工作平台插入开挖面内,插入深度取决于土层的自稳性和软硬程度,使开挖工作自始至终都在切口环的保护下进行。应从上而下分部开挖,每开挖一块便立即用千斤顶进行支护,以防止开挖面松动。在盾构推进过程中这种支护不能松动与拆除,应支护至推进完成,进行下一次开挖为止。

(2)挤压式开挖。挤压式开挖属于采用闭胸式盾构的开挖方式之一。当闭胸式盾构胸板上不开口时称为"全挤压式盾构",胸板上开口时称"部分挤压式盾构"。挤压式开挖适用于流动性大而又极软的黏土层或淤泥层。

全挤压式开挖,是依靠盾构千斤顶的推力将盾构切口环推入土层中,使盾构四周一定范围内的土体被挤压密实,而不从盾构内出土。此种情况下由于只有上部有自由面,所以大部分土体被挤向地表,部分土体则被挤向盾尾及盾构下部。因此,盾尾处的建筑空隙可以得到充填,而不需要或仅需少量进行衬砌壁后注浆。

部分挤压式开挖又称"局部挤压式开挖"。它与全挤压式开挖的不同之处是:由于盾构胸板上有开口,当盾构向前推进时,一部分土体就从此开口进入隧道内,被运输机械运走,其余大部分土体都被挤向盾构四周。其开挖作业是通过调整胸板的开口率、开口位置和千斤顶的推力来进行的。

(3)密闭切削式开挖。密闭切削式开挖也属于闭胸式开挖,所采用的盾构有泥水加压盾构和土压平衡盾构。密闭切削式开挖主要依靠安装在盾构前端的大刀盘的转动在隧道全断面连续切削土体,形成开挖面。其刀盘在不转动切土时可正面支护开挖面以防止坍塌。密闭切削式开挖适用于自稳性较差的土层,其具有开挖速度快、机械化程度高等特点。

3. 隧道衬砌的拼装

在隧道衬砌施工中,衬砌拼装流程至关重要。施工人员需在衬砌台车就位并调试完成后,仔细检查台车各部件的稳定性与准确性。接着,从隧道底部开始,将预制好的衬砌管片吊运至安装位置。使用专用的管片安装设备,如管片拼装机,精确调整管片的角度与位置,确保与已安装管片紧密贴合,同时严格控制管片之间的错台和缝隙宽度。按照先底部、再两侧、最后顶部的顺序逐环拼装,每完成一环衬砌,都要及时对环向和纵向螺栓进行初紧,以保证衬砌结构的整体性。待整段衬砌拼装完成后,再对所有螺栓进行复紧,并对衬砌的防水密封措施进行检查与完善,如粘贴止水条、涂抹密封胶等,确保隧道衬砌的防水性能与结构稳定性。

4. 衬砌壁后压浆

衬砌壁后压浆是隧道施工中极为关键的环节,对保障隧道结构稳定性和防水性能意义重大。在衬砌管片拼装完成后,需尽快开展壁后压浆作业。其目的在于填充衬砌与围岩间的空隙,防止围岩变形,增强衬砌结构的整体稳定性,同时提升防水效果。施工前,要依据工程实际情况,精心挑选合适的压浆材料,常见的有水泥砂浆、水泥-水玻璃双液浆等,应确保材料具备良好的流动性、可泵性及早期强度。压浆时,通过预设在衬砌管片上的压浆孔,利用压浆泵将浆体均匀注入壁后空隙。按照从下往上、由低向高的顺序依次压浆,严格控制压力与注浆量,保证压浆的饱满度。压浆完成后,需对压浆效果进行检查,可通过观察注浆孔是否返浆、采用地质雷达检测等手段,若发现压浆不密实等问题,及时进行补浆处理,确保衬砌壁后压浆达到预期效果,为隧道的长期稳定运行奠定坚实基础。

4.3　沉管法隧道施工技术

4.3.1　沉管法施工的优点及原则

沉管法又称"沉埋法",是修筑水底隧道的主要方法。采用沉管法施工的水底隧道可称"沉管隧道"。沉管法施工时,要先在隧址附近修建的临时干坞内预制管段,预制的管段用临时隔墙封闭起来,然后浮运到隧址的规定位置,此时,已于隧址处预先挖好水底基槽,待管段定位后,向管段内灌水压载,使其下沉到设计位置,将此管段与相邻管段在水下连接起来,并处理基础,最后回填覆土,铺装隧道内部,从而形成完整的水底隧道。这种方法成隧质量好,但技术要求高。

沉管隧道的管段按制作材料分,主要有钢壳混凝土管段和钢筋混凝土管段两种;按断面形状分,有圆形管段、矩形管段和混合形管段;按断面布局分,有单孔式管段和多孔组合式管段。

沉管隧道在纵断面上一般设有敞开段、暗埋段、沉埋段以及岸边竖井等部分。

沉管法施工中,管段制作、基槽浚挖、管段的沉放与水下连接、基础处理、回填覆土是主要施工环节。

1. 沉管法的优点

(1) 对地质水文条件适应性强,施工方法简单。沉管隧道基本上不受地质条件的限制,对地基承载力的要求也很低,能适应各种地质条件。

(2) 施工工期短,对航运干扰小,施工质量容易保证。管段在干坞中预制,沉放连接时间短,对航运的干扰次数少、时间短。沉管隧道的主要施工工序可平行作业,各工序间干扰少,可缩短工期。

(3)工程造价较低。沉管隧道的埋深很浅,水底工程的土方工程量较小,沉管隧道的长度也相对缩短,造价也因此降低。

(4)有利于布置多车道和大断面隧道。沉管隧道的断面既可做成圆形,也可做成矩形或其他形状,十分灵活。

(5)接头少、密实度高、防渗效果好。由于沉管隧道的管节比较长,节数少,因而接头数量少,防渗效果好。

(6)具有很强的抵抗自然灾害的能力。

2. 选择沉管法应考虑的因素

(1)与城市总体规划要求的两岸交通疏解方案相协调。要保证隧道与两岸所需衔接的道路具有良好的连接条件。

(2)具有较为合适的航道、水文及河(海)床条件。因下游河床较平坦,水流缓,沉管隧道多在江河的下游修建。若水流急或不稳定,河床有深沟、陡壁,都会给管节的沉放与对接带来困难。

(3)施工条件满足要求。如航道应有足够的水深和宽度以便于浮运、转向,隧址附近应有合适的修建干坞的区域等。

4.3.2 沉管隧道施工

1. 基槽开挖与航道疏浚

在沉管隧道的施工中,水底浚挖工程造价在总体工程造价中所占比重较小,一般为5%~8%,却常常是工程的关键影响环节。

(1)基槽开挖要求。

在隧址处水中沉埋管段范围内,需在水下开挖基槽,要求槽底纵坡与管段设计纵坡相同。基槽的断面尺寸应根据管段断面尺寸和地质条件确定,开挖基槽的底宽一般比管段底宽大 4~10 m(即比管段每边大 2~5 m),此余量视土质情况、基槽在水中搁置时间及河道水流情况而定,一般不宜定得太小,以免边坡坍塌,影响管段沉放的顺利进行。开挖基槽的深度应为管顶覆土厚度、管段高度和基础处理所需超挖深度三者之和。基槽开挖边坡的坡度与土层地质条件有关,对不同的土层应采用不同的坡度。此外,基槽在水中搁置时间的长短、河道水流情况等因素均对基槽边坡的稳定性有很大影响,不可忽视。施工前应做挖槽实验,找出水下边坡稳定系数,施工时予以调整。

（2）基槽开挖方法。

泥质基槽的开挖分为两个阶段：初挖和精挖。初挖阶段挖到离管底标高约 1 m 处；精挖作业仅应比管段安装工序超前两三节管段，挖到基底处理要求的深度，同时把浮土和淤泥处理掉。水中基槽开挖一般可以用绞吸挖泥船疏浚、自航泥驳船运泥。当土层坚硬、水深超过 20 m 时，可用抓斗挖泥船配小型绞吸挖泥船清槽及爆破。粗挖也可用链斗挖泥船，其挖泥深度达 19 m。岩石基槽开挖，应先清除岩面以上的覆盖层，然后用水下爆破方法挖槽，最后进行清渣。

（3）航道疏浚。

航道疏浚包括临时航道疏浚和管段浮运航道疏浚。临时航道疏浚必须在基槽开挖以前完成，以保证施工期间河道上可以正常进行安全运输。管段浮运航道是专门为管段从干坞浮运到隧址而设置的，管段拖运出坞之前，浮运航道要疏浚好，浮运路线的中线应沿着河道的深槽布置，以减少疏浚航道的挖泥工作量。浮运航道要有足够的水深，并根据河床地质情况考虑一定的富余水深（0.5 m 左右），保证管段在低水位（平潮）时能安全拖运。

2. 管段浮运

要预先在干坞四周为浮运布设好锚位。管段预设好以后，在干坞灌水过程中，用地锚绳索固定上浮的管段，随后通过绞车将管段逐节牵引出干坞。

管段从干坞运出之后，用拖轮拖运，或用岸上绞车拖运。当水面较宽、拖运距离较长时，通常用拖轮拖运。拖轮的大小与数量应根据管段的几何尺寸、拖航速度及航运条件，通过计算、分析后确定。当水面较窄时，可在岸上设置绞车拖运。

拖轮布置形式有很多，常采用的有四船拖运和三船拖运。

（1）四船拖运。

四船拖运的一种形式是两艘拖轮在管段前面并排领拖，另两艘拖轮在后面并排反拖，并负责制动、转向；另一种形式是一艘主拖轮在管段前面领拖，管段两边各备用一艘拖轮帮拖，一艘拖轮在后面反拖并负责制动、转向。

（2）三船拖运。

三船拖运的一种形式是一艘主拖轮在前面进行拖带，两艘动力较小的拖轮系靠在管节后方两侧，用于控制转向；另一种形式是两艘拖轮在前拖带，一艘拖轮在后面反拖并负责制动、转向。

拖运速度原则上宜小不宜大，在内河，管段拖运速度以小于 2 km/h 为宜。管段浮运时，应在临时航道设置导航系统，加强对水上交通的管理。托运要选择在天气良好时进行，一般要求风力小于 5 级、晴天、能见度大于 500 m。

3. 管段沉放

管段沉放是沉管隧道施工的关键环节,它不但受天气、河道自然条件的直接影响,还受到设备、航道等条件的制约。管段沉放方法大体上可以分为两类:吊沉法和拉沉法。沉放作业的主要环节可概括如下。

①浮运管段到沉放现场(隧址)。

②当浮运船到达指定位置后,校正好前后左右位置,并固定好地锚。

③施加下沉力(使用混凝土块、钢锭等配重物,水底拉沉等)。

(1)吊沉法。

吊沉法根据施工方法和起重设备的不同又分为分吊法、扛吊法、骑吊法等。

①分吊法。

在管段预制时,预埋3~4个吊点,在沉放作业中用2~4艘起重船或浮箱提着各个吊点,然后逐渐给管段压载,将管段沉放到设计的隧址位置。起重船的数量要根据起重能力的大小及管段的重量来确定。此法占用水面较宽,对航道通航干扰较大。

浮箱分吊法的主要特点是设备简单,适用于吊沉宽度在 25 m 以上的大中型管段。沉放时用四只方形浮箱直接吊起管段,吊索的起吊力要作用在各个浮箱的中心。

②扛吊法。

扛吊法又称"方驳扛吊法",有双驳扛吊法和四驳扛吊法两种。其具体的做法是将方驳设置在管段的左右两端,左右方驳之间加设两副"扛棒"下吊沉管,完成沉放作业。"扛棒"一般为型钢梁或钢板梁。

③骑吊法。

骑吊法是将水上作业平台横向布置于管段上方,将管段慢慢吊下完成沉放作业。这种方法适用于水面宽阔,不易用缆索固定管段的情况,其平台部分实际是矩形钢浮箱。管段就位后,向浮箱内注水加荷压载,使平台的四条钢腿插入水底。移位时,只需排水让浮箱上浮,使四条钢腿从水底河床拔出即可。这种方法不需要抛锚,作业时对航道影响较小,但设备费用较高,故较少采用。

(2)拉沉法。

拉沉法既不用浮吊、方驳,也不用浮箱,主要是在基槽上先打入桩墩作为地垄,依靠架设在管段上面的卷扬机和扣在地垄上的钢索,将管段慢慢拉下水,沉放到桩墩上。此法必须设置水下桩墩,费用较高,故很少采用。

4. 管段水下连接

管段沉放完毕后,应与既设管段紧密连接,形成一个整体。这项工作是在水下进行的,故称"管段水下连接"。水下连接的关键是保证管段接头不漏水。水下连接的施工方法有两种:一种是水下混凝土连接法;另一种是水力压接法。管段接头根据施工先后顺序、连接方法不同,构造也各不相同,分为初始接头与最终接头。

(1) 水下混凝土连接法。

采用水下混凝土连接法时,先在接头两侧管段的端部安设平堰板(与管段同时制作),待管段沉放完后,在前后两块平堰板左右两侧水中安放圆弧形堰板,围成一个圆形钢围堰,同时在隧道衬砌的外边用钢檐板把隧道内外隔开,最后往围堰内灌注水下混凝土,连接管段。这种方法的主要缺点是:水下作业工艺复杂,潜水工作量大,隧道一旦发生变形会导致接头处开裂漏水。故目前除在管段最终接头处使用外,一般不再采用。为确保接头混凝土质量,应对施工环境进行改造,即将原本在围堰内有水情况下灌水下混凝土转变为在无水情况下灌普通混凝土。当水较深时可临时性封闭接头,排干管段间的水,进行施工,这样灌注混凝土的施工环境就会得到改善,混凝土强度能得到保证,但水下工作量仍然很大。当水较浅时(一般在岸边),可在接头处做围堰,排除围堰内的水后进行施工。

(2) 水力压接法。

水力压接法就是利用作用在管段上的巨大水压力使安装在管段端面周边的橡胶垫发生压缩变形,形成水密性相当可靠的管段接头。目前,几乎所有的沉管隧道都采用了这种简单可靠的连接方法。它的主要工序有对位、拉合、压接及拆除端封墙。

①对位。管段在浮运、下沉着陆时必须结合管段连接工作进行对位。对位时可以用安装在管端的超声波检测仪器控制精度,一般精度要求为:水平方向前端为±20 mm,后端为±50 mm;垂直方向后端为±10 mm。

②拉合。以较小的机械力将沉放管段对接前一节既设管段,使胶垫尖肋部产生初步变形,从而起到初步止水的作用。一般由安装在管段竖壁上的拉合液压千斤顶拉合。

③压接。拉合完成后,即可打开已下沉管段前端封墙下部的排水阀,排出对接沉管段时所包围封闭的水,继而开启设在正下沉管段后端封墙顶部的进气阀,以防止端封墙受到反向的真空压力而破坏。排水完毕后,在水压力作用下,胶垫进一步压缩。

④拆除端封墙。压接完毕以后即可拆除两节管段之间的端封墙。

4.4　明挖法隧道施工技术

隧道埋深较浅,上覆岩(土)体较薄,尤其是地质条件较差,难以采用暗挖法施工时,可以将地面挖开,形成基坑,然后在基坑中修筑隧道衬砌结构,敷设外贴式防水层,最后用土回填,这样的隧道施工方法称为"明挖法"。

明挖法可分为敞口明挖和有围护结构明挖。若隧道埋深较浅,基坑可在无支护的情况下按规范规定的可不建围护结构的基坑截面尺寸进行开挖。当隧道截面较大,上覆土层较厚时,如果不建围护结构,必须把基坑挖得非常宽,才能满足基坑稳定性要求。但这种情况下,基坑的挖方量加大,占地面积大,不经济,适用范围受限。为了保证基坑稳定、减少开挖量,一般都要建造围护结构。

4.4.1 放坡开挖法

如果隧道埋深较浅,施工对周围环境影响较小,且仅依靠适当坡率的边坡即可保持土体稳定,则可采用放坡开挖法。此法虽然开挖方量大,但机械化程度高,施工速度快,质量也易得到保证。受地下水影响时,可采用井点降水法提高边坡的稳定性并改善基坑内施工环境。放坡开挖是明挖法施工的首选方案。

4.4.2 悬臂支护开挖法

悬臂支护开挖法是将基坑围护结构插入基坑底部以下,然后直接开挖基坑内土体。围护结构处于悬臂受力状态,靠本身的刚度和插入开挖面以下部分的抗倾覆能力来平衡外侧土压力。开挖到设计标高后,再进行主体结构施工。采用悬臂支护开挖法,基坑内无支撑,便于基础开挖和主体结构施工的机械化,也易保证工程质量。其缺点是围护结构较复杂,增加了造价及施工难度。此法有时也用在有支撑开挖基坑的上部,围护结构常用桩板式支护结构、锚喷网支护结构、灌注桩、地下连续墙等。

1. 桩板式支护结构

"桩板式支护结构"是工字钢桩衬板支护结构的简称,主要由工字钢板、木挡板、腰梁、顶撑或拉锚组成,一般为临时性支撑护壁结构。工字钢从地面沿着设计轮廓线打入地层深处,间距一般采用 1.0 m、1.2 m、1.5 m、1.6 m 等,也有采用 0.8 m 的,入土深度一般为 3~4 m。打入工字钢之后,用挖掘机在基坑内进行挖土,边挖土边在工字钢间用木板支护土体,同时按设计要求架设一道或两道腰梁,并架设顶撑。

2. 锚喷网支护结构

锚喷网支护结构通常由三部分组成:锚杆、混凝土喷层和排水设施。基坑开挖时,作用在围护结构上的侧应力可由锚杆与岩土之间的作用力来平衡。锚杆是受拉构件,可采用钢筋或高强钢索制作。混凝土喷层,对于临时性锚喷网支护,其厚度通常为 50~80 mm 以上,一般设置一层钢筋网;对于永久性锚喷网支护,喷层厚度需要达到 150 mm 以上,且需要分层喷射施工。为了防止地下水和地表水渗透对混凝土喷层产生压力,降低土体强度和土体与锚杆之间的界面黏聚力,锚喷网支护一般都要设置排水系统。一般开挖前要做好地面排水,设置排水沟来排除地表水;在基坑底部设置排水沟和集水井,利用水泵将水排出基坑;随着基坑向下开挖,安设排水管,排除混凝土喷层后部的水。

3. 灌注桩

灌注桩根据施工方式的不同,可分为钻孔钢筋混凝土灌注桩、人工挖孔钢筋混凝土灌注桩、钻孔水泥土搅拌桩等。它主要适用于基坑较深、地层松软、有地下水或无地下水的各种情况,是目前深基坑施工中常用的围护结构。

4. 地下连续墙

地下连续墙施工方法又称"槽壁法",主要适用于含水但又不能采用人工降水的松软地层或基坑深度较大的情况。地下连续墙分为现浇地下连续墙、预制地下连续墙和排桩地下连续墙。

在地下挖狭长的深槽,在槽内放入钢筋笼,浇筑钢筋混凝土墙体,把这些墙体逐一连接起来,形成一道连续的地下墙壁,就是现浇地下连续墙。

预制地下连续墙是挖槽后用预制的墙板组拼并浇水泥浆,固化后形成的地下连续墙。

排桩地下连续墙是把各个独立施工的桩连成一体组成的地下连续墙。

地下连续墙围护结构呈封闭状,在基坑开挖后,加上支撑或锚杆系统,就可以挡土或止水,方便了主体结构的施工。由于墙体刚度大、防渗性能好,能适应软土地质条件,工程施工对周围土体扰动小,对周围建筑物影响小,易于控制沉降和位移,施工时振动小、噪声低,在狭窄场地也能安全施工,因此,地下连续墙围护结构适用于各种地质条件。地下连续墙施工方法的不足之处表现在:对泥浆废液的处理,会增加工程费用,如果处理不当会造成环境污染和槽壁坍塌等问题;若地下连续墙仅作施工时的临时挡土结构,则造价较高,不够经济。

为提升围护结构的强度与刚度,减少其变形与位移,常采用下列工程措施。

(1) 围护结构的截面应设计成刚度最大的形式。

(2) 在围护结构顶部设圈梁等,改善其整体受力状况,提高整体刚度。

(3) 挖去基坑外一定范围内的表层覆土,减少侧压力。

(4) 在基坑外进行井点降水,采用压密注浆、旋喷桩、搅拌桩或粉喷桩等加固土体,以减少侧压力。

(5) 在基坑内用井点降水和加固土体方法,使坑底土体固结,增加土体抗力。

（6）在基坑内设置护脚，即预留一定高度和宽度的原状土台，以减少开挖时围护结构的暴露高度。待基坑中间部分土体挖至设计标高，将中间底板浇筑完后，跳槽开挖护脚土台，逐块浇筑这部分底板。

4.4.3　非悬臂支护开挖法

在基坑较深、地质条件较差、周围环境复杂的情况下，为了得到更好的防护效果，在以上悬臂结构基础上，加上横向支撑或锚杆，形成非悬臂支护结构，以改善结构受力情况，达到提高支护力、减小或控制结构和周围土体变形的目的。

4.5　浅埋暗挖法隧道施工技术

4.5.1　浅埋暗挖法的特点

浅埋暗挖法是在距离地表较近的地下进行各种类型地下洞室施工的一种方法，在城市地铁工程中应用广泛。浅埋暗挖法最初于 1986 年应用于北京地铁复兴门车站折返线工程。由于拆迁少、不扰民、不破坏环境，取得了很好的经济效益和社会效益，浅埋暗挖法被原建设部评为国家级工法。与其他地下工程施工工法相比，浅埋暗挖法具有以下技术特点。

1. 埋深浅

浅埋地下工程最显著的特点是埋深浅，在施工过程中，地层承载力差，地下开挖会引起明显的地表沉降，对周边环境的影响较大，超过一定限度，会导致整体失稳，发生塌方。因此，采用浅埋暗挖法时对地层预加固、开挖方法、支护衬砌等提出了更高的要求。如何有效控制浅埋地下工程施工扰动诱发的地表沉降变形，成为浅埋地下工程设计、施工研究的重点、难点和热点问题。为控制地表变形、减少对环境的不利影响、降低施工成本，相关单位研究出了各种适用于浅埋地下工程的施工方法。

2. 地质条件差

浅埋暗挖地段的围岩基本属于 V～VI 级围岩，岩性软弱，大多为土质地层，开挖后稳定性差，需要及时设置具有足够强度的支撑体系，才能满足结构的稳定性要求。隧道通常位于地下水位以下，如果对地下水不采取措施控制，就无法进行开挖，而且容易引起地下水突涌，并引发塌方等重大事故，开挖时必须采取措施降低地下水位。

3. 周边环境复杂

浅埋地下工程具有结构埋深浅,地面建筑物密集,交通运输繁忙,地下管线密布,地表沉陷要求严格,周边环境复杂,交通疏解、拆迁改移费用高等特点。而浅埋暗挖法具有拆迁占地少、不扰民、不干扰交通、节省大量拆迁投资等优点。同时,在对周边环境变形控制方面,浅埋暗挖法也具有明显优势。

4. 辅助工法多样

由于浅埋暗挖法适用于软弱地层,预先加固改良地层是一项必不可少的技术措施。地层预加固的主要目的是保障开挖、支护顺利实施,即保证在一定时间段内开挖面的稳定性,同时减小地表沉降,降低施工对周边环境的影响。地层预加固辅助工法包括注浆法、降水法、超前小导管法、长管棚法、水平旋喷法、注浆-冷冻法等。

5. 开挖方法繁多

采用浅埋暗挖法施工时,常见的开挖方法有全断面法、正台阶法,以及适用于特殊地层条件的其他施工方法,如单侧壁导坑法、双侧壁导坑法(眼镜工法)、中隔墙法、洞柱法、洞桩法等。开挖方法的选择,应根据具体地下工程的各方面条件综合考虑,选择最经济、最理想的设计和施工方案,还可以综合应用多种方案。

6. 风险管理难度大

浅埋暗挖工程通常具有工期长、规模大、技术复杂、地质条件不确定、不良地质地段多等特点。因此,有必要以科学的方法和手段研究风险发生和变化的规律,建立合理的工程风险辨识、分析、处理、评估和监控系统,防患于未然,把风险造成的损失降到最低。

7. 施工影响小

浅埋暗挖法具有灵活多变,对地面建筑、道路和地下管网影响不大,拆迁占地少,不扰民,不干扰交通,节省大量拆迁投资,不污染城市环境等优点,与盾构法相比具有简单易行,不需要太多专用设备、灵活方便、适应性强的特点。

4.5.2　浅埋暗挖法施工原则

王梦恕院士及其团队总结了浅埋暗挖法施工中必须坚持的"管超前、严注浆、短开挖、强支护、快封闭、勤量测"18 字方针,这是浅埋暗挖法施工的重要原则,其具体内容如下。

(1) 管超前:以钢拱架为支点,使用超前小导管注浆防护。先用风钻或高压风吹孔、扩孔、引孔。小导管间距为 20~30 cm,仰角为 5°~10°。为避免管下土体松落,宜采用较小的仰角。

（2）严注浆：在进行小导管超前支护后，立即压注水泥或水泥-水玻璃双液浆，填充砂层孔隙，凝固后将砂砾胶结为具有一定强度的"结石体"，形成壳体，增强围岩自稳能力。每次注浆前必须喷射混凝土封闭工作面，以防浆液在压力作用下溢出。严注浆的概念是广义的，既包含进行严格的拱部导管预注浆，也包含在开挖下部及边墙支护前按规定预埋管注浆，还包括初期支护背后填充注浆。

（3）短开挖：一次注浆，多次开挖。当导管长 3.5 m 时，每次开挖进尺为 0.75 m，并应环状开挖，预留核心土。然后及时喷射 5～8 cm 厚混凝土层，再架设网构拱架并挂网喷射混凝土。这种非爆破作业减少了对围岩的扰动。

（4）强支护：在松软地层和浅埋条件下进行地下大跨度结构施工时，初期支护必须十分牢固，以确保万无一失，可按照喷混凝土→架设网构拱架→钢筋网施工→喷混凝土的工序进行支护。浅埋暗挖法的网喷支护承载系数取较大值，一般不考虑二次衬砌承载力。

（5）快封闭：在正台阶开挖过程中，通过量测，发现上台阶过长，变形增加较快时，必须设置临时支撑，方能稳定仰拱。因此，要求台阶的长度为：双线隧道不得大于 1 倍洞径，单线隧道不得大于 1.5 倍洞径。下半断面（起拱线以下至仰拱底部）紧跟施工，土体挖出一环、封闭一环，并及时封闭仰拱，使初期支护形成一个环状结构，此时变形曲线逐步趋于稳定。

（6）勤量测：量测是对施工过程中围岩及结构变化情况进行动态跟踪的主要手段，量测信息应及时、准确地反馈给设计方、施工方等，以便及时修改设计或采取特殊的施工措施。

第 5 章

高速公路改扩建施工技术

5.1 高速公路路基改扩建施工

5.1.1 既有路基利用与处治

路基是路面的支撑结构物,其性能状态对路面结构性能影响较大。施工过程中若局部路基土压实度不够、地下水位升高、地表水渗入,会导致路基整体强度降低,从而导致路面结构出现不均匀沉降、沉陷和结构性车辙等病害。一般而言,在高速公路拓宽工程中,考虑施工工期、经济成本以及环境影响,除路基承载力明显不足导致出现严重病害的路段外,一般不采取刨除上部路面结构、处治路基的措施,否则易造成极大的资源浪费。应针对既有路基的实际状态和问题根源进行分析评估。根据既有路基病害的类型、特征、成因及危害程度,结合气象、水文地质、工程地质等因素,选择合理、有效、经济的处治方案,避免路基病害发展到改建后的路面结构上。

(1) 既有路基结构物的利用及处理应符合下列规定。

①既有结构物的处理及利用应满足路基改扩建的技术要求。

②查明既有结构物无明显损害,且强度及稳定性满足改扩建要求时,应全部利用;若部分损坏或不满足改扩建要求,可加固利用或拆除重建。

③加固利用的既有结构物的新旧混凝土或砌体结构应紧密连接,形成整体。

(2) 既有路基的利用应与既有路面的利用及加铺设计相结合,根据路基病害对拼宽结构的影响程度,采取针对性的处治措施,具体如下。

①当既有路基回弹模量满足新建路基的要求,既有路面未出现破损,且拼宽后通过加铺设计可满足路面设计要求时,宜充分利用既有路基。

②当既有路基回弹模量不满足新建路基的要求,且路面出现严重破损时,可分别采取改善排水、补充碾压、换填处治等工程措施。

③当条件受限不能翻挖既有路基时,可采取路基补强措施,如注浆等。通过高压注入注浆材料对软弱土基进行加固,注浆材料可长期与土发生化学反应,使土体固结,逐渐达到稳定土基的目的。利用注浆加固技术对道路进行养护时,不必进行开挖,具有节约资源、施工方便快速、对交通影响小的优点。

④当既有路基处于中湿及以下状态时,应增设排水垫层或布设地下排水设施等。

(3) 在对既有高速公路进行拓宽建设之前,需对既有高速公路的路基进行相应的清理和处治,主要包括以下几个方面。

①在填方地段应对路基进行清理,按照种植土厚度来确定清理深度,对于清理出来

的种植土按照要求集中堆放。路基清理完,按照要求进行压实后,方可进行路基填筑。对于路基范围内的水井、沟渠等,按有关要求提前处理。

②拼接路堤的清表分以下两个部分。

a. 加宽段路基基底清表:清除表面杂草、树根、种植土。填方地段在清理完地表后应整平压实,满足规定要求,才可进行填方作业。

b. 原路堤边坡清表:清表深度应该控制在 30 cm 左右,如确有清表深度超过要求的,应报由有关方面检查、批准。对于拆除的防护片石,应在路线外集中堆放,用于修建新路堤排水沟或者隔离栅基础。

③加宽段路基清表后,再挖台阶分层填筑。

④老路堤的排水沟、护坡道及隔离带应先整平。当排水沟低于地表时,将表层挖除,挖除宽度应至少满足压路机的碾压宽度需求,开挖深度由施工单位与驻地办现场确定,原则为清除原排水沟下的淤泥、淤泥质黏土层,开挖后按有关要求分层回填压实。在开挖过程中应及时做好排水工作,将地下渗水或地表降水及时通过排水或抽水的方式排除。当排水沟高于地表时,应清除至原地面高度,原则上清除的土方不应作为路基填料。

5.1.2　路基拼接加宽

1. 施工形式

(1)单侧拼接加宽。

高速公路改扩建工程施工中,需要对高速公路的分隔带进行调整,主要采取单侧拼接加宽的方式,再运用改造后空拼接方法,确保路基排水顺畅。通常沿新路基侧将纵向集水槽设置在新旧路分隔带上,并间隔 100 m 设置集水井。但由于调整分隔带十分复杂,施工量大,无法使新旧路基强度保持一致,单侧拼接加宽在近年来的高速公路改扩建中应用较少。同时,随着拼接技术的更新,单侧拼接加宽的劣势也愈发突出:新旧路基宽度不一致,改建成相同宽度时施工量大,将长时间、大范围影响交通;单侧拼接加宽时,互通、上跨分离式立交与服务设施等的改建规模大;若既有路基为双向横坡,很难调整为单向坡。

(2)单侧分离加宽。

单侧分离加宽的应用相对普遍,因施工中回避诸多技术问题,该形式在多种施工界面上均有良好的适用性,如净空问题突出路段,应用单侧分离加宽,施工更加灵活。在具体操作中,需先将既有路基设定为半幅路基,再利用中央分隔带将既有路基通过隔离法划分出来,最后按照施工设计方案的要求,在既有路基一侧进行施工即可。单侧分离加宽有平面、纵面两种分离方式。平面分离相当于新建分离式路基,加宽侧可自由布置。但新建路基的宽度过大时,工程量更大,需要大规模改建互通、上跨分离式立交与服务设施等,难以将既有路基的双向横坡调整为单向坡,若不调整则需要将原中央分隔带取消,不利于安全通行。纵面分离不改变平面,遇到施工困难地段可平纵面同时分离,但纵面抬高路段需要建设高架桥,成本过高,施工量过大。

(3)两侧拼接加宽。

与以上两种改扩建形式相比,两侧拼接加宽的应用频率更高,其使用价值突出,工程量小、操作方便、消耗少、成本低、施工期间占据空间少,受到行业青睐。在具体施工实践中,若不得不对工况做出调整,则可选择两侧拼接加宽的改扩建方式。但需注意的是,为保障路基、路面拼接的稳固性,拼接处通常设置为台阶。当台阶面、路床底面之间的距离不足 130 cm 时需要作为一个台阶开挖,超出 130 cm 则可按照 100 cm 与剩余高度两个高度开挖。但两侧拼接加宽形式也存在明显的劣势,如会导致路基挠度偏大;后续涉及大规模互通、服务设施改建;若加宽宽度较小,不利于施工。

2. 施工要求

路基拼接施工中为预防既有道路的病害对改扩建后道路的路基稳定性与承载力产生影响,需要在分段施工时及时处理既有高速公路已出现的病害后,再进行后续施工;因施工中遇到的地质条件不同,针对特殊地质,拼接施工中需要特殊处理,如软土路基稳定性差,施工期间影响大型机械设备的使用,施工后也影响路基性能,针对既有高速公路软土路基可采取清淤、换填、使用塑料排水板等方式进行处理,加宽软土路基可采用粉喷桩、预压、土工布、湿喷桩等进行处理;施工中需采用强夯、重夯进行路基处理时,加宽地段路基需预留充足的面积;高度重视路基排水工作,选择合适的排水方式,保障排水顺畅,若降水量大、地下水位高,施工中需设置临时排水设施;既有高速公路因使用时间较长,存在不稳定部位或已经发生结构损坏,需提前做好防护或加固处理。

5.1.3 新老路基拼接关键措施

1. 选择路基填料

为了更好地控制新老路基间的不均匀沉降,新路基应使用与老路基相同的填料,尽量与老路基形成整体结构,保证稳定性。当受到条件限制不能满足此要求时应尽量选择含石量较多的山皮石或砂砾石,其具有可压缩性较小、压缩模量较大等特性,并且水稳性较好。采用砂砾石填料可大大减小路堤的压缩变形,提高承载力。所用材料应满足以下要求:碎、砾石的粒径为 0.5～10 cm,含量应为 30%～50%;碎、砾石及山皮石的回弹模量为 30～40 MPa,密度为 1.85～1.95 g/cm³,CBR≥8%,含水量为 10%～15%。

如地区条件允许,路基填料可选择轻质填料。轻质填料具有自重低、压缩变形小等特点,用于路基填筑不仅能缩小新老路基间的强度与刚度差异,还可以减小新路基的工后塑性累积变形,减小新老路基的不均匀沉降。从理论和实践来看,采用轻质填料填筑路基是路基拼接方案中比较理想的措施。目前应用比较广泛的轻质填料有二灰土(石灰、粉煤灰、土混合物)、聚苯乙烯块体、粉煤灰等。

2. 老边坡及加宽基底的处治

(1)削坡。

挖除老边坡坡面0.3 m厚及外侧路肩0.5 m厚的表层土并填筑填料。原因是这部分表层土长时间受到外部环境侵蚀及水流冲刷等影响,压实度相对较低,如不加处理,会导致新老路基结合部分比较薄弱,抗变形能力下降,影响新老路基拼接效果。

(2)基底清表。

路基拼接施工前,应该清除原地基表层土及草皮、树根等,一是防止原地表植物的腐烂、生长等使得新老路基拼接面产生孔隙而引起土体塌陷;二是防止对路基填料产生污染而降低土体强度,使得加宽路基产生滑裂面,最终影响路基的稳定性。除此之外,还应把淤泥、积水段疏干、整平压实,满足加宽路基的要求。

3. 台阶开挖

为保证新老路基拼接部位结合良好,增大接触面,要对边坡进行台阶开挖处理。

(1)台阶样式。

台阶样式主要有四种:标准样式、内倾样式、竖倾样式和内挖样式。

①标准样式。

标准样式台阶就是台阶的宽度与高度由处理后的老路基边坡坡度来确定,优点是方便施工,宽度与高度确定后即可开挖;缺点是老路基边坡的坡度经常发生变化,因此有时不能同时满足宽度和高度要求。在工程实践中,往往单独控制开挖台阶的宽度或者高度,例如为了保证加宽路基拼接部位的质量,应控制台阶的高度;而为了增加锚固土工格栅的长度,应控制台阶的宽度。

②内倾样式。

内倾样式台阶就是在标准样式台阶的水平面上向内开挖,形成一个向内倾斜一定角度的倾斜面,目前在加宽工程中较常用。

③竖倾样式。

竖倾样式台阶就是在标准样式台阶的基础上,在开挖垂直面上设置一个向路基中线倾斜的倾斜面。优点是方便压实下一个台阶面上的路基填土,缺点是缩短了锚固土工格栅的长度。

④内挖样式。

内挖样式台阶就是开挖台阶的坡度相比老路基更缓,优点是可以保证拼接部位的压实质量,土工格栅有足够的锚固长度,缺点是工程量有一定的增加。

（2）台阶尺寸。

《公路路基设计规范》(JTG D30—2015)6.3.4 第 2 款规定:"拓宽既有路堤时,应在既有路堤坡面开挖台阶,台阶宽度不应小于 1.0 m;当加宽拼接宽度小于 0.75 m 时,可采取超宽填筑或翻挖既有路基等工程措施。"

在已经完工的高速公路改扩建工程中,加宽路基拼接时的台阶高度一般不超过 80 cm,而宽度是根据边坡坡度来确定的,一般为 60~200 cm。为方便锚固土工格栅,建议将台阶宽度控制在 100~200 cm,高度随着坡度而变化,设计成 20 cm 的倍数,方便分层填筑路基。

（3）台阶内倾坡度。

在已经完工的高速公路改扩建工程中,加宽路基拼接时的台阶内倾坡度一般在2‰~4‰。具体情况还要结合工程实践,根据工程特点、施工条件、气候条件等来确定。

4. 土工格栅应用

（1）作用与机理。

土工格栅在旧路加宽工程中铺筑于路基内,路基填料嵌入网孔,利用其高抗拉强度起到加筋作用,与路基填料形成相互咬合力,增强新老路基拼接的整体稳定性,在旧路加宽路基拼接工程中被大量使用。

土工格栅在旧路加宽路基拼接工程中的作用机理主要为:土工格栅具有较高的抗拉强度,可传导路基内的应力,减小拼接部位的作用力,在与路基填料的联合作用下,起到了加筋作用,协同了新老路基间的沉降,提高了整体稳定性,防止新老路基产生裂缝及滑裂破坏。

在实际工程应用中,土工格栅铺设的层数、位置以及地基土强度等因素,都能影响其铺设效果。

①铺设多层土工格栅的效果比仅铺设一层要好,但不是铺设层数越多越好,需要根据实际情况确定。

②土工格栅在路基填料中的位置不同,起到的效果也不同。土工格栅在路基底部铺设比在路基中部铺设效果更加显著;在路基的顶部铺设时,对控制路基的不均匀沉降及提高稳定性方面的效果不明显,而对路面起到明显作用,如能减小车辙深度、降低疲劳开裂风险等。

③土工格栅抗拉模量越大,对减小新老路基间的不均匀沉降及横向位移效果越明显。

④土工格栅在软土地基段路基上铺筑,起到的效果比较明显。

(2) 土工格栅铺筑工艺。

土工格栅铺筑流程为:路基整平碾压→铺设土工格栅→铺设铺料→路基填筑→整平碾压。

①路基整平碾压。

土工格栅铺设时要求路基有较高的平整度,因此必须控制与土工格栅接触的路基填料的碾压平整度,以方便铺设土工格栅。

②铺设土工格栅。

将土工格栅裁剪好,沿路基纵坡叠层铺平,土工格栅之间横向叠压宽度不小于 10 cm,用 U 型钢卡钉将土工格栅钉入路基固定好,U 型钢卡钉间距不超过 2 m。

③铺设铺料。

土工格栅铺设后,其上铺料不可用干密度小、粒料含量多的山皮石或石渣等。工程实践表明,铺料干密度小会造成碾压困难,影响施工进度,粒径大会破坏土工格栅,影响其功能。因此铺料宜采用强风化砂岩。

④路基填筑。

运料车不能在土工格栅上行驶,可从一端或从两侧填筑,使铺料布满格栅。

⑤整平碾压。

使用平地机按照先轻后重的原则进行整平碾压,直至密实度符合规定,注意碾压时不要刮碰土工格栅。

5. 控制压实度

高速公路改扩建工程拼接路基压实过程中,应在新路基两侧分别增加 30 cm 进行超宽填筑碾压,新路基台阶填土与旧路基台阶顶面平齐后,同时碾压新老路基,直至符合压实度标准,压实度可在《公路路基施工技术规范》(JTG/T 3610—2019)相关规定的基础上适当提高。

(1) 分层填筑、逐层碾压。

在压实过程中,应分层填筑、逐层碾压。路床的松铺层厚度不应大于 30 cm,其他部分的松铺层厚度不应大于 50 cm。同时要控制新老路基拼接部位填料的含水量,含水量过大时先要进行晾晒处置,符合压实工艺要求后才能进行压实。

在用重型压路机(大于 25 t)逐层碾压时,距离路基顶 0～80 cm 范围内的压实度应大于 97%,距离路基顶 80～150 cm 范围内的压实度应大于 95%,距离路基顶大于 150 cm 范围内的压实度应大于 93%。在新老路基拼接部位每填筑两层还要使用冲击压路机加强压实,新路基每填筑四层也要使用冲击压路机加强压实。

新路基要从两侧向路基中线碾压,以利于形成路拱,超高路段应从低侧向高侧碾压,并保证路基碾压均匀。此外,前后两次碾压要使轮迹重叠 50 cm 以上。

(2)冲击压实技术。

在路基拼接工程中,为保证新老路基紧密拼接,应严格控制并尽量提高新路基的压实度,多采用冲击压实技术。

冲击压实就是将非圆形的压实轮子在行进过程中从一定的高度落在路基土体上,动能与势能共同作用产生压实效果。冲击压路机产生的高振幅、低频率的冲击能量大大高于普通振动压路机,更容易使冲击波向路基底层传播。一般 25 kJ 的冲击压路机产生的冲击能量可达振动压路机的 10 倍以上,对路基土体产生 2500 kN 的冲击力,有效影响深度达 1.5 m。

6. 软土地基处理

目前国内外有关软土地基处理的方法有几十种,按处理深度可分为浅层处理和深层处理,下面介绍几种常用的软土地基处理方法。

(1)软土地基的浅层处理方法。

①换填法。

换填法是将路基下一定厚度的软土全部挖除后,重新填筑强度高、渗透性强的优质填料,如砂砾石、碎石等。此法能改善不良地基,一般适用于软土层距地表较浅、土层厚度不超过 2 m,并且容易排水的施工段。

②砂垫层法。

砂垫层法就是在软土地基的地表先铺一层薄砂,再进行路基填筑。此法能促进地基排水固结,提高强度和沉降速度,大多适用于施工期较长、路基高度小于 2 倍的极限高度且表面不存在隔水土层的工况,而对软土深厚、高路堤、短工期工况不适用。

③反压护道法。

反压护道法是在路堤两侧填筑高度(一般低于极限高度)与宽度适当的护道,以抵抗路堤两侧地基的挤出趋势,从而保证路堤的稳定性。该方法施工简易,但土石方工程量大,占地面积大,工后沉降也大。

(2)软土地基的深层处理方法。

①竖井排水法。

竖井排水法包括砂井法和塑料排水板法,能加速排水固结,加快沉降发展,减小工后沉降,但软土地基强度增长相对缓慢,施工周期长。该法适用于软土深厚、路堤稳定、填土高、工期要求不紧张的工况,不适用于次固结量占很大比例的土层,如泥炭土、有机质黏土等,对于工期紧、路堤稳定性差的软土地基路段应用效果也不好。

②粒料桩。

粒料桩是利用振动或冲击方式在软弱地基土中成孔后,将砂、砾石、卵石、碎石等材料挤压入孔中,形成较大直径的密实碎石粒料桩,与软土共同作用形成复合地基。此法能加快软土排水固结的速度,提高地基的强度及稳定性,减小总沉降量及工后沉降,但在特别软弱的黏性土层中往往成桩困难。

③加固土桩。

加固土桩就是把水泥、粉煤灰和生石灰等当作加固地基的材料,在软土地基中采用粉喷或者浆喷的方式形成加固土桩,与软土共同作用形成复合地基。此法具有可提高地基的强度及稳定性、适应快速加载、总沉降量减小、工期短等优点,但由于施工技术的限制,其有效处理深度一般为 15～20 m,对于深度超过 20 m 的超深软土地基,加固土桩会成为悬浮桩,其下卧层软土工后沉降较大,处理效果不理想。

在进行路基拼接工程设计和施工过程中应合理地选择处治方法,以取得满意的效果。

在低填路基段,如果地基土的强度尚可,那么新加宽的路基就可以参照一般路基对地基的技术要求进行处理。其原因是低填路基段路基结构自重相对较小,对地基产生的应力影响不大。因此,在设计和施工时,应最大限度地利用原状土的强度,尽可能避免对下卧土层造成扰动,必要时铺设土工格栅,强化新老路基的板体作用及提升整体强度,防止产生不均匀沉降。

在高填路基段,对软土地基必须采取处治措施。其原因就是高填路基段自重大,引起的沉降量相对较大,若不对地基采取处治措施,新老路基间的不均匀沉降将变大,会导致新老路基间出现纵向裂缝。因此,在设计和施工时,在软土上填筑高路基必须采用粒料桩、粉喷桩等措施处治软土地基,并尽可能采用轻质填料填筑。

在高填路基段的软土地基处治中,换填或加固土桩等处治方式不能单独使用,因为单一措施只适用于低填路基段和地基的浅层处治。可以在新老路基拼接台阶处将换填或加固土桩等处治方式与土工格栅联合使用,或与粉喷桩、砂井排水等措施联合使用,对软土地基进行综合处治。

高填路基段一侧的路基加宽时,非常容易造成新路基失稳。这是由于路基自重大、附加应力也大,产生的不均匀沉降差同样较大,非常容易在拼接部位产生滑动剪切面。高填路基段加宽时,一定要加强稳定性的验算,采取有效的处治措施,防止新路基失稳。

7. 新老路基不均匀沉降观测及施工控制措施

为了更加有效地控制新老路基间的不均匀沉降,提升路基的整体性,路基填筑施工期间,必须注意沉降观测。当第一层填筑结束后,需在规定的位置反开槽埋入沉降标,进行观测,以便在分层填筑中获取沉降数据,为下一层路基的填筑提供参考。沉降标设置如下。

(1)沉降观测。

路肩沉降观测桩,即混凝土小方桩,一般埋入既有道路路肩之上,通过定期测量桩顶高程变化,量化路基竖向位移,评估工后沉降是否满足设计要求。水平型沉降管是一种专门用于监测地表或结构物水平方向沉降(或隆起)变形的工程测量设备,它为直径7 cm的高精度测斜管,将其水平放入加宽路基底部,延伸至新的护坡道,测量相应加宽路基横断面上各个点的竖向位移,每填筑一层就要测一次,到设计高程之后每半个月或一个月观测一次。

(2)稳定检测。

位移边桩,即混凝土小方桩,一般埋入新路基护坡道的外侧或加宽桥头路基前端,测量该桩的水平位移值,每填筑一层,就要测一次,到设计高程之后每半个月或一个月观测一次。通过观测结果来确定施工进度。若沉降过快,就应减缓施工进度,沉降达到规定值后才能进行下一层路基的施工。

施工中要严格控制填筑速度,尽量匀速施工,以保证原路面稳定。

5.2 高速公路路面改扩建施工

5.2.1 既有路面处治

既有沥青路面处治应分车道、分路段进行,为保证新老路面结构共同满足拓宽后路用性能的要求,需要对结构承载力不满足要求的路段进行处治或重建;对结构承载力满足要求的路段内出现的结构性病害,采取有效的处治措施予以消除,以提高既有路面结构的稳定性和耐久性,防止和延缓既有病害对上承路面结构的不利影响,具体可按照以下要求进行处治。

(1)路面结构强度评定为"良"及以上等级,且路面损坏评定为"良"及以上等级时,宜采用铣刨、加铺面层等处治措施。

(2)路面结构强度评定为"良"及以上等级,且路面损坏评定为"中"及以上等级时,宜铣刨全部既有沥青面层,重铺沥青面层。

(3)路面结构强度评定为"中"及以下等级时,宜翻挖既有路面,重建路面结构。

5.2.2 新老路面拼接部位处治技术

路面结构拼接设计应考虑不同结构层的层间协调以及施工的方便、可行。加强新老路面连接,控制拼接部位的反射裂缝和渗水。

路面结构纵向拼接缝及横向拼接缝应采用台阶搭接方式进行分层拼接,沥青面层纵向拼接缝宜避开轮迹带。在路面结构的拼接缝界面应采取措施加强新老路面结构的黏结。

1. 老路面的开挖

老路面开挖工艺流程:准备工作→开挖试验路段→确定开挖工艺→正式开挖。

(1)准备工作。

①先将老路护栏及立柱拆除并内移,同时放样硬路肩开挖线。

②组织测量人员进行老路面路肩标高的复测,并与设计图纸标高进行对比,为下一步路面施工做好技术准备。

③开挖前应结合设计图纸及业主单位提供的有关地下构造物(如暗涵、地下管线)资料进行调查,以确定开挖是否会对这些构造物造成损坏,并在路面上洒适量水以减少灰尘污染。

(2)开挖试验路段、确定开挖工艺。

试验路段为监理工程师在工程项目范围内确定的用于验证施工方案、材料性能、施工机械和施工工艺的路段,长度为 100~200 m。在开挖过程中记录不同的开挖情况相对应的沥青路面铣刨机设置参数,如刀口深度和行驶速度等。

(3)正式开挖。

①测量人员根据施工图纸设计进行开挖线放样,并用白色油漆画出标线,保证切割线形直顺。

②采用路面切割机切割老路面,路面面层采用铣刨机铣刨,基层采用挖掘机开挖。铣刨和开挖应施工至距各结构层切割线 10~20 cm,剩余部分采用切割机配合风镐施工,保证开挖面为垂直断面。

③路面开挖要求。

a.老路面面层和基层的开挖要错台,呈阶梯状,开挖线应避免形成单一垂直的衔接通缝。错台尺寸严格按照设计图纸控制。

b.在路面各结构层施工前清除表面松散料及路床泥土,保证新老路结合部位干净、无杂物。

2. 新老路面的搭接

(1)新老路底基层、基层搭接。

①正式施工水稳底基层前,应先对新老路路基质量进行检验,由于老路在路基边部

设置排水设施,新老路结合部位路基含水量较大。对于不合格的路基必须进行挖除、换填,并保证压实度。

②检查开挖好的搭接台阶,其宽度、厚度均要满足要求。由于新老路面标高可能存在与设计不符的情况,新建路面面层必须根据老路路面标高进行适当调整,但要保证各结构层厚度均满足要求。对于路床顶标高过高导致路面面层厚度不够的要对路床进行铲平处理。

③正式摊铺底基层、基层时,各台阶面和垂直面必须清理干净,保证新路与老路有效顺接。

④底基层、基层摊铺时,适当将熨平板内移 5~10 cm,通过挤料并辅助人工进行找平,采用小型边部压路机进行碾压,以保证横坡一致,高程、压实度满足要求。

⑤路床、基层、底基层顶面等压路机不易压实的部位,采用小型边部压路机碾压到位。

⑥基层施工前应在底基层、基层及新老路结合部位喷洒水泥净浆,保证各部分结构有效结合。

⑦根据图纸要求,为了保证新老路面有效搭接,并防止新老路不均匀沉降,在水稳底基层顶面与老路结合部位设计 2 m 宽的钢筋网片。钢筋网片采用成品材料,经检验合格后才可使用。

(2)新老路沥青路面面层搭接。

对老路用铣刨机分层铣刨,每层铣刨长度不应小于 0.5 m。在铣刨时要注意铣刨表面层后应检查中面层及以下各层病害情况并逐项处理。如可针对中面层裂缝发育情况、裂缝宽度采取开槽处理、裂缝清理、裂缝填封、粘贴抗裂贴等措施,针对零星的中度和重度龟裂,重度块状裂缝,重度纵横裂缝、坑槽、沉陷,重度松散,重度车辙等病害进行局部挖补处理,彻底消除病害。如发现中面层病害严重,应调整病害处理范围及铣刨深度。

在中、下面层和基层病害处理中均需分层铣刨,各面层铣刨厚度按原路面设计厚度控制。分层铣刨的纵横向台阶宽度均不小于 0.5 m,横向台阶均应切割成垂直面。旧沥青路面必须进行切缝处理,切除老化、松散的路面边缘,避免裂缝扩展。接缝处施工时要铺玻璃纤维格栅,以利于新铺层与旧沥青层形成整体,具有良好的平整度,沉降均匀,避免产生裂缝。沥青混合料摊铺前在表面层切割面涂乳化沥青黏层油,在旧沥青铣刨后的承卧面涂乳化沥青黏层油,搭接处采用高分子聚合物双面贴处理。

施工时,铺筑新混合料使接茬软化,由压路机先进行横向碾压,再纵向碾压成整体。碾压时沿着横缝进行,每次碾压都向新铺层伸进 15~20 cm,直至整个压路机轮子都压在新铺层上,方可沿着中线方向进行碾压。压路机速度宜为 1~1.5 km/h,必须直线往返。

碾压过程中,检验平整度、接缝外观,低凹、离析处可用细料修补至平整密实。横向接缝碾压所用混合料温度应为 130～150 ℃。碾压过后清除碎料,并用 3 m 直尺量测平整度。

3. 安全保证措施

(1) 对施工人员进行安全交底和安全教育,使其充分认识施工安全的重要性。施工人员必须穿反光背心,若非施工必要,所有施工人员不得攀登、横穿高速公路或在其上逗留。施工车辆不得随意停放在高速公路上。

(2) 施工期间,实行领导带班制。成立专门的安全小组,负责施工区的交通安全维护。

(3) 施工前要通知高速公路管理部门并及时上报施工计划,按批准的时间进行施工,严格按照要求设置警示牌、限速牌、反光锥和其他安全设施。

(4) 制定并落实安全处罚措施。

4. 质量保证措施

(1) 在施工过程中,由专职的质量监测人员负责施工质量的检查和试验。

(2) 原材料在用于工程前按有关标准和规范要求选定料场和料源,并进行材料标准试验和混合料组成的室内比较试验,试验结果提交监理工程师审核。

(3) 新老路结合部位洒水不得冲毁路基,并避免造成二次污染。

(4) 新老路搭接部位各结构层施工严格按照具体方案及规范、标准执行。

5. 文明施工及环境保护措施

施工中严格执行有关公路工程文明施工的管理规定。

(1) 文明施工措施。

①结合工程实际情况,成立以项目经理为组长的现场文明施工领导小组,建立健全文明施工管理规定,做到现场文明施工有章可循。

②施工车辆经过道路路口必须减速慢行,并听从保通人员安排,施工区内不得鸣高音喇叭。

③各种料具和构配件必须在指定位置分类码放整齐。

(2) 环境保护措施。

①施工现场必须成立环境保护领导小组。组长由项目经理担任,组员为现场环保员和有关人员,负责处理日常环保工作。

②施工现场建立环境保护保证体系和信息网络。

③施工道路在晴天用洒水车及时洒水,防止扬尘。根据施工现场实际情况提出有效的技术措施,防止产生大气、水源及噪声污染等。

5.3 高速公路桥涵改扩建施工

5.3.1 桥涵改扩建设计要求

1. 设计要求

（1）改扩建工程的桥涵设计包括原结构物的利用、新结构物的设计、新老结构物间的拼接等内容，应根据改扩建工程的特点，确定合理的设计方案，并应满足"安全可靠、耐久适用、新老兼顾、经济合理"的要求。

（2）原桥涵的利用。

①桥梁总体技术状况评价等级为1类、2类的可原位利用，3类的经维修、加固后达到1类或2类标准的可以利用，4类的宜拆除重建，5类的应拆除重建。

②涵洞总体技术状况评价等级为1类的可原位利用，2类的可经维修后利用，3类的应拆除重建。

③桥梁主要部件技术状况评价等级为1类或2类的，可加以利用。

（3）拼宽桥梁的上部结构形式与跨径宜与原桥梁保持一致。

（4）拼宽桥梁应考虑新老结构间的相互作用，如差异沉降、差异变形、差异龄期等，进行整体计算。

应根据拼宽后的实际作用和边界条件验算原结构，计算方法和计算结果可只满足原结构建设时所采用规范的规定。

（5）拼宽桥梁、接长涵洞的设计宜考虑原桥涵的已使用年限等因素。

2. 桥梁拼宽

（1）桥梁拼宽中，上部结构采用刚性连接、铰接、分离等方式；下部结构采用刚性连接、半刚性连接或分离等方式。桥梁拼宽部分与原桥梁上部结构形式、跨径一致时，上部结构宜采用刚性连接；不一致时，宜采用铰接、分离等方式。下部结构一般不连接，当拼宽部分独立稳定性较差时，宜采用刚性或半刚性连接。

（2）拼宽桥梁基础设计应采取减少沉降的措施，并考虑对原基础受力、变形的影响。当地质条件较好且不影响原基础稳定性时，拼宽桥梁可采用扩大基础。

3. 拼接缝

（1）应结合梁板状况、拼宽宽度、梁板横向布置等情况，合理设置拼接缝，其宽度不宜小于15 cm。

(2) 空心板拼接,新老腹板间的净距不宜大于 1/2 梁板宽度。

(3) 拼接缝设计应考虑交通组织、纵向施工工序安排等因素。

(4) 拼接缝应在拼宽部分形成整体之后进行施工。

4. 横隔梁

(1) 拼宽部分桥梁横隔梁宜与原横隔梁的位置对应。

(2) 横隔梁宜采用刚性连接。

(3) 横隔梁的连接施工应在拼宽部分的横向连接完成后进行,且不应滞后于桥面板拼接缝的连接施工。

5. 涵洞拼接

(1) 拼接涵洞的结构形式、孔(跨)径宜与原涵洞相同,不同时,接头应特殊设计。

(2) 原涵洞孔(跨)径不能满足拓宽后的功能需求时,应进行重建或增建。

6. 桥梁拆除

(1) 桥梁的拆除方案应考虑施工及运营安全、环境保护、交通组织等因素,综合分析确定,并进行安全论证。

(2) 桥梁拆除宜按照原桥梁施工顺序的逆序进行,特殊结构如连续梁桥、拱桥、斜腿刚构桥等宜通过计算分析确定。

(3) 拆除桥梁时,应对利用的部分采取保护措施。

7. 桥梁顶升

(1) 桥梁的顶升方案应考虑施工安全、交通组织等因素,并进行安全性论证。

(2) 桥梁顶升有梁板整体顶升、墩柱接长顶升两种方法。顶升时,应保证结构的稳定性,顶升误差不得超过结构的受力容许范围。

(3) 梁板整体顶升时,简支结构宜整孔进行,连续结构宜整联进行;同一墩台上的各梁板支座、垫石等增加的总厚度宜一致。墩柱接长顶升时应整桥顶升。

(4) 顶升过程中,应对桥梁轴线偏差、桥墩倾斜度、结构变形等进行监控量测。

(5) 桥梁顶升后,必要时应对桥梁技术状况进行评定。

5.3.2　桥涵改扩建施工技术

1. 拓宽桥梁墩台施工

(1) 墩台施工注意事项。

①原墩台经过多年使用,混凝土的收缩和徐变已经基本完成,设计中应予以充分考

虑,避免新旧混凝土的结合面开裂或变形不一致。

②新老墩台之间不连接,可在新老墩台混凝土之间设置沉降缝(或工作缝),施工时采用木板、泡沫板等隔离。

③新老墩台之间连接时,可以采用两种施工方法:a.一次浇筑。即在新浇筑墩台的立模工序完成后,架设钢筋时,新墩台纵向钢筋与老墩台的钢筋(或植筋)连接,并处理老墩台表面。连接部分的混凝土与新墩台的混凝土一次浇筑。b.桥台耳背墙分两次施工。第一次施工:施工新墩台,并预留一定长度的混凝土及纵向钢筋。第二次施工:浇筑剩余部分的墩台或耳背墙,其纵向钢筋应预留足够的搭接长度,纵向钢筋应采用焊接连接。第一次施工时应采取一定的措施防止墩台盖梁(墩台帽)外露钢筋锈蚀,如钢筋锈蚀应采取一定的除锈措施。

④安装上部梁板时应保证支座外边缘与先期浇筑的墩台盖梁(墩台帽)边缘保持一定的距离,并应采取一定的措施防止梁板发生横向位移。

⑤钢筋的焊接位置应相互错开,避免同一截面焊缝过多。

⑥凿除老桥盖梁时,墩台盖梁的纵向钢筋应调直,不得切割原纵向钢筋,应与新建部分对应位置的钢筋焊接连接。

⑦凡新旧混凝土结合部位均应凿毛、清理干净。

⑧植入的钢筋应进行拉拔试验,对于未达到黏结强度的,应拔出钢筋,重新施钻,以保证植筋强度。

(2)墩台帽拓宽连接的植筋施工工艺。

先检查植筋混凝土表面是否完好,探测植筋混凝土内钢筋的位置,核对、标记植筋位置以便钻孔时避让钢筋;台帽、基础中植入的钢筋与新建桥台相应的配筋单面焊接,焊接长度不小于 $10d$(d 为钢筋直径)。施工完成后,应保证有 3 个月以上的沉降期。施工桥面铺装时,沉降量应小于 2 mm/月。

2. 拓宽桥梁盖梁施工

(1)新老盖梁之间不连接时,在新老盖梁混凝土之间设置沉降缝(或工作缝),施工时采用木板、泡沫板等隔离。

(2)新老盖梁之间连接时,可以采用两种施工方法:①一次浇筑,即在新浇筑盖梁的立模工序完成后,架设新盖梁钢筋时,新盖梁纵向钢筋与老盖梁相应位置的钢筋(或植筋)连接,并处理老盖梁的混凝土表面,连接部分的混凝土与新盖梁的混凝土一次浇筑。②盖梁分两次施工。第一次施工的重点在于新盖梁的搭建。在此过程中,需预留特定长度的混凝土与纵向钢筋,为后续施工做好准备。第二次施工时,着手浇筑盖梁的剩余部分。值得注意的是,此次浇筑所涉及的纵向钢筋必须预留充足的搭接长度,且纵向钢筋之间采用焊接方式进行连接,以确保盖梁结构的稳固性与整体性。应凿除原边柱外侧盖梁,露出钢筋,并将已浇筑部分的混凝土凿毛、清理干净,新旧盖梁对应的纵向钢筋相互焊接,需加高的盖梁顶面植筋与新建部分连接后浇筑盖梁混凝土。

3. 桥梁加宽连接施工

(1) 拼接部位老桥边梁混凝土的切割、凿除。

①老桥拼接部位混凝土的切割、凿除施工步骤。

a. 切割或凿除护栏(座)和翼缘,凿除桥面板混凝土。先切割或凿除板梁结构护栏(座),再切割或凿除翼缘;T 梁、箱梁(无横向预应力)结构可考虑将护栏、翼缘一起切割或凿除。切割或凿除时沿横桥向按一定间隔先切若干切口,以保证顺桥向切割完成后形成切块,方便吊离。为使护栏拆除时不被破坏、出现裂缝,禁止采用爆破方式。

b. 手工凿除一定厚度的混凝土桥面板,暴露既有横向钢筋,但不可损伤既有钢筋。对要植筋的断面按施工缝进行处理,对作业面浮渣进行清理,并用清水冲洗。

②混凝土的切割、凿除施工技术要求。

a. 护栏及护栏座切割、凿除施工。

清除部分桥面沥青混凝土铺装时,设置隔离墩实行局部交通管制。采用切割或凿除的方法拆除空心板梁护栏处的混凝土。箱梁的护栏及护栏座一起切割。采用切割工艺时,若是板式结构,则应先对护栏进行竖向切割、开口,根据吊装能力确定切口的间距,然后进行水平向切割,从桥外侧往内侧进行,以便于施工。采用凿除工艺时,若是板式结构,则应采取分段多点平行作业方式组织施工,用钢筋探测仪找到钢筋的空隙,确定切口位置,用风镐凿开切口,形成临空面,然后逐步扩展。靠近梁板的护栏根部留 3～5 cm,由人工凿除找平钢筋,妨碍凿除作业时可以分段切除。实施凿除作业时,要注意保护原结构不受损伤。

b. 翼缘切割施工。

翼缘切割时在理论切割线外侧 1～2 cm 画定位线,以便为施工缝处理留有余地;板梁翼缘(或护栏)的切割需连续完成。

采用凿除方法施工翼缘时,要保护原结构不受损伤,密切监视原结构状况,出现裂缝等异常情况时要立即停止施工。

具体工艺流程如下:画线确定凿除混凝土的位置,用钢筋探测仪探测,避开钢筋位置,每隔 30～50 cm 设冲击孔位;每个冲击孔位处用冲击钻钻孔,穿透缘板,孔径 5～10 cm,沿孔位先纵向、后横向凿除翼缘板混凝土,露出钢筋;人工对凿除翼缘板的内边缘进行修边,并凿毛腹板的连接部分。

c. 混凝土现浇桥面板凿除。

混凝土现浇桥面板凿除时按设计图的尺寸要求进行画线定位,一般沿翼缘理论切割线往内侧偏移 25 cm 左右画线。采用小锤手工凿除,不允许使用切割机、风镐,以避免伤及横桥向钢筋和梁板,应注意控制凿槽深度。

(2)植筋施工。

植筋是在既有混凝土构件上,用专用工具钻孔、清孔后,用高强度黏结剂将钢筋植入孔内,待黏结剂固化后,使所植钢筋能作为受力或构造筋使用的一种施工技术。通过植筋的方法实现新老结构物的刚性连接,为桥梁结构物拓宽提供了一个较好的途径。

①植筋前的准备工作。

植筋前,对需要植筋的断面按施工缝要求进行凿毛处理;清理作业面浮渣,并用清水冲洗干净;检查作业面是否有缺陷,检查切割面及板、梁顶面有无裂缝,如有裂缝,须采取措施修补、加固。

②植筋材料。

由于植筋工艺与材料密切相关,所以植筋胶的选择尤其重要,必须参考如下技术要求。

a.在全面施工之前需进行植筋锚固强度试验,以抗拔力为主要试验控制参数,按设计要求确定植筋深度,使钢筋达到屈服强度而不被拔出,并力求固化时间短且能快速承载,在试验结果显示植筋深度与抗拔力相匹配后方可全面施工。

b.植筋胶应保证植入后钢筋具有高温可焊性。

c.植筋胶应具有相应的耐久性,应通过设计使用年限和模拟老化试验等来评估。

d.植筋胶应具有相应的抗拉强度、抗疲劳性,生产厂家能够提供符合交通行业要求的疲劳测试报告(明确加载形式,循环次数不少于 200 万次)。

e.植筋胶应能在潮湿环境下使用且不降低技术性能。

f.植筋胶抗冻性能强,在$-5\sim40$ ℃时可施工,且强度不降低。

g.采购植筋胶时,必须要求生产厂家出具植筋胶的抗拔、耐高温、抗疲劳等方面的国家或行业检测报告,以确定产品质量符合要求;由树脂和固化剂组成的植筋胶的性能指标参考植筋胶的具体性质要求,即耐温性能为在$-30\sim60$ ℃内,强度不降低;耐湿性能为相对湿度在 90% 以内时,技术性能不降低。

③植筋工具。

植筋工具为冲击钻(配足与设计植筋孔径相对应的钻头)、钢筋探测仪、吹气泵、气枪、注射器、毛刷(或钢丝刷)等。

④植筋工艺。

植筋工艺流程:准备→钻孔→清孔(除尘、干燥)→钢筋处理→配胶→注胶→植筋→

养护。

a. 准备。

检查需植筋部位的混凝土面是否完好,用钢筋探测仪测出混凝土内钢筋的位置,核对、标记植筋位置,以便钻孔时避让钢筋。

b. 钻孔。

按设计要求在施工面画出钻孔植筋的位置并放样,利用电锤钻孔(严禁使用气锤钻孔,防止出现混凝土局部开裂)。

孔径的选定:植 ϕ12 mm 钢筋,孔径为 16 mm;植 ϕ16 mm 钢筋,孔径为 22 mm;植 ϕ22 mm 钢筋,孔径为 28 mm。

根据设计要求并参考植筋胶生产厂家提供的配套资料确定孔的深度。

c. 清孔。

利用压缩空气或水逐个清除孔内灰尘,用毛刷刷 3 遍、吹 3 遍,确保孔壁无灰尘(如梁、柱、板处孔内潮湿,需用防潮湿植筋胶)。

d. 钢筋处理。

检查钢筋是否顺直,用钢丝刷除去锈迹,用乙醇或丙酮清洗干净,晾干使用。无锈蚀钢筋则可不进行除锈工序。

e. 配胶、注胶和植筋。

根据使用说明、种类要求配制植筋胶。注胶要一次完成。注胶完成后,插入处理好的钢筋,此时需用手将钢筋旋转着缓缓插入孔底,使胶与钢筋全面黏结,并防止植筋胶外溢。按植筋固化时间表的规定进行操作,使植筋胶均匀附着在钢筋表面及缝隙中。插入并固定后的钢筋不可再受扰动,待养护期结束后再进行钢筋焊接、绑扎及其他工作。插筋、养护期间,应采取措施避免由于桥上振动对植筋造成影响。

f. 养护。

在室外温度下自然养护。温度低于 5 ℃时,应改用耐低温改性植筋胶,养护时间一般在 18 h 以上。

⑤植筋质量检验。

a. 现场抗拔破坏性试验(施工前试验)。

现场选取不参与受力、非重要位置或将来需凿除的混凝土进行植筋,达到强度要求后进行抗拔试验。以钢筋达到屈服强度时不被拔出且混凝土完好为合格。试验结果合格后才可批量操作。

b. 现场抗拔破坏性试验(施工中试验)。

植入钢筋后,在植入钢筋与混凝土交界面的根部,用与植入钢筋直径相同的钢筋进行绑扎焊接；然后进行抗拔破坏性试验，合格标准同上。

c. 现场抗拔非破坏性试验（施工后验收试验）。

施工后开展的验收试验为抗拔非破坏性试验，对同规格的钢筋每 100 根随机抽样 1 组，每组 3 根，进行试拉，如用安全拉力（拉力达到设计值或钢筋达到屈服强度）钢筋不被拉出，说明植筋施工质量合格。

（3）连接处新梁的处理。

为保证新旧主梁的连接可靠，需将新旧主梁翼板的横向钢筋连接起来，钢筋连接的方式可采用焊接，这就需要在预制连接处的新梁时，连接侧翼板预留一定的长度（如 50 cm）不浇筑混凝土，顶部和底部的横向钢筋也应预留一定长度。

（4）连接处旧梁的处理。

因为旧梁要和新主梁连接，且新旧主梁间可能需浇筑新的横隔梁，以将既有桥梁横隔梁与新建部分的横隔梁相连，所以需对既有边梁进行特殊处理，以保证连接质量，使拓宽后的桥梁不出现病害。

在进行新旧主梁连接时，须将新旧主梁翼板的顶部和底部钢筋连接，一方面需要使既有边梁翼板顶部的钢筋露出一部分，以与新主梁翼板顶部的钢筋焊接；另一方面如既有边梁连接侧无底部钢筋，需在其翼板底部进行植筋，然后再将植入的钢筋与新主梁的底部钢筋连接。

在施工时，先将原悬臂处混凝土由板的边缘向板的根部方向除去一定宽度，并将既有钢筋保留，将新旧主梁两悬臂板的顶部钢筋连接起来，连接方式可采用焊接。焊接的方式及焊接处的构造、尺寸应参照规范确定。

在钢筋连接完成后，将悬臂梁连接处脱模并现浇混凝土。

（5）连接处横隔梁的设置。

如在旧边梁连接侧没有横隔梁，但要将新老桥梁的横隔梁相连，需在旧边梁上增设横隔梁。

常采用的方法是在主梁的梁肋上钻孔，将新建横隔梁的主筋穿入孔中并与主梁的主筋焊接起来。然后再将既有边梁新建的横隔梁与新梁的横隔梁通过钢筋焊接或预埋钢板连接。

采用此方法存在一定的弊端，即在主梁梁肋上钻孔可能较困难甚至不可行。因为在主梁的梁肋上钢筋间距较小，在梁肋的下部主筋位置处更是如此，贸然钻孔很可能对主筋造成损坏，影响桥梁的使用安全。若钻孔无把握，同时又需连接横隔梁，最好的方法是将既有边梁更换为新中梁。

对主梁和横隔梁进行以上处理可以保证新旧结构可靠连接，提高拓宽后桥梁的整体性,确保主梁及新旧主梁连接处桥面板的承载力满足要求,使拓宽后的桥梁不会因连接不当而出现破坏,确保桥梁使用的安全可靠。

4. 桥梁移位及顶升施工

抬梁法施工就是将老桥的梁板拆除并抬离,将老桥墩台帽调整到新桥墩台帽设计高程,部分或全部利用老桥的梁板,与拼宽部分共同形成新的桥梁结构体系。

(1) 顶升施工:查找桥梁、通道原始设计及施工记录,保证施工用的顶升千斤顶吨位大于板质量的 2 倍;搭设脚手架;顶升前拆除桥面铺装,剪断板体与台帽的锚固螺栓;用扁形分离式油压薄层千斤顶在单跨两侧整体顶升板体;当板体顶升至所需高度时,清理台帽垃圾,如果台帽有病害,应查明原因,并进行相应的规范化处置。

(2) 浇筑新块件:将墩台表面混凝土凿毛、洗净,根据计算高度布置构造钢筋,支模浇筑混凝土新块件,并预留锚固螺栓孔。新块件包括台帽、背墙等相关位置处的块件。

(3) 落板:根据预留锚固螺栓孔深度,落板前焊接板底两端锚固钢筋至相应长度。当新浇筑块件强度达到设计强度的 80% 后,拆除模板,浇筑锚固螺栓孔,设置 1 cm 厚油毛毡支座,然后缓慢落板,确保锚固螺栓准确就位。

板体顶升后,将台帽、桥台背墙顶部混凝土凿毛,并按设计要求在指定位置植筋。在植筋胶固化之前,不得对结构产生较大扰动。植筋后 12 h 内不得扰动钢筋,若有较大扰动,则应重新植筋。

5.4　高速公路隧道改扩建施工

5.4.1　隧道改扩建设计

1. 隧道改扩建设计要求

(1) 隧道改扩建设计时,应根据原隧道的状况、洞外接线条件与建设标准,综合考虑改扩建难易程度、交通量及其构成、施工期间交通组织及运营安全等,进行隧道增建、扩挖及其组合等多方案比选。

(2) 增建隧道、扩挖隧道设计应符合现行设计规范、标准;原隧道的改造可遵循原有技术标准。

(3) 宜在利用原隧道的基础上增建隧道,受条件限制时可扩挖隧道。

(4) 互为逃生通道的隧道间应设置横向通道,横向通道的设置应符合新建隧道的规定。

（5）对同向分行的两个隧道,洞外应设置联络通道及必要的交通设施。

（6）应综合考虑增建隧道、扩挖隧道与利用的原隧道之间土建设计的总体布局,以及通风、照明、供配电、消防、交通监控等运营设施的协调性。

（7）原隧道的机电工程在满足相应技术标准的前提下,可考虑分期实施。

（8）利用原隧道时,应根据评价结果,提出必要的结构加固、渗漏水整治、路面及设备设施改造措施等。

2. 增建隧道

（1）增建的特长隧道,不宜采用单洞四车道方案。

（2）增建隧道设计时,应考虑爆破振动对原隧道围岩稳定性及结构内力的影响,采取必要的技术和管理措施加以控制。

①根据围岩扰动影响与爆破振速控制要求,合理确定增建隧道的支护参数、施工方法、循环进尺及单段爆破药量等。

②对原隧道进行爆破振速、裂缝变化监测。

③对原隧道病害严重段,围岩稳定性及施工安全受爆破振动影响大的,采取加固措施;对原隧道的灯具、风机、监控设备等进行加固。

④原隧道与增建隧道为小净距隧道时,还应按小净距隧道考虑围岩压力及原隧道与增建隧道的相互影响。

（3）增建隧道与原隧道间设置汽车横通道和人行横通道时,除符合规范要求外,还应符合以下规定。

①增建的人行横通道可直接与原隧道结构进行连接,且与原隧道施工缝或变形缝的间距不小于 1 m。

②增建的车行横通道与原隧道的结构连接段应拆除原有衬砌结构,并整体设计,原隧道的拆除范围应延伸至横通道结构外至少 2 m。

③增建隧道与原隧道衬砌的接缝表面应进行凿毛处理并采取防水措施,衬砌背后的防水板与排水管应加强衔接。

（4）增建隧道和原隧道的洞门形式、绿化景观宜协调统一。

3. 改造隧道

（1）根据对原隧道的调查、专项检查及评价结果,对原隧道进行改造和加固处治。

①专项检查判定结构情况正常、轻微破损的,可暂不处治,但应进行监测。

②专项检查判定结构破坏至严重破坏的,应采取加固措施。

（2）隧道改造内容主要包括:隧道衬砌结构加固、衬砌背后空洞回填、裂缝修补、渗漏水治理、路面维修加固及附属工程维修改造等。

（3）隧道改造时应不侵入隧道行车建筑限界、不堵塞原有的排水系统，并充分考虑原有隧道主体结构的完整性。

（4）隧道改造宜在相邻增建隧道、扩挖隧道施工完成后进行。需要时可采取临时加固措施。

（5）隧道改造应根据通风、照明、消防、监控等设施改扩建的需要，做好预留、预埋。

4. 扩挖隧道

（1）隧道扩挖方案应考虑施工安全、相邻隧道运营、交通组织等因素，综合分析制定，并进行安全论证。

（2）扩挖隧道宜位于原隧道的单侧，且扩挖隧道断面包含原隧道开挖断面。受条件限制时，也可在原隧道的两侧扩挖或周围扩挖。

（3）扩挖隧道施工对相邻原隧道产生明显振动，或对其结构内力有明显影响时，对原隧道应采取技术措施降低影响。

（4）扩挖隧道的纵面设计标高应满足与相邻原隧道间车行、人行横通道的纵坡设置要求。

（5）扩挖隧道施工应采取必要的空洞回填、超前预加固和临时加固等技术措施。

（6）应充分利用原隧道作超前洞，合理确定施工方案。在原隧道单侧扩挖时，宜分部施工，并先扩挖靠近原隧道一侧。

（7）原隧道支护结构的拆除及扩挖隧道爆破施工应根据原隧道的结构形式、围岩条件合理确定循环进尺和爆破振速。

（8）扩挖隧道围岩压力计算一般可参照新建隧道进行，其他方面应符合下列规定。

①原隧道施工时发生过塌方的地段，原塌方高度小于按规范计算得出的围岩垂直均布压力等效高度时，参照新建隧道计算围岩压力；大于时，按塌方堆载高度计算。

②当扩挖隧道与相邻原隧道的净距小于规范限值时，需按小净距隧道的力学特性考虑围岩压力。

③原隧道有严重病害时，考虑适当增大荷载。

④单侧扩挖隧道应考虑围岩偏压的影响。

5.4.2　隧道改扩建开挖技术

双洞四车道隧道扩建成八车道隧道的三种形式如下。

（1）双洞原位扩建的两种工况，如图 5.1 所示。

（2）另增加两个两车道隧道，形成四洞小净距隧道群，共四种工况，如图 5.2 所示。

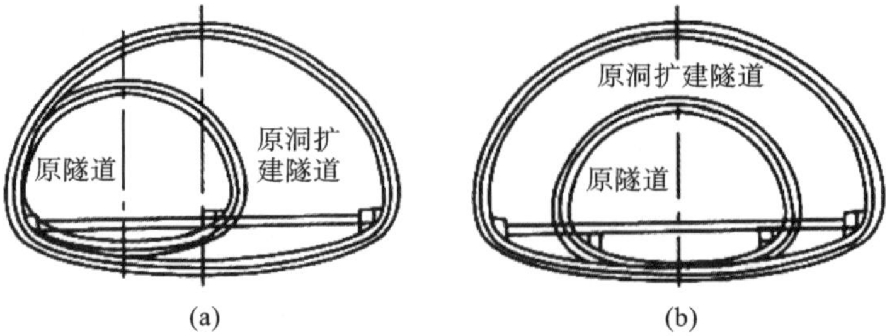

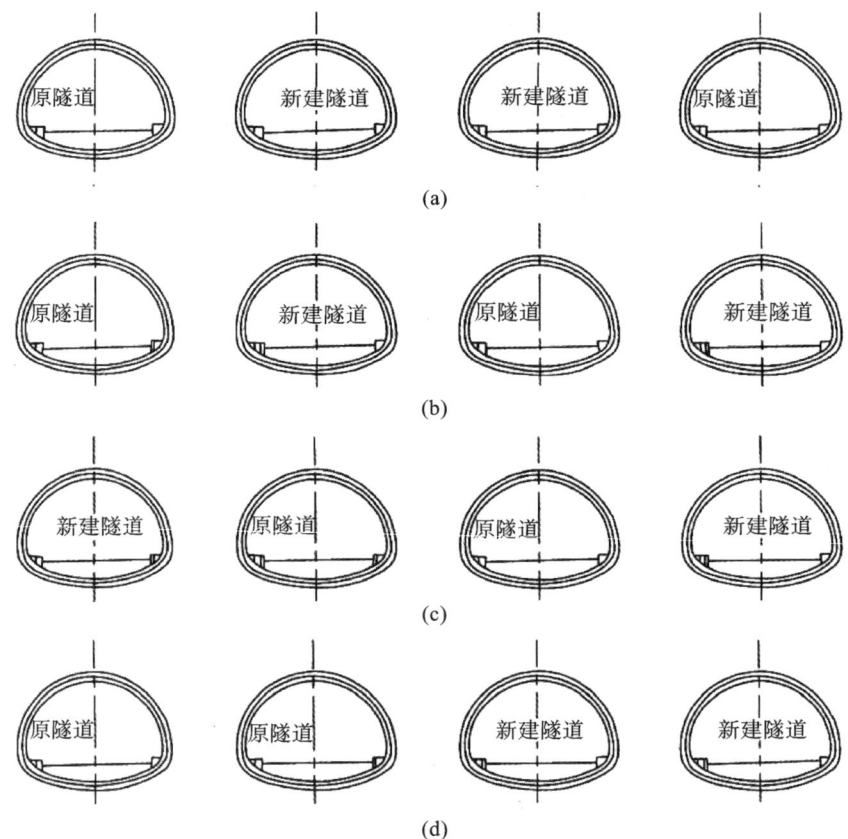

图 5.1　双洞原位扩建

（a）工况一；（b）工况二

图 5.2　新增两个两车道隧道

（a）工况一；（b）工况二；（c）工况三；（d）工况四

　　（3）一个洞原位扩建，另增一个四车道或两车道隧道，形成三洞小净距隧道群，如图 5.3 和图 5.4 所示。

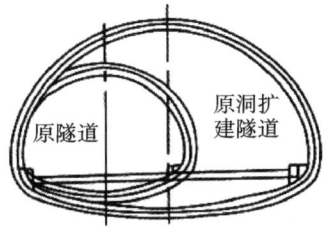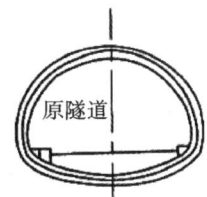

图 5.3　原位扩建,另增四车道

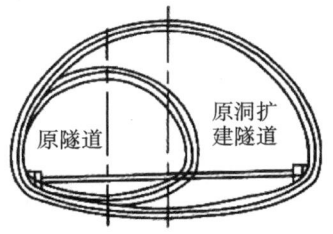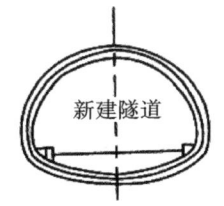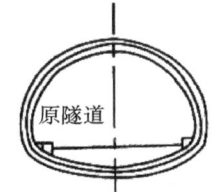

图 5.4　原位扩建,新增两车道

5.4.3　隧道衬砌施工技术

1. 断面测量

在二次衬砌模板安装前应组织相关技术人员对准备施工段落进行断面测量,确保衬砌厚度、隧道净空满足设计要求。如发现超欠挖现象,应及时进行处理,主要方法如下。

(1) 对超挖断面补喷混凝土或在二次衬砌施工时同步完成超挖断面处理。

(2) 应详细测量欠挖断面,对欠挖位置应有详细记录,按照规范要求,对超出规范要求的位置应及时进行处理,主要采用风镐处理多余部分;如超挖量较大,应采取裸露爆破的方法进行处理。

2. 防水层施工

(1) 二次衬砌防水层施工以可靠、便利为原则,采用洞内单幅铺挂施工方法,且采用吊带铺挂,不允许用钉子将卷材钉在喷射混凝土层表面,每平方米铺挂点不少于 4 个,采用羊角钉或自制 U 形钉(以无尖角为原则)。防水层铺装原则上只允许采用环向接缝,不允许存在纵向接缝,极个别地方卷材长度小于隧道环向长度需接长时,接头处必须采用防水板和专用胶黏接牢固。防水层铺装施工应超前隧道二次衬砌 30~50 m。防水层施工质量经监理工程师验收合格后才能浇筑二次衬砌。

（2）搭接要求。防水层环向长度由隧道喷射混凝土层内壁周长决定,考虑超挖影响,一般取设计值的 1.1～1.3 倍。

3．洞内挂设

隧道内复合防水卷材的挂设在专用的作业平台上进行,作业平台长 6 m。分三层作业,挂设时,采用装载机或其他起吊设备将成捆复合防水卷材送到作业平台顶层,从作业平台顶层向两侧将防水卷材展开,全断面铺设在隧道内喷射混凝土面上。铺设防水卷材时应满足下列要求。

（1）防水层铺设前,喷射混凝土层表面不得有锚杆头或钢筋头外露,对凹凸不平部位应修凿、补喷,使喷射混凝土表面平顺。喷层表面漏水时,应及时引排。

（2）防水层的接头处应擦净,不得有气泡、褶皱及空隙,接头处应牢固,强度应不小于同质材料。

（3）每平方米铺挂点不少于 4 个,铺挂点间防水层不得绷紧,以保证灌注混凝土时板面与喷射混凝土面密贴。

（4）其他施工作业不得损坏防水层,若发现防水层有损坏,应及时修补。

（5）防水层纵横向一次铺设长度应根据开挖方法和设计断面确定。铺设前,宜先试铺,并加以调整。在下一个阶段施工前,防水层的边界部分不得弄脏和破损。

（6）防水板材黏接时,搭接宽度不少于 10 cm,两侧焊缝宽度不小于 2.5 cm,同时焊接所用焊条应与防水板材的材质相同。

（7）防水板材一般采用垫圈和绳扣来固定,其固定点的间距,拱部应为 0.5～0.7 m,侧墙为 1.0～1.2 m,同时应在凹凸处适当增加固定点,但固定点间防水层不得绷紧。

（8）在施工过程中,应及时整理施工质检资料,确保资料整理与施工进度同步。

（9）防水层施工项目属隐蔽工程,二次衬砌施工前应检查防水层质量,做好接头连接,不得弄脏和破损。

4．洞内渗水处理

洞内渗水采用盲沟排出,然后与纵向排水管相连接。盲沟每 5 m 环向设置一道。

5．盲沟安装注意事项

（1）盲沟安装时,应将盲沟与岩壁尽量密贴固定。

（2）喷射混凝土时要注意掌握喷射角度和距离,不要损伤或冲掉盲沟,并尽可能将其压牢或覆盖。

（3）对于未及时覆盖或安设的盲沟,在衬砌混凝土施工时,应注意不得使水泥砂浆进入盲沟内,以免阻塞渗水通道。

（4）注意一定要将盲沟接入泄水孔。

6. 衬砌混凝土施工

（1）施工前,由测量人员严格按照中线、水平线控制断面尺寸及净空大小,Ⅱ类围岩段衬砌钢筋安装后,测量人员必须对断面净空进行检查。为确保拱墙衬砌不侵入隧道建筑限界,要求将衬砌内轮廓线扩大 5 cm。

（2）模板台车进洞前,必须仔细检修,特别是油缸及千斤顶,确保各项指标满足使用要求;模板必须进行除锈处理,并经仔细打磨后再涂一层脱模油;应详细检查开挖断面是否欠挖,防水材料铺挂是否满足规范及设计要求。

（3）模板台车采取有轨行走模式,采用 43 kg/m 钢轨,截面尺寸为 150 mm×120 mm 的标准油枕,油枕长 80 cm,枕木均匀排列,铺设间距为 1.0～1.2 m,确保钢轨固定牢固,不移动、不下沉。

（4）模板台车定位时,中线、水平线必须经测量人员现场放样,保证准确无误。

（5）衬砌前,必须排除干净边墙基底虚渣、污物和基坑内积水。仰拱与填充连续施工时,填充的混凝土不得侵入仰拱断面内。铺底或水沟坡面应平顺,保障水流畅通。

（6）模板台车定位后,挡头板根据实际加工,要求与岩壁缝隙嵌合紧密。

（7）浇筑混凝土前,应清理干净防水层表面粉尘并洒水湿润,做好地下水引排工作;按设计图预埋各种预埋件。

（8）浇筑混凝土时,必须两侧对称分层进行,两侧浇筑的高度差不得超过 2.0 m。为了保证混凝土浇筑质量,可采用插入式振捣棒进行振捣,另外还需采用风镐对模板进行振动,确保脱模后表面光滑、平顺,无蜂窝、麻面。

（9）拱脚、墙脚 1.0 m 范围内严禁欠挖,欠挖部分必须用同等级混凝土一次处理完成。其余断面个别欠挖部分(每平方米不大于 0.1 m²)允许侵入衬砌,但侵入量不得超过 5 cm。

（10）混凝土浇筑应连续进行,如因故间歇,不应超过 2 h。当间歇超过允许时间时,施工缝的平面必须处理平整并振捣密实,埋入适量的接槎片石或钢筋,在混凝土强度达到 12.0 MPa 以上时,将施工缝处的水泥砂浆薄膜、松动石子或松散混凝土层凿除,并用水冲净、湿润,不得有积水,重新进行混凝土浇筑。

（11）混凝土浇筑过程中,必须由混凝土班组派专人负责检查模板台车。如发现问题,应及时采取有效措施进行处理。

（12）拆模时,混凝土强度必须达到 2.5 MPa。

（13）在下组衬砌施工进行模板台车定位时,相邻两组衬砌的纵向施工缝搭接长度不小于 20 cm,且两组衬砌的施工缝必须按设计要求安装止水带或止水条,防止漏水。

第6章

高速公路改扩建施工案例——
以北京市东六环(京哈高速—潞苑北大街)
改造工程第3标段施工项目为例

6.1 工程概况

6.1.1 工程基本情况

北京市东六环(京哈高速—潞苑北大街)改造工程第 3 标段施工项目位于北京城市副中心,为高速公路改扩建工程。本标段起点 LYK5+766 位于东六环与京津公路相交节点北侧约 61 m 处,与南段六环入地段衔接;终点 LYK6+374.596 位于东六环与规划玉带河相交节点南侧约 181 m 处,与北段六环入地段衔接。道路全长 0.609 km,最大纵坡 2.5%,最小纵坡 0.7%。主要相交河道为玉带河东支沟,主要相交管线为 DN1000 燃气管线。

1. 桥梁、涵洞技术标准

(1) 设计荷载:公路Ⅰ级。

(2) 设计安全等级:一级。

(3) 环境类别:Ⅱ类。

(4) 主线桥梁宽度:$B=33.5$ m=0.75 m(土路肩)+3 m(硬路肩)+(3×3.75)m(3 车道)+0.5 m(路缘带)+2.5 m(中央分隔带)+0.5 m(路缘带)+(3×3.75)m(3 车道)+3 m(硬路肩)+0.75 m(土路肩)。

(5) 抗震设防烈度:8 度。按照抗震设防烈度 9 度采取抗震措施。

2. 隧道技术标准

(1) 建筑限界标准。

①车道数:主线双向六车道,匝道为单出入口的两车道匝道。

②车道宽度:主线 2×(3×3.75)m,匝道 2×3.5 m。车道净高:5 m。余宽:左、右侧均为 0.25 m。侧向宽度:左侧为 0.50 m,右侧为 0.75 m。

(2) 汽车荷载:公路Ⅰ级。

(3) 抗震设防烈度:8 度。按照抗震设防烈度 9 度采取抗震措施。

(4) 结构安全等级:一级。

(5) 隧道防水等级:二级。

(6) 基坑支护安全等级:一级。

(7) 耐久性设计:环境类别为Ⅱ类,环境作用等级为 C 级。

(8) 结构混凝土抗渗等级:结构埋置深度小于 20 m 时,为 P8;结构埋置深度为 20~30 m 时,为 P10;结构埋置深度大于或等于 30 m 时,为 P12。

3. 主线与匝道

东六环主线于京津公路南侧入地后,下穿京津公路,在张家湾区域铁路南侧设置盾构井,以盾构形式下穿铁路。从京津公路由南至北,主线采用路基 U 槽结构,并通过闭合框架盾构的方式进行施工,最终完成入地作业。主线定线名称为 LY(右线)、LZ(左线)。

东六环改造工程共设置 6 条立交匝道,分别为 F1、F3、F5、F6、Z8、Z9。由于本立交主线为地下道路,且转向交通量较大,不同方向的交通量被分别安排在三条现有道路上。其中,北向进出六环的匝道(F5、F6)与万盛南街连通,南向进出六环的匝道(Z8、Z9)与京津公路连通;同时还增设了与六环西侧快速路连通的匝道(F1、F3)。

4. 地方路

东六环道路入地后,部分集散功能需由地面路网承担。交通组织主要通过京津公路、万盛南街及相交规划路网实现,为快速疏散需同步完善地方规划路网。立交范围内京津公路有部分区域需要按照规划进行改造,并提高路面设计标高,以满足防淹涝需求及匝道设置需求。

6.1.2　工程特点、重点与难点

1. 工程特点

根据施工图纸及现场勘察,本标段工程有以下特点。

(1) 建设场地属于冲洪积平原地貌,孔口绝对标高为 17.6~26.21 m,整体地形较平坦,逢跨路、跨桥处标高相对较高,局部地形有起伏,东六环道路较两侧略高。沿线因有其他施工和拆迁工程,局部有堆土,填土最高约为 8.0 m。沿线绿化带内分布有台阶状绿地处填方较厚。

(2) 建设路线现状主要为东六环道路、两侧绿地(局部为绿化带)、其他既有道路、待拆迁民房、停车场等。沿线管线分布复杂,管线类型主要有雨水管线、电信管线、电力管线、燃气管线和石油管线。

(3) 本工程涉及的地表水为玉带河。玉带河常年有水,两侧局部有衬砌,主要为土坡,河宽 8~18 m,河内水草较多,水面标高为 16.0~16.7 m,水深为 0.50~1.60 m。玉带河主要在本工程西侧通过,在里程 LYK5+084.5~LYK5+110.5 处下穿现状东六环。玉带河(里程:LYK6+055~LYK6+440)位于本工程基坑的开挖范围内。地表水体与建设场地地下水有一定的水力联系。

(4)本标段明挖段隧道基坑深度接近 20 m,结构横向宽度为 35~53 m,纵向长度为 25~35 m,属于深基坑工程。

(5)本标段土方开挖量约为 80 万 m³,回填量约为 20 万 m³,挖、填土方量较大。

(6)本标段工程内容为土桥立交北段、地方路(东六环西侧路北段)、导改路(东六环导改路北段)、玉带河改移。在实施主线工程之前要先进行东六环导改路北段和玉带河改移施工,以上两项工程实施完毕后方可进行主线工程施工。

2. 工程重点

(1)土方工程。

挖、填土方量均较大,施工管理难度大,机械供应较集中,用量大,组织协调困难;且新建工程位于东六环及京津公路交界处,车辆往来密集,交通压力非常大,对土方施工有较大影响;土方施工期间施工车辆运输量较大,对社会交通也会产生较大影响。土方的临时堆放、外弃均需详细策划方能满足工程施工需求。施工期间需同时处理好扰民事项。

主要对策:①合理安排作业时间、施工工作面和流水作业工序。②东六环导改路施工期间,需外购大量土方,尽快签订土方外购协议,保证土源及时充分供应。③成立专门的部门处理扰民事项,按"接诉即办"相关要求及时处理。

(2)河道改移。

由于本工程中土桥立交匝道与玉带河平面位置冲突,为保证东六环改造实施期间玉带河流域行洪、排涝安全,对玉带河进行改移。玉带河改移实施的进展直接决定主线工程实施进展。因此将玉带河改移作为本工程的重点之一。

主要对策:①由专人负责办理树木伐移及河务相关手续,保证尽早进场施工。②组织相应的工人及机械进场,力保在汛期之前完成相关工作。

(3)钻孔灌注桩施工。

明挖段隧道基坑深度约为 20 m,属典型的深基坑工程。围护结构桩(ϕ800 mm、ϕ1000 mm)、抗拔桩(ϕ1200 mm)工程量约为 20000 m,碎石桩工程量约为 9127 m。工程量大,施工周期短,交叉作业多。

主要对策:①合理划分钻孔灌注桩施工作业区域,采用分段作业的方式,哪里先出工作面,哪里就先施工。②根据实际施工进度,及时组织多台钻机及配套设备进场施工。

(4) 管线保护。

本标段燃气管线位于东六环东侧,与东六环并行,管径 $D=1000$ mm。石油管线及航油管线位于东六环东侧,与东六环并行,两根管线管径分别为 250 mm 及 300 mm。燃气管线与石油管线、航油管线线位并行,其间距为 5～10 m。施工过程中可能会对管线造成破坏,因此将管线保护工作作为本工程的一个重点。

主要对策:根据燃气管线、石油管线、航油管线产权单位意见,对路基和桥梁下方燃气管线、石油管线、航油管线采用盖板涵保护方案。盖板涵采用扩大基础及桩基础两种形式,其中扩大基础形式盖板涵为 A 型,桩基础盖板涵为 B 型。若燃气管线、石油管线、航油管线彼此间距较小,则采用多管线共同设置于同一盖板涵结构内的保护方案,此类盖板涵为 C 型。

在东六环导改路范围内布置保护方涵共计 3 座。当保护方涵长度不大于 100 m 时,保护方涵的两端各布设检漏井一座;当保护方涵长度大于 100 m 时,保护方涵的两端各布设检漏井一座,并在中间设置多处检漏井以使检漏井间保护方涵长度不大于 100 m。

(5) 环境保护及文明施工。

本工程施工区域位于东六环与京津公路交界位置,邻近北京城市副中心,做好施工范围内的环保工作及文明施工,保证工程顺利实施,以规范、快速、高效、有序、文明的施工面貌维护业主及施工单位的良好声誉和形象也是本工程的重点。

主要对策:严格执行《北京市建设工程施工现场环境保护标准》《北京市空气重污染应急预案》《北京市交通行业空气重污染应急分预案》等文件的规定;严格执行业主关于大气污染防治的措施。

3. 工程难点

根据以上工程特点和工程重点,本工程的难点如下。

(1) 混凝土结构工程裂纹控制。

本标段主线隧道及匝道闭合框架结构底板厚度为 1.2 m、1.5 m、1.8 m,顶板腋角部位混凝土厚度约为 3 m。按照《公路桥涵施工技术规范》(JTG/T 3650—2020),现浇最小边尺寸大于或等于 1 m 的混凝土为大体积混凝土。大体积混凝土施工中的温度裂纹控制是本工程的难点。

主要对策:①在炎热季节施工时,采取有效措施降低原材料温度(如用冰水拌和、降低骨料入仓温度、设置遮阳棚等),减少混凝土运输时吸收的外界热量。严格控制入模温度不大于 28 ℃,避免在强阳光照射下浇筑混凝土和浇筑后暴晒,避免在大风天气浇筑混凝土,避免白天高温时浇筑混凝土。②在混凝土浇筑过程中不得随意改变水胶比。做好基坑的降水和排水工作,防止地表水和地下水侵入正在浇筑混凝土的基坑内,严禁带水作业,严禁向混凝土加水,严禁下雨时露天浇筑混凝土。③严格控制混凝土的坍落度和坍落度损失,不得产生离析和泌水现象。④注意浇筑混凝土的高度,防止产生离析和粗骨料沉降。混凝土自高处倾落的自由高度不超过 2 m;浇筑混凝土时两泵之间的距离不大于 2 m。每次浇筑混凝土分层厚度控制在 30~50 cm。⑤模板平整、拼缝严密、不漏浆,并有足够的强度和刚度,吸水性小,优先采用钢模板,冬季施工时,模板采取保温措施。⑥振捣密实,防止漏振、欠振、过振,不得使混凝土表面出现浮浆,底板和顶板混凝土浇筑完毕收水、刮平后,立即严密覆盖防止失水。⑦加强湿养护,应有保温保湿措施。防水混凝土终凝后应立即进行湿养护,湿养护时间不少于 14 d。⑧在混凝土内部中心与混凝土表面布置测温计。混凝土内外温差控制在 25 ℃以内,防止混凝土内外温差过大出现水化热及收缩裂缝。

(2)防排水。

根据地质勘察报告,本工程所处位置上层潜水标高在 9 m 左右,本工程隧道低处标高在 5 m 左右,水头高度约为 4 m,而且工程邻近玉带河,防排水工程是本工程的难点。

隧道防排水遵循"以防为主、多道设防、突出重点、综合治理"原则,保证隧道结构和运营设备的正常使用及行车安全。

主要对策:①本工程主体结构及其附属结构均采用以钢筋混凝土自防水为主、全包柔性防水层相结合的防水方式。②变形缝、施工缝、穿墙管盒、预埋件、预留通道接头、通道与主体结构接头、桩头、拐角等细部构造采取加强防水措施。③采取切实有效的抗裂、抗渗措施,保证混凝土具有良好的密实性、整体性,减少结构裂缝的产生,提高结构自防水能力。④选用的柔性外包防水材料符合国家或行业规范规定的质量标准,具有一定的连续性和较好的物理性质指标,适应现场混凝土潮湿状况、不平整结构的变形,并具有耐腐蚀性能。⑤选用的防水材料应具有可靠和有效的防水性能,能够适应潮湿施工环境、方便使用、耐久、无污染、符合环保要求。

6.1.3 总体施工流程

本工程总体施工流程,以及单位、分部、分项工程划分,如图 6.1 所示。

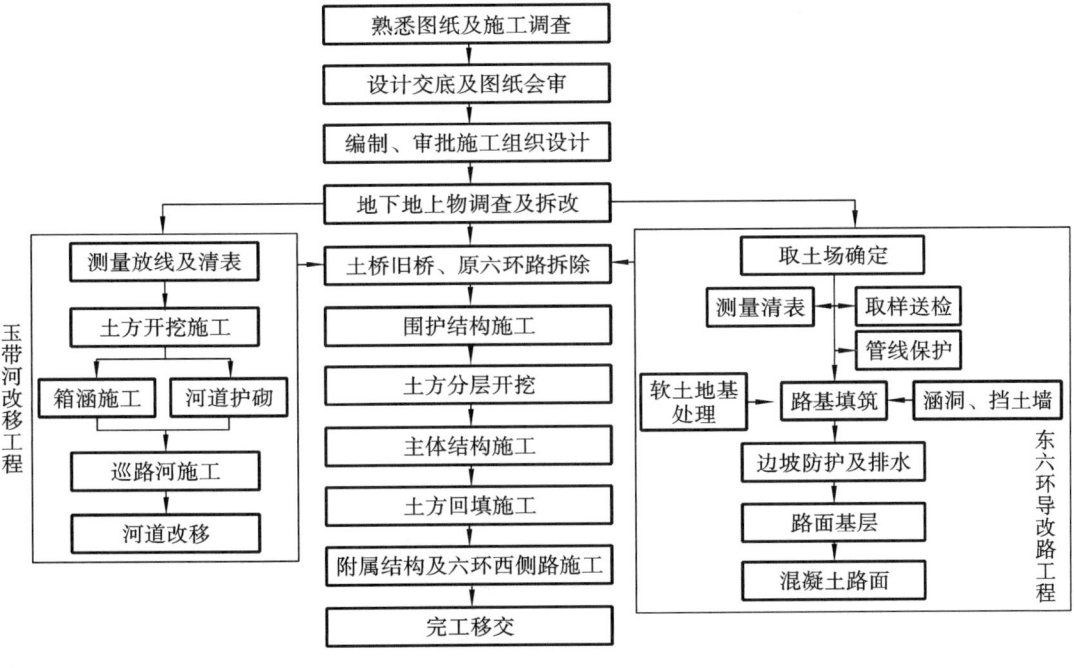

图 6.1 总体施工流程

6.2 导改路路基工程施工

6.2.1 导改路路基工程概述

本工程的主要路基施工项目为东六环导改路路基填筑施工,道路横断面设计如图 6.2 所示。

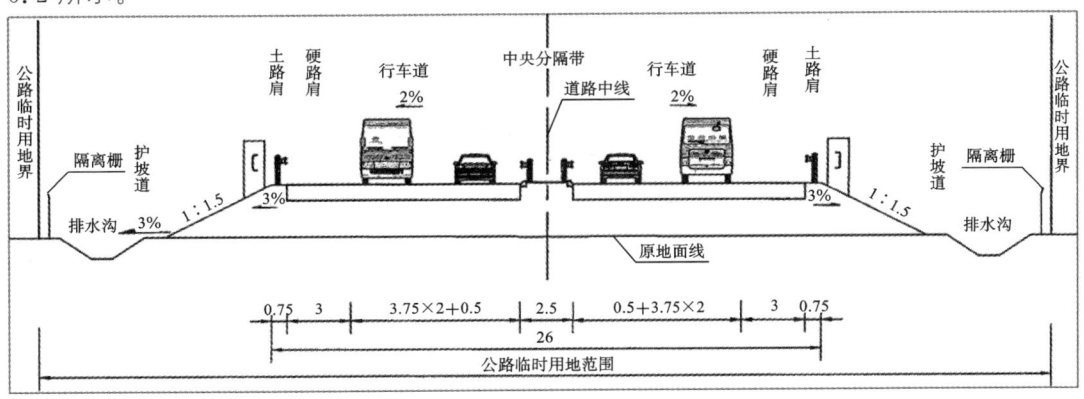

图 6.2 道路横断面设计(单位:m)

东六环导改路主线设计速度为 60 km/h,采用双向四车道整体式路基。标准横断面布设方案为:左侧土路肩宽 0.75 m+左侧硬路肩宽 3 m(含左侧路缘带宽 0.5 m)+行车道 2 条,各宽 3.75 m+路缘带宽 0.5 m+中央分隔带宽 2.5 m+路缘带宽 0.5 m+行车道 2 条,各宽 3.75 m+右侧硬路肩宽 3 m+右侧土路肩宽 0.75 m,路基全宽为 26 m,路面横坡为 2%,土路肩横坡为 3%。

路基填料优先利用本工程挖方。外借土方中应优先选用级配较好的砾类土、砂类土等粗粒土作为填料。路基填筑按《公路路基施工技术规范》(JTG/T 3610—2019)的要求执行。性质不同的填料,应水平分层、分段填筑,采用机械分层压实。每种填料的填筑层压实后连续厚度不宜小于 500 mm。填筑路床顶最后一层时,压实后的厚度应不小于 100 mm。

东六环导改路土路堤填料最小 CBR、压实度和最大粒径要求见表 6.1。

表 6.1 东六环导改路土路堤填料最小 CBR、压实度和最大粒径要求

路基部位	路面底面以下深度/cm	填料最小 CBR/(%)	压实度/(%)	填料最大粒径/cm
上路床	0～30	8	≥96	10
下路床	30～120	5	≥96	10
上路堤	120～190	4	≥94	15
下路堤	190 以下	3	≥93	15

新旧路基搭接处理,如图 6.3 所示。

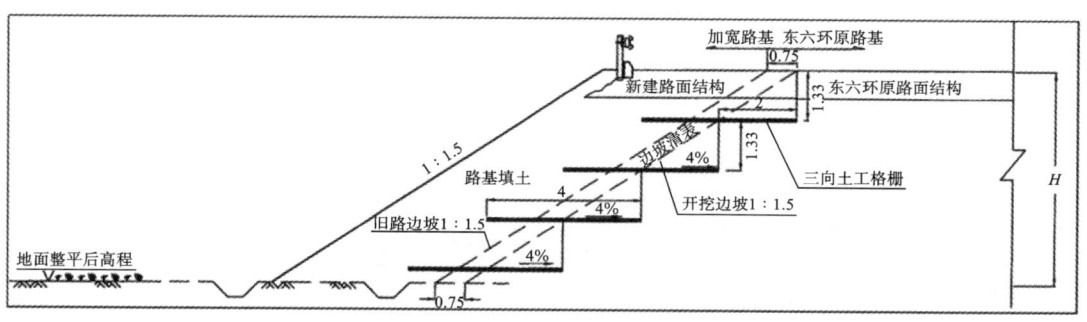

图 6.3 新旧路基搭接处理(单位:m)

注:H—路基高度

路基边缘结构处理,如图 6.4 所示。

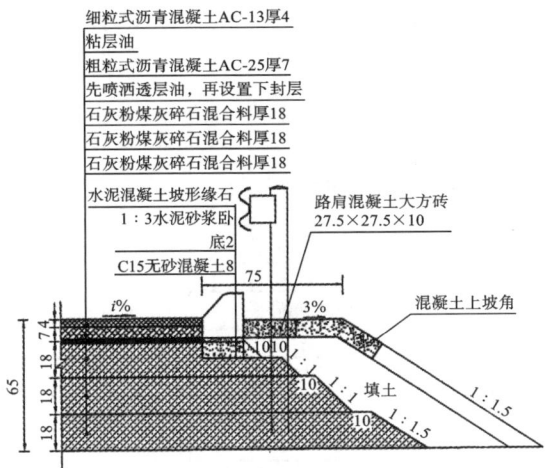

图 6.4　路基边缘结构处理(单位:cm)

注:i%—横坡坡率

路面中分带结构,如图 6.5 所示。

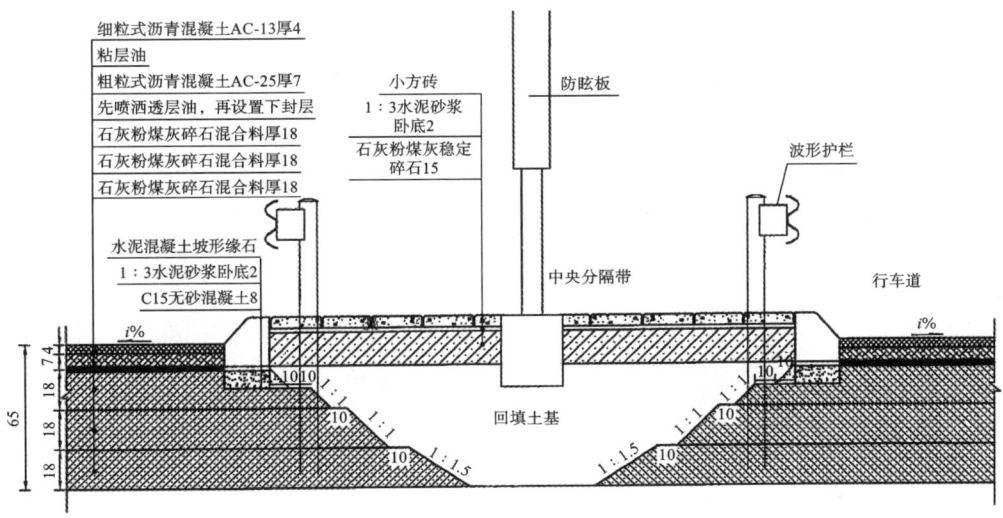

图 6.5　路面中分带结构(单位:cm)

注:i%—横坡坡率

路基填筑施工流程,如图 6.6 所示。

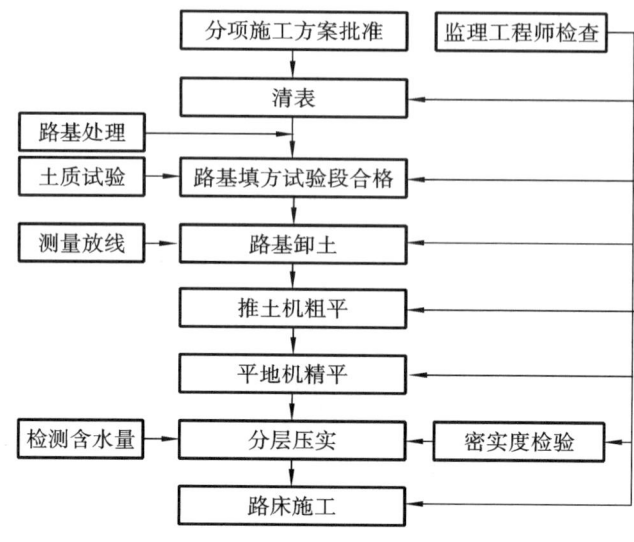

图 6.6　路基填筑施工流程

6.2.2　测量放线与路基施工

1. 路基测量放线

（1）测设横断面图，平坦地段每 50 m 设一断面，地势起伏变化较大的地段加密断面。

（2）路基正式填筑前，每 20 m 测设中线桩并测一组边线桩，为确保路基边缘压实度满足规范要求，在路堤两侧各加宽 30 cm。

2. 挖方路基施工

（1）开挖采取自上而下分层开挖。根据开挖路段的路基中线、标高和横断面，精确定出开挖边线，并提前挖好截水、排水设施。

（2）土方施工以挖掘机配自卸汽车进行挖运，开挖弃方运到指定的弃土场弃置。

（3）路床顶面以下部位压实度不低于路床设计压实度。

3. 填方路基施工

（1）清表及原状土压实。

路基填筑前需清理地表松散耕植土、腐殖土及杂草等。清表后对原地基进行碾压，压实度不小于 90%（重型）。

（2）填筑前准备。

填筑前做好土场的取样工作，由试验室测定土样的最佳含水率、最大干密度等物理力学指标，确保填料合格。

(3)试验路段。

本标段选取总长不小于 100 m 的全幅路基作为土方填筑试验路段,用以确定土方回填能够达到压实度标准的土层虚铺系数、压实遍数及最佳机械组合等施工参数,以指导大面积填方路基施工。

(4)路基分层填筑。

自卸汽车运土至路床,根据自卸汽车运输能力及土的松铺厚度确定卸车间距,土堆呈梅花形,用推土机粗平、平地机精平、压路机碾压密实。

(5)压实。

碾压前对填土层的松铺厚度、含水率、平整度进行检查,符合要求后,方可进行碾压。路基碾压时,先轻后重,确保碾压均匀,无漏压、无死角,碾压至通过试验段确定的遍数时,用灌砂法检验压实度,合格后方可转入下道工序。

4. 沟渠段地基处理

当路线经过沟渠时,采取换填的方法。先排水清淤,清除干净后,进行填前碾压;而后采用炮渣石回填,回填厚度为 0.8 m,分三层进行;在炮渣石顶部采用级配砂砾进行填筑,填筑厚度为 0.5 m,分两层进行;碾压均采用重型振动压路机;分层检验合格后进行正常路基土方填筑施工。

6.2.3　通道与涵洞施工

1. 管涵施工

(1)基槽开挖。

采用人工配合挖掘机开挖基坑,汽车运输、吊车安装。基槽采用机械开挖,槽底预留 20 cm,由人工清槽。涵洞施工前先校核地基承载力是否符合要求,若不符合要求则必须进行地基处理。

(2)浇筑管基混凝土。

验槽合格后,及时浇筑混凝土基础。

(3)下管、稳管。

下管前在平基面上弹线,稳管间隙按 10 mm 控制,避免出现错口现象。管节对口完毕后,用与包封混凝土同标号的混凝土垫块卡牢。采用汽车起重机下管,人工配合机械作业。采用滚杠撬移混凝土管,使其沿基础中线安置就位。

(4)包封混凝土施工。

①采用组合钢模板拼装,外侧用双钢管做横、立杆加固,并用短方木顶于边坡木板

上。模板内侧用钢筋头卡住。

②混凝土浇筑前，对连接面进行凿毛，并冲洗干净，腋角部分要特别注意振捣密实。浇筑混凝土时，两侧同时进行，禁止出现漂管、移管现象。

（5）变形缝施工。

管节接口处设置变形缝，变形缝间距不大于 10 m。缝内设置橡胶圈及嵌缝材料，确保接缝严密，不渗漏。

（6）沟槽回填。

管道施工完成后进行沟槽回填，当涵顶覆土厚度小于 0.5 m 时，严禁任何重型机械和车辆通过。

涵洞顶及涵身两侧不小于 2 倍孔径范围内的填土必须分层对称夯实，压实度达设计标准。

2. 通道、方涵施工

（1）挖槽及基础处理。

沟槽开挖采用机械配以人工修整，开挖时基底留 20 cm，然后由人工进行挖除。沟槽开挖完成后按规定进行地基承载力检测（钎探）。经验槽合格后方可进行垫层混凝土施工。

（2）钢筋加工及绑扎。

钢筋在加工场内按型号、尺寸集中分类加工，现场绑扎。根据钢筋定位卡位板铺设钢筋，钢筋固定在卡位板的卡槽内，以防止在混凝土浇筑过程中发生变形、移位。

（3）浇筑顺序及模架体系。

主体混凝土分两次浇筑，第一次浇筑底板混凝土，第二次浇筑侧墙及顶板混凝土，模板采用木模板（多层板）。顶板下支撑采用满堂盘扣式脚手架；在满堂盘扣式脚手架架体上扣接水平钢管，作为侧墙内侧模板支顶体系；侧墙外侧采用钢管斜撑进行支顶。

6.2.4　水泥粉煤灰碎石桩施工

水泥粉煤灰碎石桩是由碎石、石屑、砂、粉煤灰掺水泥加水拌和，用各种成桩机械制成的具有一定强度的可变强度桩，下面仅对水泥粉煤灰碎石桩的重点施工步骤进行阐述。

1. 施工准备

（1）清表，平整场地，清除地上、地下障碍物。

（2）测量放线，定出控制轴线、打桩场地边线并标记出来。设置高程及四角坐标控制点并报验合格后,进行桩位布点。

2. 钻孔

桩机就位平稳,调直机架钻杆,对好桩位(压实钻尖),开动机器钻孔,达到控制深度后灌注混凝土,成桩后,复检桩位。

检查成桩质量及桩位轴线尺寸,横向偏差应小于或等于 50 mm,纵向偏差应小于或等于 50 mm。

3. 混凝土灌注

(1)钻孔至设计标高后,停止钻进,采用拖式泵输送混凝土,当钻杆内充满混合料后开始拔管。成桩的提拔速度宜控制在 2~3 m/min。成桩过程应连续,避免因供料慢而导致停机待料。施工中每根桩的投料量不得少于设计灌注量。

(2)混凝土坍落度为(180±20)mm。为保证混凝土的和易性及坍落度,要注意调整砂率和掺入减水剂、粉煤灰等。

(3)混凝土浇筑至少要超过桩顶设计标高 50 cm,以保证在锯除桩头后,桩顶标高符合设计要求。

4. 成桩清理

在单桩混凝土强度达到设计强度的 80% 时,人工配合挖掘机将钻桩孔泥土和桩头保护土清理至设计标高。锯除桩头,清理作业面。

6.2.5　挡土墙、边坡防护与排水施工

1. 挡土墙施工

(1)测量放线。

根据设计图纸及坐标点测放出挡土墙中心线、基础平面位置线和纵断高程线,定好平面、高程控制点。

(2)开槽。

①基坑开挖采用人工配合挖土机开挖,严格按设计尺寸开挖挡土墙基坑,保证基坑底面标高符合设计要求。

②基坑开挖后,在其周围做好截水与排水工作,防止基底受水浸泡,影响承载力。

③基坑开挖前,对地下障碍物、管线进行调查,与其所属单位协商,进行必要的拆、改、移和保护,防止损坏。

(3)地基钎探。

按施工规范要求进行地基承载力钎探,若不符合设计要求则对软土进行换填;若地

基承载力符合设计要求,则进行下一步的地基处理。

（4）挡土墙基础施工。

绑扎基础钢筋,设置墙体预留筋,浇筑混凝土;采用插入式振捣器振捣;混凝土浇筑过程中注意保证墙体预留筋的位置准确。

（5）墙身安装施工。

预制混凝土墙面板用 C35 混凝土制作,基础采用 C30 混凝土浇筑。当墙高大于 1.5 m 时需沿长向每 4 m 设一泄水孔。泄水管用 PVC（polyvinyl chloride,聚氯乙烯）管,在墙面外露 2 cm,在墙背侧伸出 3 cm。墙背孔眼处用粒径 3～7 cm 的粒料堆石,堆石直径不小于 50 cm。墙顶现浇混凝土高度及挡土墙分段据图纸确定。挡土墙每隔 8～16 m 应设置一道沉降缝,缝宽 2 cm,缝内填沥青木丝板,基础钢筋断开。墙外露面设置竖向装饰缝,间距 2 m。挡土墙背后应回填砂性土,并分层夯实。

2. 边坡防护施工

路基防护工程宜与路基挖填方工程紧密、合理衔接。坡面防护施工前,对边坡进行修整。当边坡高度小于 3 m 时,不挂网只喷播草籽。

填方边坡高度大于 3 m 的土路堤或土石路堤,采用土工网喷播草籽施工方案:先整平边坡,在坡顶及坡脚处分别开挖宽 20 cm、深 30 cm 的沟槽,将土工网铺设于坡顶沟槽内,并用方木桩固定,填土夯实,再从坡顶自上而下铺设土工网,其纵横向搭接长度为 20 cm,沿纵向每间隔 10 cm 用 U 型钢钉固定（搭接部位必须固定）,其斜向间距为 10 cm,待土工网铺设完毕再喷播草籽。

3. 排水施工

路面排水采用急流槽形式,急流槽预制及现浇段采用 C30 混凝土。当边坡高度大于 3 m 时,急流槽防滑平台间距 1 m;当边坡高度小于 3 m 时,急流槽防滑平台间距 2 m。

6.3 路面工程施工

6.3.1 基层施工

1. 施工工艺流程

路面工程施工工艺流程如图 6.7 所示。

2. 施工工艺

(1) 施工准备。

石灰粉煤灰稳定碎石基层施工在交付合格的底
基层上进行,施工前,清除底基层上干燥的浮土及杂
物,使底基层表面清洁,保障底基层试验的各项指标
合格。

水泥稳定碎石采用集中厂拌生产,运距在 20 km
以内。水泥稳定碎石正式使用前需上报生产厂家资
质文件等相关资料,经监理工程师及业主审批同意。

采用摊铺机连续摊铺,在进行大面积摊铺之前,
预先修筑一段 200 m 左右的试验段,通过试验段确定

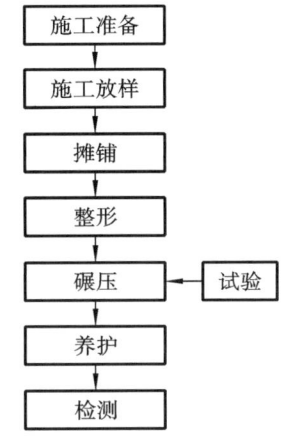

图 6.7　路面工程施工工艺流程

各项技术参数、检验设备的可靠性、确定混合料的配合比是否符合设计要求、确定摊铺系
数和一次作业的合理长度、找出正确的碾压方法及碾压遍数。

(2) 施工放样。

先测量放样,以 10 m 间距定出中桩,用白石灰画出中线及边线,并逐桩测量高程。
根据试验段确定的参数控制混合料的松铺厚度,然后每隔 10 m 打钢钎、挂钢丝线。

(3) 摊铺。

①材料由 15 t 以上的自卸汽车运输,并根据运距配备足够的车辆。运输过程中加盖
篷布,防止水分散失过快。

②自卸汽车卸料时,设专人指挥,严禁运输车辆在已成型的基层上急刹、掉头、碰撞
摊铺机等。

③摊铺机就位后,熨平板下垫放和松铺厚度等厚的木块,并按 2% 横坡将熨平板调整
好,自动调平系统进入工作状态。

④摊铺机摊铺时,应使送料槽中的二灰碎石混合料高度在螺旋布料器中轴以上,避
免发生两边缺料现象。

⑤多层连续摊铺作业时应在 24 h 内完成全部作业内容。

⑥进行接缝处理。由于接缝处容易出现混合料离析、松散现象,碾压困难,道路建成
后接缝处易产生跳车、整体性差等病害,因此必须认真处理。

a. 纵向接缝。由于基层全幅由 2 台摊铺机同时摊铺,应保证纵向接缝处摊铺的混合
料级配、含水量相近,且纵向接缝两侧同时进行碾压,施工后能彻底消除纵向接缝。

b. 横向接缝。横向接缝也称"工作缝",施工中不可避免,但要尽量减少横向接缝数
量。根据工作面长度,拌和、摊铺及碾压能力,确定每天的工作段长度最少为 500 m,小于

500 m 时不予施工。

⑦摊铺层厚、标高控制和导向。

摊铺时设置张紧钢丝绳，作为导向、标高、厚度的控制基准，如图 6.8 所示。

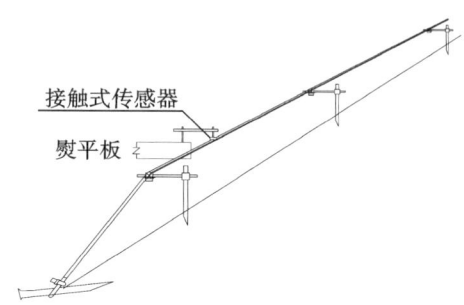

接触式传感器

熨平板

图 6.8 控制基准示意图

双机联铺的后机位摊铺机（2♯ 机）在交缝区一侧安装非接触式传感器，如图 6.9 所示，以便使双机的交缝区标高准确顺接。

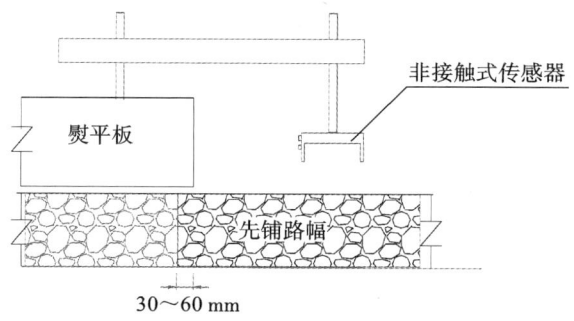

非接触式传感器

熨平板

先铺路幅

30～60 mm

图 6.9 双机联铺交缝区标高控制示意图

⑧摊铺作业。

1♯ 机摊铺 5～10 m 后，2♯ 机开始受料并连续摊铺。2♯ 机熨平板应侧伸到先铺面层上 30～60 mm，并避开车道轮迹带。摊铺过程中，不得随意变换速度，减少中途停顿次数，以免影响施工质量。

（4）整形。

在整形前，必须严格检查基层的施工质量，包括厚度、压实度、平整度等，确保基层施工质量满足设计要求。清除摊铺后路面上的杂物、浮石、尘土等，保持路面干净整洁。准备好平地机、齿耙等整形所需的施工设备，并确保设备状态良好。

使用平地机对摊铺后的路面进行整形。在直线段，平地机由两侧向路中心进行刮平；在平曲线段，平地机由内侧向外侧进行刮平。必要时，返回刮平，确保路面平整。

对于局部低洼处,应用齿耙将其表层5 cm耙松,并用新拌的混合料进行找平,再用平地机整形,确保路面平整,无薄层贴补现象。

(5)碾压。

①碾压方法。

路面基层的碾压分初压、复压和终压。

a.初压:摊铺后混合料很松散,呈半流动状态,直接振压或重型碾压,容易产生推移和波浪。本工程先用轮胎压路机静压1~2遍,再使其初步密实,压实度达到80%~85%。

b.复压:在初压完成后,用22 t振动压路机呈梯形弱振压1~2遍,再用22 t振动压路机呈梯形振压2~3遍,直至压实度符合要求。

c.终压:复压结束后,立即用三钢轮压路机进行终压,目的是消除轮迹,使基层进一步密实。

压路机要一直紧跟摊铺机,呈梯形逐步向前推进,形成流水作业。

②碾压注意事项。

a.压路机不得停在未压实的基层上,并不准在其上急刹车、急转弯和掉头。

b.振动压路机前进、后退换挡时,应先停振再换挡;若需停机,应先停振再停机。

c.终压前应检测一次标高,若发现高程超过规定,应用平地机刮至规定值,再整平、碾压。

(6)养护。

碾压完成后,由于结构层早期强度很低,稍有外力作用容易造成表面松散,必须彻底封闭交通,并立即用洒水车喷水养护7 d以上。

(7)检测。

稳定粒料基层和底基层实测项目见表6.2。

表6.2　稳定粒料基层和底基层实测项目

项次	检查项目		规定值或允许偏差				检查方法和频率
			基　层		底基层		
			高速公路一级公路	其他公路	高速公路一级公路	其他公路	
1△	压实度/(%)	代表值	≥98	≥97	≥96	≥95	按《公路工程质量检验评定标准 第一册 土建工程》(JTG F80/1—2017)中的附录B检查,每200 m测2点
		极值	≥94	≥93	≥92	≥91	

续表

项次	检查项目		规定值或允许偏差				检查方法和频率
			基层		底基层		
			高速公路一级公路	其他公路	高速公路一级公路	其他公路	
2	平整度/mm		≤8	≤12	≤12	≤15	3 m 直尺:每 200 m 测 2 处×5 尺
3	纵断高程/mm		+5,−10	+5,−15	+5,−15	+5,−20	水准仪:每 200 m 测 2 个断面
4	宽度/mm		满足设计要求		满足设计要求		尺量:每 200 m 测 4 点
5△	厚度/mm	代表值	−8	−10	−10	−12	按《公路工程质量检验评定标准 第一册 土建工程》(JTG F80/1—2017)中的附录 H 检查,每 200 m 测 4 点
		合格值	−10	−20	−25	−30	
6	横坡/(%)		±0.3	±0.5	±0.3	±0.5	水准仪:每 200 m 测 2 个断面
7△	强度/MPa		满足设计要求		满足设计要求		按《公路工程质量检验评定标准 第一册 土建工程》(JTG F80/1—2017)中的附录 G 检查

注:△—必检项目。

6.3.2 路缘石施工

（1）先测量放线,直线段控制桩间距不大于 10 m,曲线段控制桩间距不大于 5 m,安装时注意控制线条平顺、美观。

（2）质检人员对原材料、成品进行严格的进场检验,确认符合有关规定后方可投入使用。

（3）在乳化沥青层施工前,人工安装路缘石。测量人员按设计平面与高程位置放线钉桩,直线段每 10~15 m 钉 1 个桩,曲线段每 5~10 m 钉 1 个桩。

（4）路缘石按放线位置安砌,确保安砌牢固,线条直顺,曲线圆滑,满足设计要求。缘石背后回填要密实。

（5）混凝土面层铺筑完成后再进行路缘石灌缝。灌缝前,应修整路缘石,使其位置及高程符合设计要求。灌缝应密实,养护期不少于 3 d,防止碰撞。

6.3.3　沥青混凝土路面施工

1. 沥青混凝土路面施工工艺流程

沥青混凝土路面施工工艺流程如图 6.10 所示。

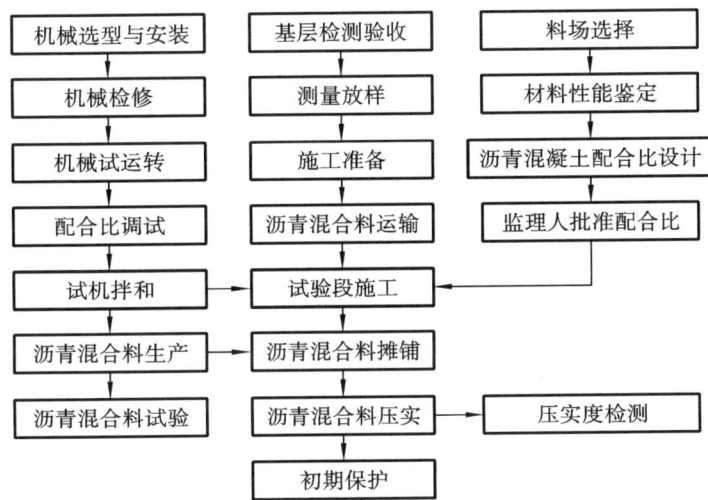

图 6.10　沥青混凝土路面施工工艺流程

2. 沥青混凝土路面主要施工工艺

（1）测量放样。

在路侧距离路边缘 30～50 cm 处每隔 20 m 放观测墩,按设计测设高程。

（2）施工准备。

①准备好沥青混凝土。本工程沥青混凝土均采用集中厂拌法生产。选择资质满足业主、监理方要求的生产厂家进行沥青混凝土材料的加工。

②检查沥青洒布车油泵系统、洒油管道、保温设备等有无故障,校核喷油嘴。

③检查压路机主要机械性能及滚筒表面磨损情况。

④在每日施工前,必须对摊铺机工作装置及调节机构进行专门检查,使加热装置保持良好状态。

⑤在完成道路中心线的测设以及路面边线的测定工作之后,沿着道路走向,每隔 10

m 横向钉设边桩、中桩、边桩（即每 10 m 横向钉设三个导线桩），随后拉设高程线。为方便作业，将导线设置在距摊铺机熨平板端部 0.5 m 的位置。

⑥做好各种原材料试验及混合料的配合比试验。

⑦确定各层沥青混凝土压实方案、压实遍数和松铺系数，以及沥青混凝土从运输到碾压成型的时间与温度参数。

（3）沥青混合料运输。

为确保摊铺作业的连续性，每天按日产量及运距计算并调配车辆数量。施工过程中摊铺机前方始终有运料车在等候卸料，开始摊铺时每台摊铺机前方等候的运料车不少于5 辆。施工中保证拌和站与摊铺机的生产能力互相协调，如拌和站的生产能力低，摊铺机低速摊铺，以减少摊铺机停机待料的情况。

（4）试验段施工。

设置试验段的目的主要是总结试验参数，写出总结报告，用于指导后续大面积施工。试验参数包括机械设备能力、取得最好密实度的最佳机械组合、摊铺碾压速度、摊铺碾压温度、碾压遍数、松铺系数、拌和站生产能力、混合料运输能力、混合料配合比、质量检验评定、人员与机械组织等。试验段总结报告报请监理工程师审批合格后，方可进行大规模施工。

（5）沥青混合料摊铺。

①将摊铺机按试验段施工确定的松铺厚度组装就位。固定预热 0.5～1 h，使熨平板温度不低于 100 ℃，并在熨平板下面拉线调整熨平板的平整度。

②在摊铺机施工作业期间，安排专人负责摊铺机前方两侧的布料工作，确保物料准确供应；安排专人负责摊铺机后方的平边作业，保证摊铺边缘平整顺直；同时安排专人负责指挥运料车，保障运料车与摊铺机的配合顺畅有序。运料车缓慢倒车向摊铺机靠近，停在摊铺机前 10～30 cm 处，然后缓慢将混合料卸入摊铺机料斗，向摊铺机连续均匀供料，运料车司机挂空挡、轻踩刹车，以不溜车为宜，靠摊铺机推动前进。摊铺时，运料车司机随时观察运料车情况，防止运料车遗料，设专人负责清除摊铺机前面的遗料。

③施工过程中，因各种原因造成停机时间超过 0.5 h 时，组织摊铺机抬板进行清理，形成一道横向接缝。

④沥青混凝土路面每个工作面采用摊铺机组整幅摊铺。

⑤摊铺机摊铺时，随时检查摊铺厚度，发现问题及时调整，并控制好摊铺速度。

（6）沥青混合料压实。

沥青混合料碾压初期温度不低于 140 ℃。碾压分为初压、复压和终压三阶段。

①初压：采用钢轮压路机和胶轮压路机进行初压，按照由边向中、由低向高的顺序静

压 2 遍,对局部平整度超标的,指挥压路机先横向碾压,再纵向碾压,直至平整度满足要求为止。

②复压:复压采用双钢轮振动压路机高频低幅碾压,使沥青混合料密实度达到 96％以上,碾压时由专职质检人员采用 3 m 靠尺检测平整度。

③终压:终压紧接在复压后进行,终压以消除复压留下的轮迹为主。终压采用轮胎式压路机碾压,碾压终了时温度不得低于 90 ℃,终压后路面应无轮迹。

碾压的原则如下:碾压要遵循先轻后重、先静后振、先慢后快、由低向高的碾压顺序;各个碾压阶段应紧密衔接、连续进行,碾压轮迹要与路中心线平行,必须沿同一个轮迹返回;碾压时不能急停、急行,当振动停止,须行驶一段后再停车。

(7) 初期保护。

铺筑层在碾压完毕尚未冷却到 50 ℃以下或在 48 h 以内暂不开放交通。在开放交通初期,禁止车辆急刹车和急转弯。

6.4　桥涵工程施工

6.4.1　桥梁施工

本工程包含一个桥梁施工项目,为 4 号匝道桥人行通道,位于 F4K0＋480.577 处,桥长 10.2 m,孔径 9.0 m,结构类型为闭合框架结构,如图 6.11 所示。

具体结构施工参照主线隧道施工方案进行,模架体系参数根据专项施工方案确定。

1. 桥面铺装施工

桥面铺装采用钢筋焊接网及混凝土。为保证铺装质量,采用整幅施工方案。采用厂家定制摊铺设备,同时具有摊铺、整平、振捣功能。

(1) 在桥面钢筋绑扎前一定要详细测量现浇闭合框架顶标高,以免现浇闭合框架拱度偏大而造成梁顶偏高(在允许范围内),导致桥面过薄。

(2) 混凝土浇筑前要充分湿润铺装底层,以降低现浇箱梁或梁板顶的温度和减少坍落度损失。

(3) 采用方钢制作三辊轴摊铺导轨,严格测定导轨高程,并考虑桥面纵、横坡度,高差控制在±5 mm 以内。

(4) 采用三辊轴整平时注意混凝土面是否与滚筒紧密接触,采用前进振动、后退静滚方式作业,宜分别作业 2～3 遍,保证振捣密实,提浆均匀。

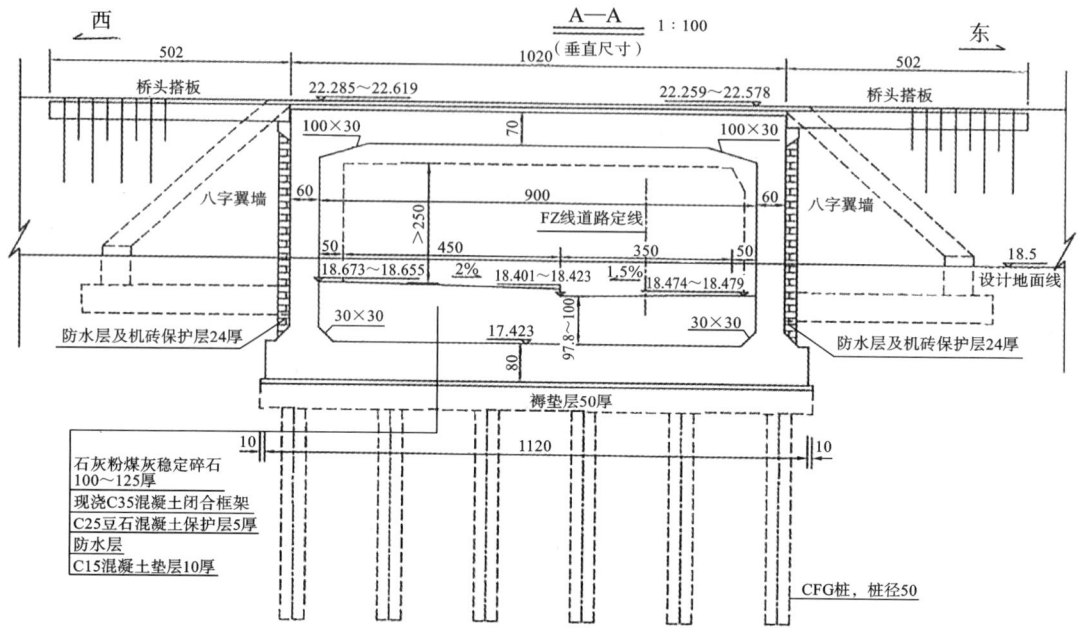

图 6.11　4 号匝道桥人行通道结构剖面图（尺寸单位：cm）

（5）在混凝土初凝前，采用人工驾驶型抹面机进行混凝土收面，不得少于 3 遍，然后及时用无纺布覆盖，洒水养护。

2. 伸缩缝安装施工

施工缝采用后切法施工。

（1）为防止后续施工时对施工缝造成损害，导致切缝不直，切缝分两次进行，第一次按照设计宽度预留 5 cm，后再补切至设计宽度。

（2）在已清理完毕的槽上横向每 3～5 m 搭放一根长 2 m 左右、断面尺寸为 10 cm×10 cm 的方木，将伸缩缝装置吊放其上，对应检查槽内预埋钢筋位置是否合适，并进行必要的调整。

（3）使用门架（沿槽长每 4 m 安放一个）安挂倒链，将伸缩缝装置吊起，撤去方木，缓缓放入槽内，并调整到设计位置。

（4）用 3 m 铝合金直尺和塞尺由中间向两端调整伸缩缝装置的顶面高度，直至顶面与沥青路面高程一致或低 1～2 mm。

（5）伸缩缝装置安装前，应按照安装时的气温调整安装定位值。

（6）伸缩缝解锁后 4～6 h 内浇筑混凝土，混凝土用罐车运输到现场，人工配合浇筑。混凝土采用插入式和平板式振捣器振捣，用木抹子初步处理，待其定浆后再用铁抹子压光。

(7) 待混凝土强度达到设计强度的 80% 时,将遇水膨胀止水带嵌入伸缩缝中。安装时必须把缝内充当模板的泡沫板、纤维板及漏浆的混凝土硬块全部清除干净。

(8) 混凝土浇筑成型后,用一层塑料布、一层土工布严密覆盖养护。养护期不得短于 14 d。在混凝土强度达到设计强度以前,不允许车辆通行。

3. 桥头搭板施工

桥头搭板在桥头路基填土沉降稳定后方可施工。桥头搭板下按规定使用与路基相同的材料回填,碾压至密实度符合设计要求。施工时确保桥头搭板横坡与桥面横坡一致。

6.4.2　圆管涵施工

1. 工程简介

(1) 工程概况。

玉带河位于北京市通州区南部,又名"护城河",北起通惠河,流经土桥,于张家湾镇流入凉水河,原是一条排放城市雨污水和用于下游灌溉输水的河流,水质受到严重污染。从 1982 年以来,由于河道堵塞,通惠河河水无法流入,平时流量很小,1986 年已对通州区内的玉带河道进行整治,设计流速为 8 m/s。

为满足东六环道路改造施工期间交通不断行的要求,在东六环东侧修建一条临时导改路,计划使用期 2 年,该导改路部分跨越玉带河东支沟,故在跨越处修建一处长 160 m 的圆管涵(图 6.12),涵顶覆土厚度为 6.25~9.25 m,圆管涵设计为 3-ϕ2 m,采用管壁厚 20 cm 的钢筋混凝土Ⅲ级企口管,每隔 12.5 m 设置一道沉降缝。

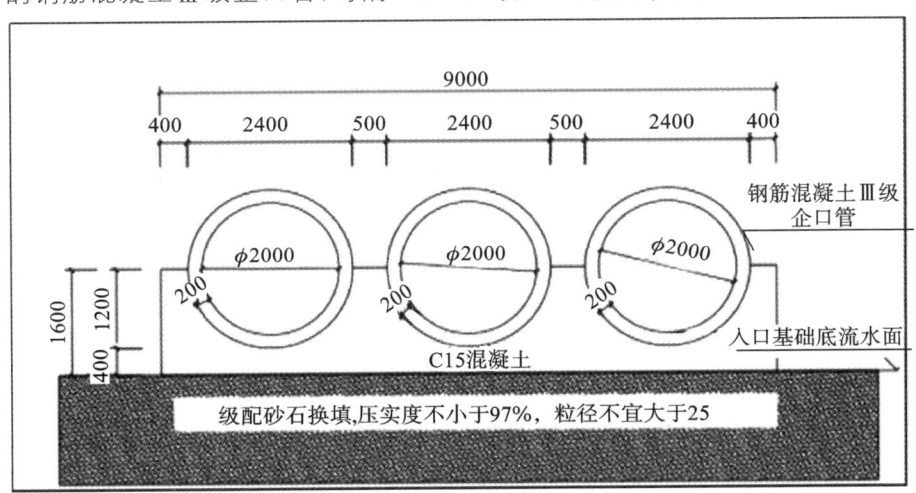

图 6.12　圆管涵横断面图(单位:mm)

（2）地质情况。

根据区域地质资料、野外钻探、原位测试及室内土工试验成果报告，玉带河东支沟工程地质条件如下。

①新近沉积层。

粉质黏土②层：湿～很湿，可塑，黄褐色～灰褐色，含氧化铁、氧化锰、钙质结核、有机质等，局部夹粉土、粉砂、细砂薄层。

粉土②层：中密～密实，稍湿～湿，黄褐色～青灰色，含氧化铁、氧化锰、云母、钙质结核、有机质等，局部夹粉质黏土、黏土、粉砂薄层。本层顶板埋深标高为 12.79～17.60 m，层厚 1.3～10.5 m。

②一般第四纪冲洪积层。

细砂③层：中密～密实，湿～饱和，褐黄色～青灰色，主要矿物成分为石英、长石、云母、钙质结核，局部夹粉砂、中砂、粉土薄层及多层粉质黏土薄层，局部含圆砾，粒径为 2～3 cm。本层顶板埋深标高为 6.66～13.09 m，层厚 0.9～13.2 m。

2. 施工流程

施工流程为：测量放样→玉带河截流围堰施工→基础开挖→地基承载力检测→基底换填处理→基础施工→圆管安装→管道包封施工→出入洞口端墙及八字墙施工→出入洞口河底护砌施工→沉降缝施工→管背回填及涵顶填土→检查验收。

3. 主要施工工艺

（1）基底换填处理。

圆管涵基底换填深度为 1.63～1.71 m（流水坡度为 0.05%），换填材料采用级配砂石，压实度不小于 97%。

①表面的淤泥、杂物清理干净；进行地基承载力检测，应合格。

②分层铺筑砂石。

a. 砂石每层铺筑厚度不宜超过 30 cm，分层厚度采用方格网控制。采用级配砂石铺筑，振动压路机压实，压实度不小于 97%。

b. 铺筑的砂石级配均匀，如发现砂窝或石子成堆现象，将该处砂或石子挖出，重新填入级配较好的砂石并压实。

c. 在碾压前根据湿度和天气条件，适当洒水以保证砂石具有最佳含水率。

d. 碾压施工采用进退错距法，振动碾行走速度控制在 4 km/h 以内。在压实过程中，对边坡、边角处进行薄层摊铺，采用小型夯实器具压实。

③试验与检测。

　　根据提前通过试验确定的最大干密度和最佳含水率,在监理方的见证下用灌砂法检验压实度,经检验合格后,进行下一层级配砂石填筑施工。若检验不合格,分析原因(含水率、铺筑厚度、碾压速度、碾压遍数)并采取措施处理,直至合格为止。

　　(2)基础施工。

　　基础尺寸为 160 m×9 m×0.4 m,采用 C15 混凝土一次浇筑成型。

　　①模板的制作及安装。

　　模板采用 1.8 cm 厚竹胶板。主楞材料为木方,宽 80 mm,高 80 mm,间距 400 mm。

　　模板外设方木和钢管支撑固定,模板安装完毕后,应对其平面位置、顶部标高、节点联系及纵横向稳定性进行检查,合格后浇筑混凝土。浇筑混凝土时,设专人检查模板,若发现模板有超过允许偏差的变形或有相关可能,及时纠正。

　　②混凝土施工。

　　浇筑混凝土前应清理干净模板内的杂物、积水。模板如有缝隙,应用双面胶填塞严密。混凝土浇筑时,采用插入式振捣器振捣,振捣合格标准为不再出现气泡、下沉,表面出现浮浆。检测同养混凝土试块强度达到 2.5 MPa 及以上时进行模板拆除。拆除后,采用薄膜覆盖、洒水养护。

　　③混凝土试验。

　　a. 坍落度试验:混凝土浇筑前在现场测试坍落度,坍落度应为 180～200 mm。

　　b. 混凝土试块制作:浇筑混凝土 582 m³,制作标养试块 6 组、同养试块 3 组。

　　(3)圆管安装。

　　购买合格的钢筋混凝土管节成品,每节管长 2.5 m,重 8.4 t,现场安装。

　　采用吊车将圆管从运输车辆卸到基坑基础上,吊装过程中设专人指挥吊车。在吊运时,吊点设在管的重心处,并注意防止管节接口受损。

　　管节安装采用 2 台 16 t 叉车,一台叉车倒运到指定位置,另一台叉车进行管节安装。安装过程中设专人指挥叉车,在基础上标注涵管的中心线,先安装出水口处的端部管节。

　　安装管节时,将管节放到排管的接口处,调整管节的标高和轴线,然后用叉车慢慢插入管口,调整管节的轴线和标高。管节插入时,应注意橡胶圈不出现扭曲、脱槽等现象。

　　圆管安装完成后,非沉降缝处的管节缝隙采用 1:2 水泥砂浆抹带,形成密封层。

　　(4)管道包封施工。

　　管座高 1.2 m,采用 C15 混凝土对圆管进行半包,长度方向分三段(35 m+62.5 m+62.5 m)进行浇筑。

　　模板制作及安装、混凝土浇筑及养护与基础施工方法相似。

　　(5)出入洞口端墙及八字墙施工。

出入洞口端墙及八字墙均采用 C25 素混凝土浇筑,入口(北)端墙长 9 m、高 4.25 m、宽 0.5 m,八字墙长 11.28 m、高 0.6~3.2 m、上宽 0.5 m、下宽 0.8~2.1 m;出口(南)端墙长 15.3 m、高 4.85 m、宽 0.5 m,八字墙长 10.15 m、高 4.85 m、上宽 0.5 m、下宽 2.925 m。

八字墙墙身较高,在基础施工时预埋钢筋和对拉螺栓用于加固墙身模板,防止混凝土浇筑时出现模板上浮现象。其余施工方法与基础和包封施工方法相似。

(6)出入洞口河底护砌施工。

①测量放样:根据设计图纸,在河底准确放出护砌的边界线和控制点,确定护砌的范围和坡度。

②基底处理:对河底进行清理,清除淤泥、杂物和松散土层,确保基底坚实、平整。若基底存在软弱土层,应进行换填处理,换填材料可采用级配砂石等,换填后压实度应满足设计要求。

③垫层施工:在处理好的基底上铺设垫层,垫层材料可采用砂砾石等,厚度根据设计要求确定。垫层应分层铺设,每层厚度均匀,采用平板振动器或小型压路机进行压实。

④块石砌筑。

a. 块石应选用质地坚硬、无裂缝、无风化的石料,强度等级应符合设计要求。

b. 砌筑前,应将块石表面清洗干净,并用水湿润。

c. 采用坐浆法砌筑,先铺一层厚度为 3~5 cm 的水泥砂浆,然后将块石放置在砂浆上,轻轻敲击,使块石嵌入砂浆中,块石之间的缝隙应填满砂浆。

d. 砌筑应分层进行,每层块石应错缝,避免出现通缝。块石的大面应朝下,小面朝上,以保证砌体的稳定性。

e. 砌筑过程中,应随时检查砌体的平整度和垂直度,及时进行调整。

⑤勾缝:块石砌筑完成后,应进行勾缝处理。勾缝材料可采用水泥砂浆,勾缝应饱满、密实,表面平整光滑。勾缝完成后,应及时进行养护,养护时间不少于 7 d。

⑥养护:在护砌施工完成后,应定期进行洒水养护,保持砌体表面湿润,防止砌体因失水而产生裂缝。养护期间,应避免在砌体上施加荷载。

(7)沉降缝施工。

圆管涵的混凝土基础、包封、端墙及八字墙均设置 30 mm 宽的沉降缝,沉降缝贯穿整个断面,采用聚乙烯发泡板填充。

(8)管背回填及涵顶填土。

管背回填在管基、管座、洞口端墙混凝土达到设计强度后进行。在圆管涵墙身高度范围内,管背用土分层对称夯填,在墙身上弹线控制回填厚度,每层填料压实厚度为 15 cm。用小型压路机进行压实,每层填料压实后进行压实度检测,每层台背填土压实度均应大于 96%。

涵顶以上 50 cm 范围内每层填土厚度为 15 cm,采用小型压路机进行碾压。当管顶覆土厚度小于 0.5 m 时,严禁重型车辆通过。

6.5　隧道结构施工

6.5.1　钢筋工程

1. 原材料进场

进场的钢筋原材料,必须具备出厂合格证。收料员应认真核查产地、批号、规格是否与合格证相符,经确认无误后,方可收货进场。

钢筋进场按批检查验收,每一验收批由同牌号、同炉罐号、同加工方法、同规格、同交货状态的钢筋组成,重量不大于 60 t。

每批钢筋取两根试样,在外观及尺寸合格的钢筋上切取,并将试样送试验部门复检。国产钢筋只做力学性能试验,进口钢筋必须做力学试验和化学成分分析试验。经复检合格后方可使用。

2. 钢筋堆放

钢筋堆放场地布置在现场空地处,用混凝土浇筑宽 200 mm、高 300 mm 的长条墩。钢筋分规格放在长条墩或者方木(或工字钢)上,用钢牌标明钢筋规格、产地、检验状态,并设专人管理。

3. 钢筋加工

先由专职钢筋翻样员按设计施工图和规范要求编制钢筋下料表,经项目总工程师审核,加工时按复核料单制作。钢筋加工时形状、尺寸必须符合设计要求。

钢筋表面必须洁净,无损伤、油渍、漆污和铁锈等,若有,在使用前应清理干净。带有粒状和片状锈的钢筋不得使用。

钢筋切断和弯曲时要注意长度应准确,弯曲后平面上没有翘曲不平现象,钢筋弯曲点处不得有裂缝。

钢筋不能反复弯,钢筋加工的允许偏差要符合如下规定:受力钢筋顺长度方向全长净尺寸的允许偏差为 ±10 mm,弯起钢筋弯折位置的允许偏差为 ±20 mm。

4. 钢筋安装

核对半成品钢筋的规格、尺寸和数量等是否与料单相符,准备好绑扎用的 20~22 号镀锌铁丝、工具等,并按各部位保护层的厚度准备好水泥砂浆垫块或塑料卡。当保护层厚度小于或等于 20 mm 时,垫块平面尺寸为 30 mm×30 mm;当保护层厚度大于或等于 25 mm 时,采用细石混凝土垫块,垫块平面尺寸为 50 mm×50 mm,墙、柱、梁的垫块中埋入 22 号铁丝。

5. 底板钢筋绑扎

本工程底板厚度较大,在 1200 mm 以上,钢筋绑扎时需垫 ϕ20 mm 钢筋撑脚,呈梅花形设置,间距 1 m,以固定钢筋网的位置。底板钢筋采用机械连接,同一断面的钢筋接头面积不得超过该位置钢筋接头总面积的 50%。

6. 墙插筋

先由放线员按图纸放出墙位置线。由于工程层高较高,其墙筋还需二次连接。墙水平筋先绑扎至外墙施工缝以上 1000 mm 处,施工缝以上墙体竖向筋水平筋按竖向间距 500 mm 临时绑扎固定好。

7. 墙钢筋绑扎

墙上下及两端两排钢筋交叉点每点扎牢,中间部分每隔一根相互呈梅花形扎牢。两层钢筋网之间设置 S 形拉筋。

8. 板钢筋绑扎

(1) 板钢筋交叉点采用 22 号铁丝扎牢。梁板钢筋绑扎时,配置的钢筋级别、直径、根数和间距要符合设计要求,绑扎的钢筋网不得有变形、松脱现象。

(2) 上层钢筋网片必须垫足够的撑脚,间距 1 m,呈梅花形布置,以保证钢筋网标高准确。钢筋网片绑扎前必须先弹线,以保证钢筋顺直、间距均匀。

(3) 板钢筋的绑扎接头必须符合以下规定。

①搭接末端距钢筋弯折处不小于钢筋直径的 10 倍,接头位置不位于板最大弯矩处。

②钢筋的搭接长度必须严格按设计要求控制。

③板上部的负筋要防止被踩踏,严格控制负筋位置。

④浇筑混凝土时,必须由专人值班,发现钢筋位移或松脱及时纠正。

9. 钢筋连接

钢筋连接方法主要如下。

ϕ22 mm 以上钢筋采用直螺纹连接;ϕ16 mm~ϕ20 mm 钢筋可用焊接连接,推荐使用直螺纹连接;ϕ16 mm 以下钢筋采用绑扎连接。钢筋焊接时,同一位置的钢筋焊接或连接面积不得超过该位置钢筋总面积的 50%。

10. 钢筋验收

钢筋验收分自检和隐蔽工程验收。

(1) 钢筋按设计和施工规范绑扎成型后,施工班组先进行自检、互检,再由质量员检查评定。

(2) 自检评定合格后,报请监理、设计院、质检站、建设单位等进行隐蔽工程验收,经签证后方可进行下道工序施工。

6.5.2 模架工程

1. 超限结构的判别

(1) 超限板判别。

模板、木方、钢管荷载:0.3 kN/m²(计算时取值)。

施工均布荷载:3 kN/m²。

分项系数:永久荷载分项系数取 1.2,施工均布荷载分项系数取 1.4。

超限最小板厚计算见式(6.1)。

$$(25 \times h + 0.3) \times 1.2 + 3 \times 1.4 \geqslant 15 \tag{6.1}$$

式中:h 为计算板厚,m。

经计算,$h \geqslant 0.348$ m,按照 $h \geqslant 0.35$ m 控制。即当板厚 $h \geqslant 0.35$ m 时,需进行专家论证。

(2) 超限梁判别。

集中线荷载计算公式见式(6.2)。

$$集中线荷载 = 永久荷载(钢筋混凝土自重) \times 分项系数$$
$$+ 施工均布荷载 \times 分项系数 \tag{6.2}$$

式中:分项系数中,永久荷载分项系数取 1.2,施工均布荷载分项系数取 1.4;永久荷载(钢筋混凝土自重)= 梁宽 B(m)×梁高 h(m)×25 kN/m²;施工均布荷载取 3 kN/m²。

最小断面超限梁计算如下。

令集中线荷载 = 20 kN,梁截面尺寸 $B \times h$ 计算见式(6.3)。

$$20 = B \times h \times 25 \times 1.2 + 3 \times 1.4 \tag{6.3}$$

经计算,$B \times h \approx 0.53$ m²。即截面大于 0.53 m² 的梁属于超限结构。

(3) 超限结构超长及超高判别。

本工程隧道结构模架跨度多在 20 m 以上,第 18 仓支撑梁跨度为 19.5 m;模架搭设高度多在 10 m 以上。

综上所述,结合相关文件规定,本工程隧道结构模架工程属于超过一定规模的危险性较大的分项工程,应编制专项施工方案,且应组织专家论证。

2. 超限模架支撑体系搭设

总体设计要求:本工程为钢筋混凝土结构,主要类型为闭合框架及 U 型槽结构。U型槽墙体模板采用组拼式钢制大模板,由专业单位设计、定制。闭合框架墙体分如下两种情况。①紧邻基坑两侧有填充墙部位(仅一侧有操作面)的外墙,采用单侧模架体系——三角支撑模架体系。②墙体两侧均有临空面墙体的直墙:一工区采用定制钢模板,其他工区采用木模板+对拉螺栓。闭合框架顶板采用盘扣式钢管支架,面板采用覆面木胶合板。

模架原则上按工区划分进行搭设,同时考虑相邻工区结构类型一致时,后一个工区按前一个工区的模架体系搭设,取典型且最不利断面进行验算。

架体搭设于钢筋混凝土底板基面上,混凝土浇筑后除按同养试块强度检测值确定底模拆除时间外,还应确保底模拆除时间最短不得少于 2 周。

根据《建筑施工承插型盘扣式钢管脚手架安全技术标准》(JGJ/T 231—2021),本工程支撑架安全等级为Ⅰ级,按表 6.3 的规定执行。

表 6.3 脚手架的安全等级

作业架		支撑架		安全等级
搭设高度/m	荷载设计值	搭设高度/m	荷载设计值	
≤24	—	≤8	≤15 kN/m²,或≤20 kN/m,或≤7 kN/点	Ⅱ
>24	—	>8	>15 kN/m²,或>20 kN/m,或>7 kN/点	Ⅰ

3. 一工区模架施工

一工区施工起讫桩号及设计参数见表 6.4。

表 6.4 一工区施工起讫桩号及设计参数

部位	起讫桩号	仓数	总长度/m	墙体厚度/m	架体高度/m	备注
F6匝道	F6K0+490～F6K0+511.009	1	21.009	0.8、1.204～1.238	6.4	F6-B08
	F6K0+340～F6K0+490	5	150	1.0～2.28	10～10.73	F6-U01～Ⅲ-U05
F3匝道	F3K0+434～F3K0+548.795	4	114.795	0.8、1.0、1.1	3.83～12.38	F3U01～Ⅲ-U04

续表

部位	起讫桩号	仓数	总长度/m	墙体厚度/m	架体高度/m	备注
主线	LYK5+766～LYK5+886	4	120	0.8、1.0	7.2	主线 B01～B04
F5 匝道	F5K0+474.10～F5K0+580	4	105.9	0.8	7.2	F5-B01～B04
F1 匝道	F1K1+040～F1K1+065	1	25	0.9	6.5、7	F1-B01
	F1K1+065～F1K1+162	4	97	0.8、1.0	6.42～10.23	F1-U01～U04
合计		23	—	—	—	

(1) 大模板选型及加工配置。

①大模板选型。

综合考虑经济、适用、施工质量等方面的因素,墙体模板采用组拼式钢制大模板,选择 6 mm 厚钢板作面板,竖肋采用 8♯槽钢,横肋采用 12♯槽钢,配板高度以墙净高为基础,模板高度 $H=3.23～9.96$ m。基础底板与墙体之间的腋角模板选择 4 mm 厚钢板作面板,肋板采用 50 mm×5 mm 角钢。

②大模板加工方案。

a. 主线隧道和 F5 匝道均为闭合框架结构,结构内侧下倒角尺寸相同。模板加工方案如下:主线闭合框架内侧墙体上、下倒角加工 126 m 钢模板;主线闭合框架中隔墙上、下倒角加工 126 m 钢模板;F5 匝道闭合框架上倒角加工 126 m 钢模板;直墙模板采用大块钢模板;顶板模板使用木模板。

b.F1、F3 和 F6 匝道大部分为 U 型槽结构,结构内侧下倒角尺寸相同。模板加工方案如下:墙体外侧下倒角加工 30 m 钢模板;墙体内侧下倒角加工 60 m 钢模板;墙体上部外侧悬臂加工 60 m 钢模板;直墙模板采用大块钢模板。

③大模板配置。

a.墙体模板高度大于 5 m 的采用接高模板,模板接高高度为 1.7 m,采用一次支模、一次浇筑混凝土的方法施工,能够有效加快施工进度,保证结构质量。

b. 模板的连接配件为专用的连接器、螺丝、穿墙螺栓、钩头螺栓、背楞、旋转式可调支脚等。

c. 大模板按照流水作业要求进行配置,在流水作业过程中,模板数量不足或不能通用时,予以增加。

墙体模板配置汇总表见表 6.5。

表 6.5　墙体模板配置汇总表

序号	模板类型	每块模板尺寸	每块模板重量	模板配置长度	模板配置高度	模板配置套数	备注
1	双面模板	宽 2 m、高 6.7 m	1.608 t	30 m	5 m、6.7 m	1 套	——
2	单面模板	宽 2 m、高 6.7 m	3.4 t（带 2 个支腿）	30 m	5 m、6.7 m	1 套	每块模板配 2 个支腿

钢模板采用 ϕ16 mm、ϕ18 mm、ϕ22 mm 的穿墙螺栓固定。穿墙螺栓间距,水平向为 500 mm,竖向为 800 mm、1000 mm。

（2）模板安装。

①准备工作。

大模板进场前,项目部组织有关技术人员进行模板方案交底及施工技术交底,使现场技术人员熟悉模板分项工程设计方案,并由现场技术人员向施工班组及工人逐级交底到位。模板进场后,应按照模板分项工程设计方案中的附表检查进场模板编号、规格、数量等与零配件的规格、数量、尺寸等是否相符,并用笔在模板背面醒目地标明模板编号,以便查找和吊装。

准备现场使用的工具,如扳手、撬棍、手锤、铅丝、扎丝（火烧丝）、盒尺、双十字靠尺等。

大模板进场后,模板班组应组织操作人员安装模板支腿。支腿位置应根据模板平面图排布,避免相邻模板支腿相撞,减少重复拆装的麻烦,支腿地脚丝杠应涂润滑油。大模板支腿安装位置应在模板主背楞上,且距纵向模板边 900～1500 mm 的范围内。

支腿安装完毕,将大模板吊运至存放区存放。立模时先在地坪上铺设木板,其数量和位置与模板支腿对应。模板存放时应面对面放置,中间留出通道,间距约 600 mm。支腿调整至倾角 75°～80°（自稳角）。若模板长时间存放,应采用有效措施将模板可靠连接,防止坍塌。

对模板表面进行清理,擦除浮锈,均匀刷界面剂,脱模剂不得影响结构和装饰工作质量。首次使用的模板应在面板正面喷涂薄层油膜(配合比为新柴油:新机油＝3:7),待油膜风干后,擦拭干净灰垢,再均匀涂刷水质脱模剂。被雨水冲刷后应及时补刷。

　　绑扎钢筋前弹出墙体边线和模板就位安装控制线(俗称"50 线")。应放线精准,墙体轴线位移偏差应控制在规范允许范围内。合模前必须通过隐蔽工程验收,并对横向通道模板及预埋件进行加固,对尺寸、位置进行验收,以免合模前落地或混凝土浇筑时发生位移;将墙体内杂物清理干净,吹(吸)干净灰尘,清理粘在钢筋上的干硬砂浆、松软混凝土块和其他污染物,安装墙体主筋保护层垫块(砂浆垫块或 PVC 垫块),防止拆模后露筋。控制保护层厚度的各种垫块、卡具、支架规格、尺寸应准确,具有相应的抗压、耐碰撞强度,摆放或吊挂的位置、间距应与钢筋直径相匹配。

　　下口腋角模板安装处借助墙体主筋,水平方向每边焊 2 个定位筋,分上、中、下三处,定位筋长度和切口应保证墙体厚度,防止阴角模板压接不牢,浇筑混凝土时产生扭转,造成墙角扭曲、墙面不平。

　　导墙部位均预先粘贴海绵条,以确保浇筑混凝土时不漏浆,且可保持墙面洁净。

　　内墙穿墙螺栓采用穿墙套管,准备内径为 25 mm 的 UPVC(unplasticized polyvinyl chloride,硬聚氯乙烯)套管,其长度 $L=$ 墙体厚度 -2 mm,锯口必须垂直于套管的轴线。将地面上的木方、架子管、电缆线等清理干净,工具集中存放,防止绊脚。

　　②吊环使用注意事项。

　　吊环采用 HPB20 钢筋加工,施工过程中不得进行吊环代换;不得进行超载吊装;应经常对吊环及吊环安装节点进行安全检查,如有焊缝开裂等隐患应及时补焊。模板在起吊前,必须消除模板与混凝土面的吸附力。

　　③大模板临时固定。

　　按照墙体模板布置图,用大模板专用索扣(图 6.13)将大模板和墙体主筋牢固地连接在一起,防止倾倒,然后摘钩。摘钩前,迅速旋转大模板支腿丝杠,使模板基本处于竖直状态。

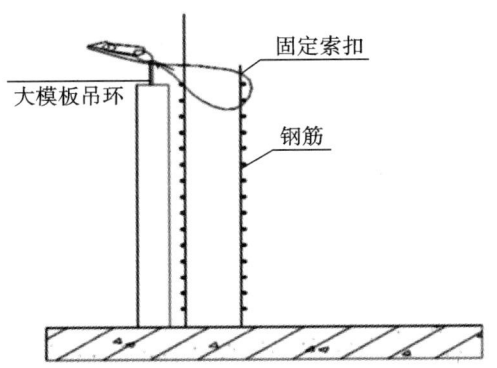

图 6.13　临时固定大模板示意图

a.钢丝绳夹应按如图 6.13 所示的方法把夹座扣在钢丝绳的工作段上，U 型螺栓扣在钢丝绳的尾段，钢丝绳夹不得在钢丝绳上交替布置。

b.每一连接处最少需钢丝绳夹 4 组，见表 6.6。

表 6.6　钢丝绳夹使用数量和间距

钢丝绳夹公称尺寸（钢丝绳公称直径 d）/mm	数量/组	间距/mm
19～27（本工程采用直径 26 mm 的钢丝绳）	4	6～8 倍钢丝绳直径

c.钢丝绳夹布置正确时，固定处的强度至少为钢丝绳自身强度的 80%。钢丝绳夹在实际使用中受载 1～2 次后螺母要进一步拧紧。

d.离套环最近的钢丝绳夹应尽可能紧靠套环，紧固钢丝绳夹时要考虑使每个钢丝绳夹合理受力，离套环最远的钢丝绳夹不得首先单独紧固。

e.为了便于检查接头，可在最后一个夹头后面约 500 mm 处再安一个夹头，并将绳头放出一个"安全弯"（图 6.14）。当接头的钢丝绳发生滑动时，"安全弯"即被拉直，这时应立即采取处理措施。

图 6.14　安装钢丝绳夹放"安全弯"方法

（3）大模板安装。

①当模板无支腿时，用大模板专用锁扣将模板与墙体钢筋牢固地连接在一起，防止倾倒，然后摘钩。

②大模板按照"先入内模，后入外模"的顺序施工，按施工流水段要求进行施工，直至模板全部吊装就位。

③大模板支腿支点应设在坚固可靠处，杜绝模板发生位移。

④校正模板与安装穿墙螺栓同步进行。墙的宽度尺寸偏差控制在 2 mm 以内。模板立面垂直度偏差控制在 3 mm 以内。穿墙螺栓的卡头应竖直安装，不得呈水平或倾斜状态，防止脱落；穿墙螺栓安装必须紧固牢靠，用力得当，防止出现松动而造成胀模，不得使模板表面产生局部变形，不得漏安穿墙螺栓。在模板与模板的拼缝位置，除了使用专用连接器进行连接固定之外，对于单块模板而言，如果其穿墙螺栓的开孔间距超过 300 mm，就需要采用长度为 400 mm 的小背楞进行加固。加固时，小背楞要分上、中、下三道进行布置，并且用穿墙螺栓将其压紧。

⑤模板安装完后，根部存在缝隙处，需粘贴海绵条，但海绵条不能侵入墙体，防止因漏浆而发生墙体烂根、露筋、蜂窝、麻面现象。为避免产生此类问题，在导墙施工时，应确

保导墙混凝土面平整度满足规范要求。

⑥合模完成后,质检员应依照规范规定和有关分项工程标准进行认真检查,合格后填写模板工程预检记录,经业主驻工地代表及监理人员验收后,方可进行下道工序施工。

⑦大模板安装示意。

a.基础底板与墙体腋角模板支设图如图 6.15 所示。

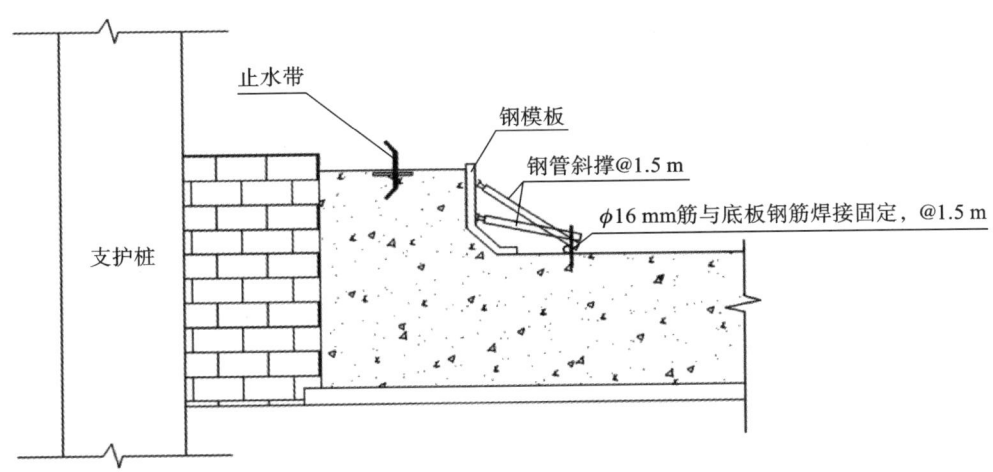

图 6.15　基础底板与墙体腋角模板支设图

b.外墙采用单侧支模的闭合框架墙体,每块大模板配置 2 个支腿,如图 6.16 所示。

(4)大模板的拆除和堆放。

混凝土浇筑完成后,在常温下,混凝土强度达到 1.2 MPa 以上方可拆模。

拆模顺序为:先拆除安装配件,后松动、拆除穿墙螺栓;拆除穿墙螺栓时,先松动螺母,取下垫片,利用卡头拆卸器拆去穿墙螺栓卡头,再轻击小端,将螺栓退出混凝土。旋转支腿,使大模板和墙体脱离,如有吸附,可在模板下口进行撬动,拆下并吊走大模板,然后拆除阴角模板。应检查确认穿墙螺栓、安装配件全部拆除完毕,模板上的杂物清理干净后方可起吊模板。

拆下的模板必须在木板上放稳,存放时倾斜角度应为 75°～80°。对于未设置支腿的模板应搭设插放架,以确保安全。及时安排人员对模板表面进行清理,刷界面剂。模板拆除后应及时对结构棱角部位进行成品保护。

大模板堆放场地必须坚实平整,排水通畅,不得堆放在有松土、冻土或凹凸不平的场地上;有支腿的大模板存放时必须满足自稳角要求,没有支腿的模板、角模应存放在事先搭好的插放架内,防止模板下脚滑移、倾倒;大模板在地面上存放时,应采取面对面的方法,模板中间留置 600 mm 左右的间距;长期堆放时,应将模板连成整体。

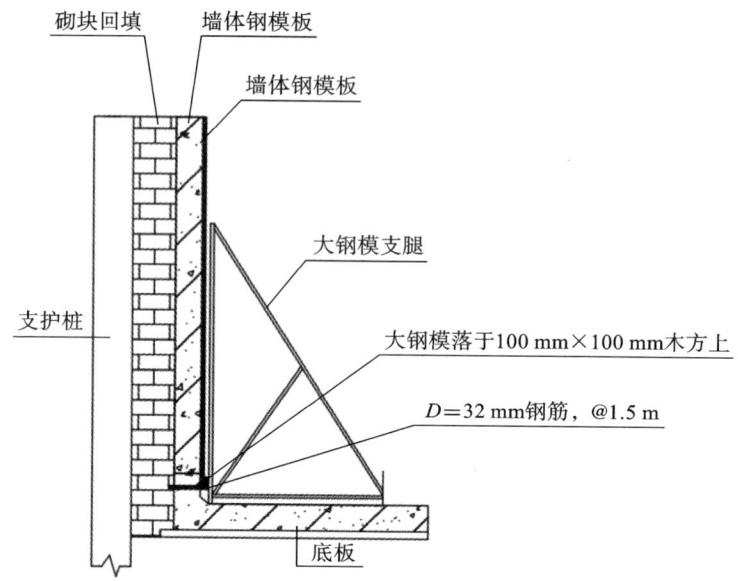

图 6.16 大模板支腿配置示意图

注：D—钢筋直径

（5）顶板模架布置参数。

一工区顶板模架布置参数见表 6.7～表 6.10。

表 6.7 F6-B08 模架布置参数

名　　称	参　　数	名　　称	参　　数
新浇混凝土顶板名称	F6-B08	新浇混凝土顶板计算厚度/mm	900
模板支架高度 H/m	6.4	模板支架纵向长度 L/m	21.15
模板支架横向长度 B/m	18	支架外侧模板高度 H_m/mm	1000
结构重要性系数 γ_0	1	脚手架安全等级	Ⅰ级
主梁布置方向	垂直于立杆纵向方向	立杆纵向间距 l_a/mm	900
立杆横向间距 l_b/mm	1200	步距 h/mm	1500
顶层步距 h'/mm	1000	支架可调托座支撑点至顶层水平杆中心线的距离 a/mm	450
小梁间距 l/mm	200	小梁最大悬挑长度/mm	150
主梁最大悬挑长度/mm	100	面板材质	15 mm 厚覆面木胶合板
板底支撑主梁材料（可调托座内 2 根）	10#槽钢	小梁材料	80 mm×80 mm 方木

表 6.8　F1-B01 模架布置参数

名　称	参　数	名　称	参　数
新浇混凝土顶板名称	F1-B01	新浇混凝土顶板计算厚度/mm	1000
模板支架高度 H/m	7	模板支架纵向长度 L/m	25
模板支架横向长度 B/m	11.4	支架外侧模板高度 H_m/mm	1000
结构重要性系数 γ_0	1	脚手架安全等级	Ⅰ级
主梁布置方向	平行于立杆纵向方向	立杆纵向间距 l_a/mm	1200
立杆横向间距 l_b/mm	1200	步距 h/mm	1500
顶层步距 h'/mm	1000	支架可调托座支撑点至顶层水平杆中心线的距离 a/mm	450
小梁间距 l/mm	150	小梁最大悬挑长度/mm	150
主梁最大悬挑长度/mm	100	面板材质	15 mm 厚覆面木胶合板
板底支撑主梁材料（可调托座内 2 根）	10♯槽钢	小梁材料	80 mm×80 mm 方木

表 6.9　F5-B01 模架布置参数

名　称	参　数	名　称	参　数
新浇混凝土顶板名称	F5-B01	新浇混凝土顶板计算厚度/mm	900
模板支架高度 H/m	7.2	模板支架纵向长度 L/m	28.9
模板支架横向长度 B/m	10.26	支架外侧模板高度 H_m/mm	1000
结构重要性系数 γ_0	1	脚手架安全等级	Ⅰ级
主梁布置方向	平行于立杆纵向方向	立杆纵向间距 l_a/mm	1200
立杆横向间距 l_b/mm	1200	步距 h/mm	1500
顶层步距 h'/mm	1000	支架可调托座支撑点至顶层水平杆中心线的距离 a/mm	450
小梁间距 l/mm	200	小梁最大悬挑长度/mm	150
主梁最大悬挑长度/mm	100	面板材质	15 mm 厚覆面木胶合板
板底支撑主梁材料（可调托座内 2 根）	10♯槽钢	小梁材料	80 mm×80 mm 方木

表 6.10　主线 B01～B04 模架布置参数

名　称	参　数	名　称	参　数
新浇混凝土顶板名称	主线 B01～B04	新浇混凝土顶板计算厚度/mm	1400
模板支架高度 H/m	7.2	模板支架纵向长度 L/m	30
模板支架横向长度 B/m	16.3	支架外侧模板高度 H_m/mm	1000
结构重要性系数 γ_0	1	脚手架安全等级	Ⅰ级
主梁布置方向	平行于立杆纵向方向	立杆纵向间距 l_a/mm	1200
立杆横向间距 l_b/mm	900	步距 h/mm	1500
顶层步距 h'/mm	1000	支架可调托座支撑点至顶层水平杆中心线的距离 a/mm	450
小梁间距 l/mm	200	小梁最大悬挑长度/mm	150
主梁最大悬挑长度/mm	100	面板材质	15 mm 厚覆面木胶合板
板底支撑主梁材料（可调托座内 2 根）	10#槽钢	小梁材料	80 mm×80 mm 方木

4. 二工区模架施工

（1）二工区施工起讫桩号及设计参数。

二工区施工起讫桩号及设计参数见表 6.11。

表 6.11　二工区施工起讫桩号及设计参数

部位	起 讫 桩 号	仓数	总长度/m	墙体厚度/m	顶板厚度/m	架体高度/m	备注
F6 匝道	F6K0＋200～F6K0＋340	5	140	0.8	0.9	7.2、9.2	F6-B03～B07

续表

部位	起讫桩号	仓数	总长度/m	墙体厚度/m	顶板厚度/m	架体高度/m	备注
主线	LYK5+886～LYK6+072	6	186	0.8	1.2、1.3、1.4	7.2、9.2	主线 B05～B10
F5 匝道	F5K0+583～F5K0+658	3	75	0.8	0.9	6.1	F5-B05 ～B07
F1 匝道	F1K1+162～F1K1+228	3	66	0.8、1.0	—	2.8～4.4	F1-U05 ～U07
合计		17	—	—	—	—	—

（2）二工区墙体模板用穿墙螺栓布置。

二工区墙体模板用穿墙螺栓布置见表 6.12。

表 6.12　二工区墙体模板用穿墙螺栓布置

部位	起讫桩号	区段长度/m	墙体厚度/m	墙体高度/m	穿墙螺栓直径/mm	水平方向间距/mm	跨度方向间距/mm	备注
F1 匝道	F1K1+162～ F1K1+228	22	0.8	3.1～4	16	500	800	U05
		22	0.8	2.3～3.1	16	500	800	U06
		22	0.8	1.5～2.3	16	500	800	U07
F5 匝道	F5K0+583～ F5K0+608	25	0.8	4.2	16	500	800	B05
	F5K0+608～ F5K0+633	25	0.8	4.2～6.5	16	500	800	B06
	F5K0+633～ F5K0+658	25	0.8	6.5～6.8	16	500	800	B07

部位	起讫桩号	区段长度/m	墙体厚度/m	墙体高度/m	穿墙螺栓直径/mm	水平方向间距/mm	跨度方向间距/mm	备注
F6匝道	F6K0+200~F6K0+310	110	0.8	5	16	500	800	B03~B06
	F6K0+310~F6K0+340	30	1.2~1.238	4.3	16	500	800	B07
主线	LYK5+886~LYK5+916	30	0.8、1.0	外墙4.4	16	500	800	B05
				内墙5	16	500	800	
	LYK5+916~LYK5+949	33	1.0、0.8~2.2	空腔处5~6.2	16	500	800	B06
				外墙3.7~6.7	16	500	800	
	LYK5+949~LYK5+984	35	0.5、0.8、1.0	空腔处6.8	16	500	800	B07
				外墙6.5	16	500	800	
	LYK5+984~LYK6+072	88	0.8、1.0、1.2	空腔处7	16	500	800	B08~B10
				外墙6.7	16	500	800	

（3）支架搭设（模板面板、龙骨设计）。

支架搭设见表 6.13。

表 6.13　支架搭设

部位	分段	起讫桩号	顶板厚度/m	结构宽度/m	顶板高度/m	面板	次龙骨（方木 80 mm×80 mm）布置方向	次龙骨布置间距/mm	主龙骨（2×[10a 槽钢）布置方向	主龙骨布置间距/m	立杆（φ60 mm×3.2 mm）立杆横向间距/m	立杆纵向间距/m	立杆步距/m
F5 匝道	B05	F5K0+583~F5K0+608	0.9,腋角 1.4	10.25	6.1	15 mm 厚覆多膜多层板	顺车行道方向（主线空腔处横向）	200,150	横向布置（主线空腔处纵向）	与支架布置尺寸相同	1.2,腋角 0.9	1.2	1.5（顶层步距为 1）
F5 匝道	B06,B07	F5K0+608~F5K0+658	0.9,腋角 1.4	9.29	6.1~9.485			200,150			1.2,腋角 0.9	1.2	
F6 匝道	B03~B06	F6K0+200~F6K0+310	0.9,腋角 1.4	10.15	7.2			200,150			1.2,腋角 0.9	1.2	
F6 匝道	B07	F6K0+310~F6K0+340	1.4,腋角 1.9	10.25~19.08	7.2			150			1.2,腋角 0.9	1.2	
主线	B05	LYK5+886~LYK5+916	1.3,腋角 2.5	16.49	7.2			150,100			1.2,腋角 0.6	1.2	
主线	B06	LYK5+916~LYK5+949	空腔 1.6,腋角 1.9	1.57	6.9~8.9			150			0.3,0.9	1.2	
主线	B06		1.3,腋角 2.5	16.66	7.2~9.2			150,100			1.2,腋角 0.6,0.9	1.2	
主线	B07	LYK5+949~LYK5+984	空腔 1.6,腋角 1.9	2.04,1.83	8.8			150			0.9	1.2	
主线	B07		1.2,腋角 2.3	16.5	9.2			150,100			1.2,腋角 0.6,0.9	1.2	

续表

部位	分段	起讫桩号	顶板厚度/m	结构宽度/m	顶板高度/m	面板	次龙骨（方木）80 mm×80 mm		主龙骨（2×[10a 槽钢）		立杆（φ60 mm×3.2 mm）		
							布置方向	间距/mm	布置方向	布置间距/m	立杆横向间距/m	立杆纵向间距/m	立杆步距/m
主线	B08	LYK5+984～LYK6+014	空腔 1.8、腋角 2.1	3.25	8.8	15 mm 厚覆膜多层板	顺车行道方向（主线空腔处横向）	120	横向布置（主线空腔处纵向）	与支架布置尺寸相同	0.3、1.2	0.9	1.5（顶层步距为 1）
			1.4、腋角 2.6	16.5	9.2			150、100			1.2、腋角 0.6、0.9	1.2	
			1.4、腋角 2.9	20、24	9.2			150、100			1.2、腋角 0.6、0.9	1.2	

（4）顶板模架布置参数。

二工区顶板模架布置参数见表 6.14～表 6.16。

表 6.14　主线 B09 模架布置参数

名　称	参　数	名　称	参　数
新浇混凝土顶板名称	主线 B09	新浇混凝土顶板计算厚度/mm	1400
模板支架高度 H/m	9.2	模板支架纵向长度 L/m	30
模板支架横向长度 B/m	23.5	立杆纵向间距 l_a/mm	1200
主梁布置方向	平行于立杆纵向方向	步距 h/mm	1500
立杆横向间距 l_b/mm	1200	支架可调托座支撑点至顶层水平杆中心线的距离 a/mm	450
顶层步距 h'/mm	1000	小梁最大悬挑长度/mm	150
小梁间距 l/mm	150	面板材质	15 mm 厚覆面木胶合板
主梁最大悬挑长度/mm	100	小梁材料	80 mm×80 mm 方木
板底支撑主梁材料（可调托座内 2 根）	10♯槽钢	—	—

表 6.15　F6-B05 模架布置参数

名　称	参　数	名　称	参　数
新浇混凝土顶板名称	F6-B05	新浇混凝土顶板计算厚度/mm	900
模板支架高度 H/m	7.2	模板支架纵向长度 L/m	30
模板支架横向长度 B/m	9.6	支架外侧模板高度 H_m/mm	1000
结构重要性系数 γ_0	1	脚手架安全等级	Ⅰ级
主梁布置方向	平行于立杆纵向方向	立杆纵向间距 l_a/mm	1200
立杆横向间距 l_b/mm	1200	步距 h/mm	1500
顶层步距 h'/mm	1000	支架可调托座支撑点至顶层水平杆中心线的距离 a/mm	450
小梁间距 l/mm	200	小梁最大悬挑长度/mm	150
主梁最大悬挑长度/mm	100	面板材质	15 mm 厚覆面木胶合板
板底支撑主梁材料（可调托座内 2 根）	10♯槽钢	小梁材料	80 mm×80 mm 方木

表 6.16 **F6-B07 模架布置参数**

名 称	参 数	名 称	参 数
新浇混凝土顶板名称	F6-B07	新浇混凝土顶板计算厚度/mm	1400
模板支架高度 H/m	7.2	模板支架纵向长度 L/m	30
模板支架横向长度 B/m	16.2	支架外侧模板高度 H_m/mm	1000
结构重要性系数 γ_0	1	脚手架安全等级	I 级
主梁布置方向	平行于立杆纵向方向	立杆纵向间距 l_a/mm	1200
立杆横向间距 l_b/mm	900	步距 h/mm	1500
顶层步距 h'/mm	1000	支架可调托座支撑点至顶层水平杆中心线的距离 a/mm	450
小梁间距 l/mm	150	小梁最大悬挑长度/mm	150
主梁最大悬挑长度/mm	100	面板材质	15 mm 厚覆面木胶合板
板底支撑主梁材料（可调托座内 2 根）	10♯槽钢	小梁材料	80 mm×80 mm 方木

（5）隧道平面位置。

隧道平面位置如图 6.17 所示。

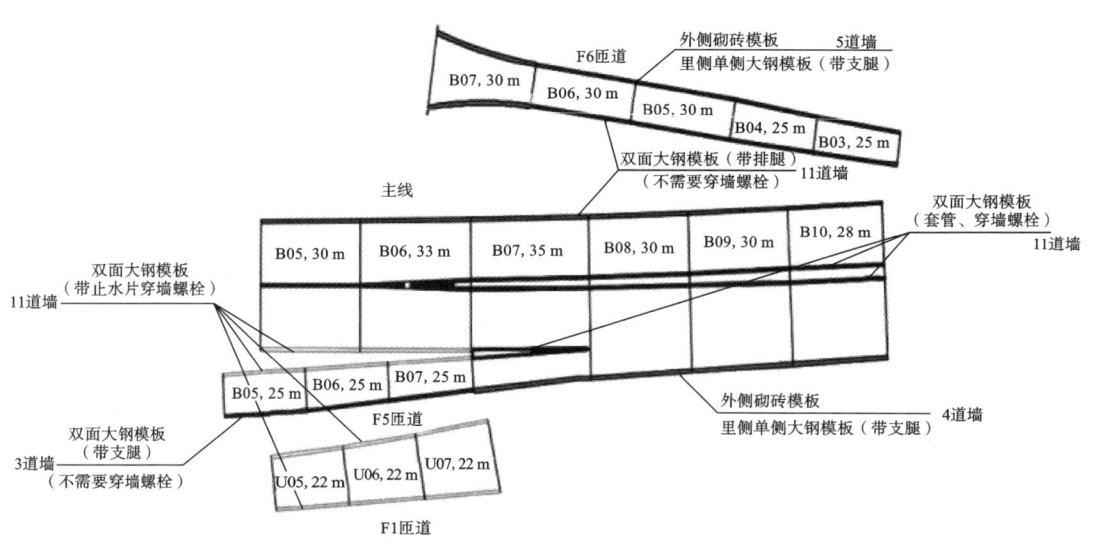

图 6.17 隧道平面位置示意

（6）模架立杆布置。

二工区模架立杆布置平面图如图 6.18 所示。

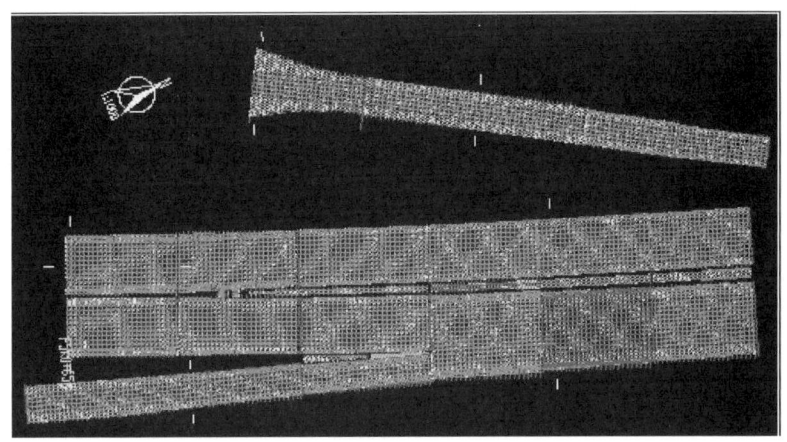

图 6.18　二工区模架立杆布置平面图

注:1. 模板:采用 15 mm 厚多层板模板。

2. 次龙骨:顶板底采用 80 mm×80 mm 方木,沿隧道长度方向布置;主线空腔处采用 80 mm×80 mm 方木,横桥向摆放。

3. 主龙骨:顶板底采用 2 根 10♯槽钢,横向布置,间距与架体一致;主线空腔处采用 1 根 10♯槽钢,沿隧道长度方向摆放,间距与架体一致。

4. 脚手架采用 60 系列盘式架,立杆材质为 Q355B 钢,壁厚 3.2 mm,单杆极限承载力为 140 kN。

5. 靠近结构墙体的架体,采用钢管进行水平支撑,纵距、步距均为 3 m。

6. 架体断开处采用钢管扣件连接,纵向间距同架体间距,沿高度方向每 1.5 m 布置一道

5. 三工区模架设计

本工区侧墙采用单侧模架体系,即三角支撑模架体系。中隔墙、倒角均采用木模板,用穿墙螺栓对拉紧固。其他模架体系与一工区、二工区相同。

（1）三工区施工起讫桩号及设计参数。

三工区施工起讫桩号及设计参数见表 6.17。

表 6.17　三工区施工起讫桩号及设计参数

部位	起讫桩号	仓数	总长度/m	墙体厚度/m	顶板厚度/m	架体高度/m	备注
F6 匝道	F6K0＋149～ F6K0＋199	2	50	0.8	0.9	7.2	F6-B01～ B02
主线	LYK6＋072～ LYK6＋221	5	149	0.8	1.4、1.8	9.2	主线 B11 ～B15
	合计	7	—	—	—	—	—

（2）三工区顶板模架布置参数。

三工区顶板模架布置参数见表 6.18。

表 6.18　三工区主线 B13 模架布置参数

名　称	参　数	名　称	参　数
新浇混凝土顶板名称	主线 B13	新浇混凝土顶板计算厚度/mm	1400
模板支架高度 H/m	9.2	模板支架纵向长度 L/m	33
模板支架横向长度 B/m	23	立杆纵向间距 l_a/mm	1200
主梁布置方向	平行于立杆纵向方向	步距 h/mm	1500
立杆横向间距 l_b/mm	1200	支架可调托座支撑点至顶层水平杆中心线的距离 a/mm	450
顶层步距 h'/mm	1000	小梁最大悬挑长度/mm	150
小梁间距 l/mm	150	面板	15 mm 厚覆面木胶合板
主梁最大悬挑长度/mm	100	小梁材料	80 mm×80 mm 方木
板底支撑主梁材料（可调托座内 2 根）	10♯槽钢	—	—

（3）模架立杆布置。

三工区模架立杆布置平面图如图 6.19 所示。

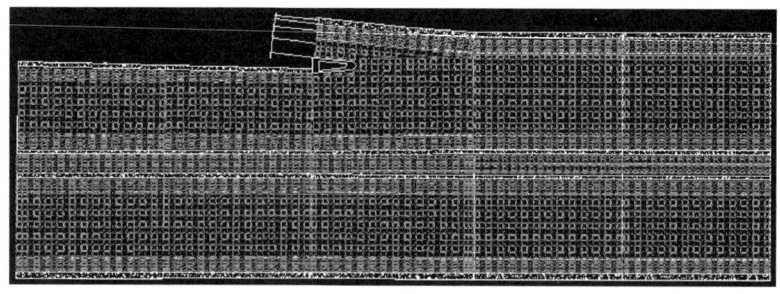

图 6.19　三工区模架立杆布置平面图

6. 四工区模架设计

本工区侧墙采用单侧模架体系，即三角支撑模架体系。中隔墙、倒角均采用木模板，用直径大于或等于 16 mm 的穿墙螺栓紧固。除第 18 仓外，其他模架体系与三工区第 13 仓相同。第 18 仓模架搭设相关参数如下。

(1) 四工区顶板模架布置参数。

四工区顶板模架布置参数见表 6.19、表 6.20。

表 6.19 四工区主线 B18 模架布置参数

名 称	参 数	名 称	参 数
新浇混凝土顶板名称	主线 B18	新浇混凝土顶板计算厚度/mm	1400
模板支架高度 H/m	13.8	模板支架纵向长度 L/m	40
模板支架横向长度 B/m	19.5	立杆纵向间距 l_a/mm	1200
主梁布置方向	平行于立杆纵向方向	步距 h/mm	1500
立杆横向间距 l_b/mm	900	支架可调托座支撑点至顶层水平杆中心线的距离 a/mm	450
顶层步距 h'/mm	1000	小梁最大悬挑长度/mm	150
小梁间距 l/mm	200	面板	15 mm 厚覆面木胶合板
主梁最大悬挑长度/mm	100	小梁材料	80 mm×80 mm 方木
板底支撑主梁材料 (可调托座内 2 根)	10♯槽钢	—	—

表 6.20 四工区主线 B18 混凝土横撑梁模架布置参数

参 数	规 格
新浇混凝土梁名称	B18 混凝土横撑梁
混凝土梁计算截面尺寸(mm×mm)	1500×1000
模板支架高度 H/m	7.2
模板支架横向长度 B/m	3
模板支架纵向长度 L/m	19.5
新浇混凝土梁支撑方式	梁侧无板,梁底小梁垂直于梁跨方向
梁跨度方向立杆纵距是否相等	是
梁跨度方向立杆纵向间距 l_a/mm	900
梁底两侧立杆横向间距 l_b/mm	1200
最大步距 h/mm	1500
顶层步距 h'/mm	1000
可调托座伸出顶层水平杆的悬臂长度 a/mm	450

续表

参　数	规　格
混凝土梁与梁底两侧立杆的位置关系	居中
梁底左侧立杆距梁中心线的距离/mm	600
梁底增加立杆根数	1
梁底增加立杆布置方式	按梁两侧立杆间距均分
梁底增加立杆依次距梁底左侧立杆距离/mm	600
梁底支撑主梁最大悬挑长度/mm	200
每跨距内梁底支撑小梁间距/mm	250
模板及支架计算依据	《建筑施工承插型盘扣式钢管脚手架安全技术标准》(JGJ/T 231—2021)
梁底支撑小梁左侧悬挑长度 a_1/mm	150
梁底支撑小梁右侧悬挑长度 a_2/mm	150

（2）模架设计图。

四工区典型结构模架布置平面图如图 6.20 所示。

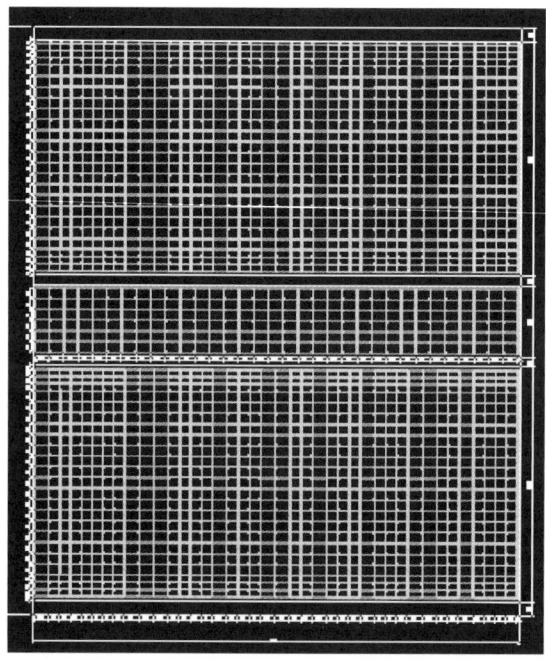

图 6.20　四工区典型结构模架布置平面图

7. 构造设计

(1) 支架的 U 型顶托和底座的调整范围。

板支架纵横向均布置水平杆,底层纵横向水平杆作为扫地杆,距离地面高度小于或等于 550 mm,中间步距设为 1500 mm,为了确保可调托座伸出顶层水平杆的悬臂长度($a \leqslant 650$ mm)及螺杆伸出钢管顶部的尺寸满足规范要求,梁板下步距按照以下要求进行设计。

①顶托承载力根据《建筑施工承插型盘扣式钢管脚手架安全技术标准》(JGJ/T 231—2021)中 5.1.9 的规定取值,为 140 kN。

②确保梁板支撑系统整体稳固相连,梁下支撑立杆利用盘扣式脚手架的模数化水平杆进行纵横向连接。当现场实际情况与盘扣模数不匹配,无法直接采用标准模数水平杆连接时,可采用扣件式钢管作为水平杆进行纵横向连接,且水平杆的步距应与周边架体保持一致。

③立杆顶端 U 型顶托伸出顶层水平杆的悬臂长度:模板支架可调托座伸出顶层水平杆或双槽钢托梁的悬臂长度严禁超过 650 mm,且丝杆外露长度严禁超过 400 mm,可调托座插入立杆长度不得小于 150 mm;支撑架可调底座丝杆插入立杆长度不得小于 150 mm,丝杆外露长度不大于 300 mm,作为扫地杆的最底层水平杆中心线离可调底座的底板高度不大于 550 mm。

可调托座伸出顶层水平杆的悬臂长度如图 6.21 所示。可调底座调节丝杆外露示意图如图 6.22 所示。

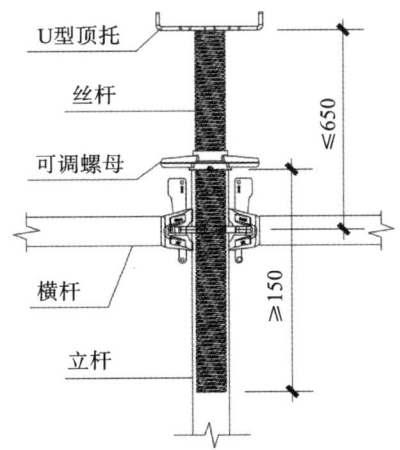

图 6.21　可调托座伸出顶层水平杆的悬臂长度(单位:mm)

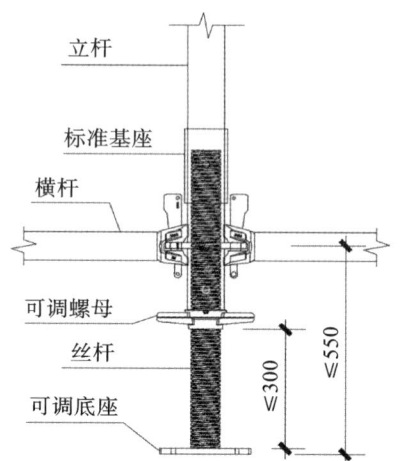

图 6.22 可调底座调节丝杆外露示意图(单位:mm)

(2)模板支架的斜杆应符合的要求。

①竖向斜杆布置形式应符合《建筑施工承插型盘扣式钢管脚手架安全技术标准》(JGJ/T 231—2021)中表 6.2.2-2 的要求,如表 6.21 所示。

表 6.21 重型(Z 型)支撑架竖向斜杆布置形式

立杆轴力设计值 N/kN	搭设高度 H/m			
	H≤8	8<H≤16	16<H≤24	H>24
N≤40	间隔 3 跨	间隔 3 跨	间隔 2 跨	间隔 1 跨
40<N≤65	间隔 2 跨	间隔 1 跨	间隔 1 跨	间隔 1 跨
N>65	间隔 1 跨	间隔 1 跨	间隔 1 跨	每跨

注:1.立杆轴力设计值和脚手架搭设高度为同一独立架体内的最大值。

2. 每跨表示竖向斜杆沿纵横向每跨搭设;间隔 1 跨表示竖向斜杆沿纵横向每间隔 1 跨搭设;间隔 2 跨表示竖向斜杆沿纵横向每间隔 2 跨搭设;间隔 3 跨表示竖向斜杆沿纵横向每间隔 3 跨搭设。

②本工程架体高度满足 8 m≤H≤16 m,竖向斜杆间隔 1 跨布置,如图 6.23 所示。

③步距不宜超过 1.5 m,顶层步距不超过 1 m。桁架式支撑结构的单元桁架组合方式采用矩阵形,单元桁架之间的每个节点应通过水平杆连接,如图 6.24 所示。

④当模板支架搭设成无侧向拉结的独立塔状支架时,架体每个侧面每步距均应设竖向斜杆。斜杆按矩阵式形式布置,格构柱主要采用"隔一打一"的布置形式。

(3)断缝处理。

因受架体模数限制,在结构平面图中,于不符合模数的位置将支撑架断开。在架体断开位置使用 φ48 mm×3.0 mm 钢管和扣件进行拉结,确保支撑架架体的整体稳定性,

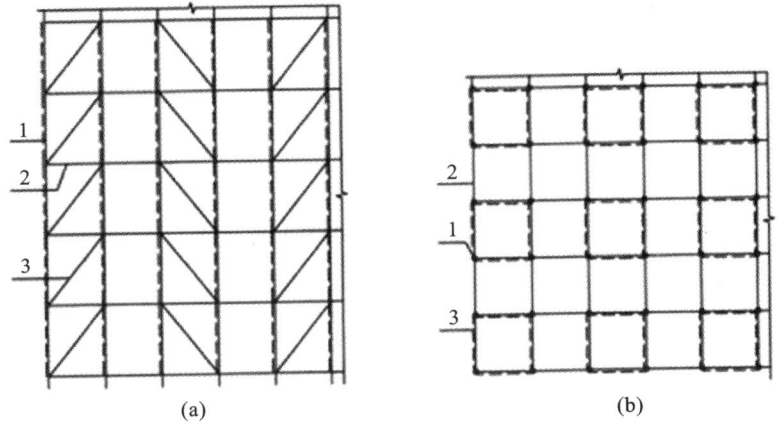

图 6.23　间隔 1 跨形式支撑架斜杆设置

(a) 立面图;(b) 平面图

注:1—立杆;2—水平杆;3—竖向斜杆

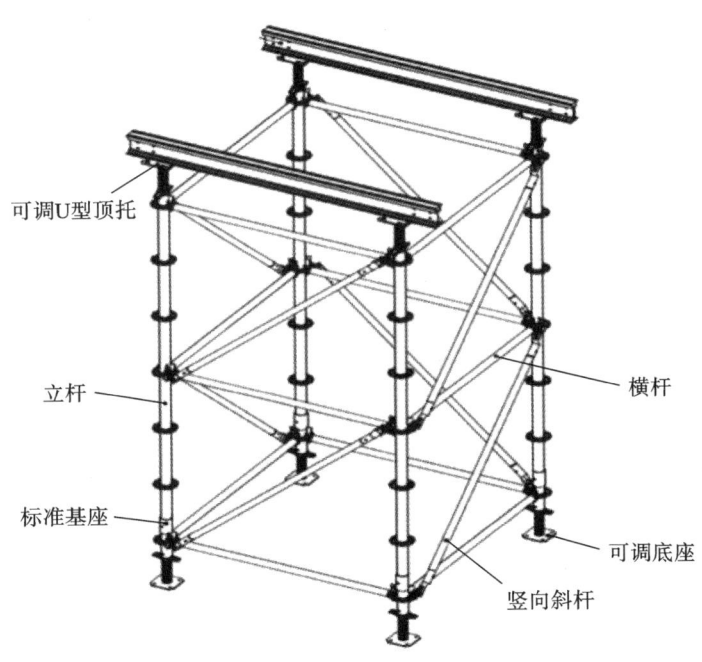

可调U型顶托

立杆

标准基座

横杆

可调底座

竖向斜杆

图 6.24　单元桁架斜杆布置立面图

拉结长度至少伸进架体两跨,应沿竖向按照小于或者等于 1.5 m 的步距拉结(拉结在两侧盘扣架立杆上),断缝边跨架体竖向斜杆满设。

(4) 水平安全网。

在高度 2.0 m 处设置一道水平安全网,以保证支模工人的安全,在顶板模板铺设好以后,将此网拆除供周转使用。

（5）架体检查验收通道。

为方便架体检查验收，设置检查通道，通道位置避开梁底支撑立杆，检查通道宽 900～1200 mm。将通道处扫地杆及第一道水平横杆去掉，在通道两侧立杆增加 1 道斜杆、通道上增加 1 道斜杆，保证架体稳定。

8. 超限模架支撑施工工艺

（1）模板安装、拆除流程。

①模板安装流程。

a.顶板模板及支撑架施工流程：弹线、立杆定位→竖立杆→安装横杆→加设斜杆→铺设主次龙骨→铺板底模→校正标高→模板检查验收。

b.单侧模板及支撑架施工流程：弹线→支立杆→安装横杆→加设斜杆→调整标高→绑扎钢筋→安装模板→模板检查验收。

②模板拆除流程。

a.遵循先支后拆，后支先拆；先拆非承重部分的模板，后拆承重部分的模板；自上而下，支架先拆侧向支撑，后拆竖向支撑等原则。

b.顶板模板拆除流程：拆除顶托→拆除主次龙骨→拆除顶部立杆→拆除面板→逐步拆除水平杆→逐步拆除立杆及剪刀撑。

c.单侧模板拆除流程：拆除顶托→拆除模板龙骨→拆除底模→逐步拆除水平杆→逐步拆除立杆及剪刀撑。

（2）模架支撑体系搭设、拆除施工方法。

①模架支撑体系搭设方法。

第一步，在地面放线，放出轴线和墙柱构件的边线；以框架梁为中线进行垫木铺设和盘扣架立杆的安装，水平杆根据构造要求安装。安装水平杆时，将上盘扣扣紧，并使用锤子适当砸紧，不能松动。

第二步，在第一步搭设的下部盘扣架支撑的水平杆上铺设脚手板作为临时作业面，向上继续安装立杆及水平杆，直至设计高度。

第三步，安装板底或梁底模板。在模架的盘扣架支撑搭设完毕后应进行验收，验收合格后再安装梁底模板。安装前，在板底或梁底横向钢管的标高位置铺设脚手板作业面，形成作业平台。

第四步，进行梁钢筋绑扎，同时进行梁帮、板模板安装准备。

第五步，安装梁帮、板模板并加固，进行模板的起拱调整，完成混凝土梁板模架的安装作业。

②模架支撑体系拆除方法。

采用脚手板在操作面搭设作业平台,保证施工作业人员有安全的作业面。

第一步,松动梁帮对拉螺栓,拆除加固钢管。

第二步,松动板底支撑架的顶托,保留盘扣架支撑系统,拆除背楞。

第三步,松动并拆除梁帮。

第四步,松动并拆除板模板。

第五步,清理盘扣支撑架上的模板,完毕后,自上而下拆除盘扣支撑架。盘扣支撑架的立杆、横杆应分区段拆除,并相互协调,直至盘扣支撑架全部拆除。

第六步,清理立柱支撑及作业面。

(3)顶板模板施工要求。

①脱模剂:模板采用水性脱模剂。必须先清理干净模板后,方能涂刷脱模剂,如遇雨淋,需重新涂刷。

②先铺设主龙骨,再铺设次龙骨。在次龙骨上铺设顶板底模板,模板之间直接拼接,保证拼缝严密、不漏浆。

③从一侧开始铺顶板模板,模板的摆放应以模板切割量最小为准则,并应尽量减少拼缝。拼缝模板设置在中间部位,以便于模板拆除。

④顶板模板铺完后,用水准仪测量模板标高,进行校正,并用靠尺找平。

⑤板模板按设计要求进行起拱:当梁跨大于 4 m 时,按 $2L/1000$(L 为梁跨)起拱;悬挑板板跨大于或等于 1.5 m 时,按悬臂长度的 $4L/1000$(L 为悬臂长度)起拱。

⑥将模板内杂物清理干净。

⑦主次龙骨端头悬挑部分长度不能超过 200 mm。

⑧模板支撑架顶部支撑点与支撑架顶层横杆的距离不应大于 500 mm。

(4)梁模板施工要求。

①放好梁标高控制线,并将梁底线弹在柱钢筋上。

②按设计标高调整立杆的标高,然后安装梁底模板,并拉线找直。

③梁钢筋绑扎完成后清除杂物,安装梁侧模板。梁侧模板与底模板之间的固定方法为梁侧模板包底模板;顶板模板与梁侧模板之间的固定方法为顶板模板压梁侧模板。

④安装后校正梁中线、标高、断面尺寸,将梁模板内杂物清理干净。

⑤在主龙骨下方不大于 2 m 处设末道水平安全网。

⑥梁底模板应起拱,当梁跨大于 4 m 时,按 $2L/1000$(L 为梁跨)起拱;当为悬臂梁时,按悬臂长度的 $4L/1000$(L 为悬臂长度)起拱,起拱采用调整主龙骨顶托的方法。

（5）模板拆除要求。

拆除程序：拆除前先对混凝土结构的同养试块进行送检，检测结果符合强度要求后，填写拆模申请单，经过项目技术负责人审批后方可拆除，严禁私自拆除。

模板拆除前，应由项目负责人组织技术部、安全部、材料部负责人及质检员、木工工长对架体的连接件、支撑体系、连墙件是否符合构造要求进行全面检查。检查前必须清理出一条顺畅的通道，方便人员进出，并且模架底部照明需充足。应派专人检查模板支撑架上的材料、杂物是否清理干净。模板支撑架拆除前必须划出安全区，并设置警示标志，派专人进行警戒。架体拆除时下方不得有其他人员作业及通行。

模板拆除应满足以下两个条件。

①混凝土强度要达到拆模强度。

a. 侧模板应在混凝土强度能保证混凝土表面及棱角不受损伤时拆除。底模板及支架应在混凝土强度达到设计要求后拆除。

b. 所有悬挑构件施工时，其根部钢筋位置及锚固应严格按照说明或图纸要求施工，并由专人检验；施工时应加设临时支撑，临时支撑需待悬挑构件及其平衡构件的混凝土强度达到100%后方可拆除。

c. 拆模时的同条件养护混凝土立方体试件抗压强度符合表6.22的规定。

表 6.22　混凝土立方体试件抗压强度要求

构　件　类　型	构件跨度/m	达到设计混凝土强度的百分率/（%）
板	≤2	≥50
	>2,≤8	≥75
	>8	≥100
梁、拱、壳	≤8	≥75
	>8	≥100
悬臂构件	—	≥100

②模板拆除要保证上部结构施工的安全。

a. 第18仓超限模架区域横梁下一层需保留支撑体系，需在梁上结构模架拆除后再拆除下一层支撑体系。检查验收后，由项目技术负责人向施工人员进行技术交底并做好记录。

b. 拆除时应划出工作区，周围设护栏及警戒标志，地面设专人旁站指挥，严禁非作业人员入内。

c. 严格按照拆模顺序拆除模板。拆除模板时应设置拆模通道，光线较暗处必须设置照明装置。模板支撑架拆除作业应分步按顺序进行。模板拆除后严禁直接从高空抛下。

　　d. 拆除支撑架部分水平杆和剪刀撑,以便作业,而后拆除梁侧模板。

　　e. 下调立杆顶托螺杆,使多层板与龙骨脱开。然后用钢钎轻轻撬动多层板,拆下第一块,然后逐块拆除。切不可用钢棍或铁锤猛击乱撬。每块多层板拆下时,用人工托扶放于地上,严禁拆下的模板及构件自由坠落于地面。

　　f. 拆除梁底模板的方法与拆除顶板模板的方法大致相同。先拆掉穿梁螺栓和梁托架,再拆除梁底模板。但在拆除跨度较大的梁底模板时,应从跨中开始下调立杆顶托螺杆,然后向两端逐根下调,再按以上要求开展后续作业。拆除梁底模板立杆时,也要从跨中向两端作业。

　　(6) 混凝土浇筑要求。

　　① 混凝土浇筑作业开始前应再次对模板支架进行全面检查,合格后方能浇筑混凝土。

　　② 超限区域混凝土浇筑时,水平结构和框架柱分开施工,必须在框架柱结构混凝土浇筑完成并拆除模板后,按照上述拉结与支撑方法支设顶板,再进行顶板、梁混凝土浇筑工作。

　　③ 先浇筑竖向构件,再浇筑水平构件。梁分层浇筑时应利用自然流淌形成斜坡,并沿高度均匀上升,分层厚度不宜大于 300 mm。当浇筑到板底位置时与板混凝土一起浇筑,连续向前推进。应确保模板支架在浇筑混凝土过程中均衡受载,不得集中堆载,按照由中部向四周扩展的顺序浇筑。

　　④ 采用混凝土泵车浇筑混凝土时,混凝土不得直接冲击模板。

　　⑤ 使用混凝土振捣器前,检查各部件,应连接牢靠,并经专业电工检查,确认不漏电后方可继续使用。振捣器不得直接放置在模板及支撑架体上进行试振。振捣时注意振捣棒与模板的距离不小于 150 mm,并避免碰撞钢筋、模板、预埋件等。

6.5.3　混凝土工程

1. 混凝土运输和进场验收

　　(1) 混凝土运输。

　　在现场派专人负责疏导车辆,统一协调指挥,以便混凝土供应能满足连续浇筑施工的需要。

　　(2) 混凝土进场验收。

　　现场取样时在搅拌车卸料 1/4~3/4 时进行,取样、试件制作、养护均应有监理单位见证,供需双方现场参与。混凝土到达现场测定的坍落度与出站前测定的坍落度的偏差不大于 20 mm。

2. 混凝土输送

因主体顶板、底板一次浇筑混凝土量较大,考虑工期等因素,现场采用混凝土泵车进行混凝土浇筑。混凝土泵送宜连续作业,若混凝土供应不及时,需降低泵送速度;泵送暂时中断时,搅拌不停止。泵送完毕,清理管道时,采用空气压缩机推动清洗球清洗混凝土泵和管道。

3. 混凝土浇筑与振捣

(1)混凝土浇筑。

浇筑竖向结构混凝土时,如浇筑高度超过 2 m,应采用加串筒的办法进行施工。混凝土应分层、连续浇筑。用插入式振捣器振捣时,分层振捣厚度不超过 500 mm。如必须间歇,尽量缩短间歇时间,并在前层混凝土初凝前,将次层混凝土浇筑完毕,间歇的最长允许时间按试验确定,如超过最大允许间歇时间,按施工缝处理。

浇筑混凝土时派专人经常观察模板钢筋、预留孔洞、预埋件等有无位移、变形或堵塞等情况,发现问题立即处理,并在已浇筑的混凝土初凝前处理完成。

墙混凝土浇筑前,在底面水平施工缝处先均匀浇筑 30~50 mm 厚与混凝土配合比相同的水泥砂浆,砂浆用铁铲入模。柱墙混凝土分层浇筑、振捣,每层浇筑厚度控制在 500 mm 左右,混凝土下料点分散布置,循环推进,连续进行,并严格控制好混凝土浇筑的延续时间。

(2)混凝土振捣。

使用插入式振捣器快插慢拔,插点要均匀排列,逐点移动,按顺序进行,不得遗漏,做到均匀振实,每点振捣 20~30 s,移动间距不大于插入式振捣器作用半径的 1.4 倍(一般为 300~400 mm)。振捣上层时插入下层混凝土的深度不小于 50 mm,以消除两层间的接缝。振捣至混凝土表面不再显著下沉、不再出现气泡、表面泛出水泥浆。

4. 混凝土的养护

混凝土浇筑完毕后,在 12 h 以内加以覆盖,并按相关要求进行养护,养护期不少于 14 d。冬期养护使用综合蓄热法,搭设保温棚。

5. 大体积混凝土施工

(1)混凝土的运输。

在混凝土运输工序中,应保证混凝土运至浇筑地点后不离析、不分层、组成成分不发生变化,并具备施工所需的坍落度、和易性、黏聚性、保水性等。

①运输时间。

混凝土应以最少的转载次数和最短的时间,从搅拌地点运至浇筑地点。

②场内运输。

使用混凝土泵车进行混凝土泵送。混凝土泵车由混凝土搅拌站提供。

安排专人负责管理和指挥,协调好混凝土搅拌站的运输时间安排,确保混凝土供应能够持续不间断。

混凝土入场检验:到场的混凝土坍落度过大或过小,均做退场处理。严禁在现场往混凝土搅拌运输车内加水。同时要检查混凝土的和易性、保水性、黏聚性是否合格,合格后方可进行浇筑。

要求混凝土搅拌站对混凝土搅拌运输车司机进行交底。在卸料前,要高速旋转拌筒使混凝土拌和均匀。卸料时,应配合泵送过程反向均匀旋转拌筒进行卸料。

③质量要求。

商品混凝土厂家严格按照混凝土原材料技术要求做试配,并严格按照配合比进行搅拌。

混凝土运至浇筑地点,如混凝土拌和物出现离析或分层现象,对混凝土拌和物进行二次搅拌。

混凝土运至浇筑地点时,检测坍落度,其允许偏差符合有关标准的规定,方能使用。

混凝土入模温度应不低于 5 ℃,不超过 28 ℃,混凝土最大温升不宜大于 50 ℃。

(2)混凝土泵车布置。

根据现场实际情况,进行混凝土泵车的布置:采用两台混凝土泵车(一用一备)进行浇筑,混凝土浇筑顺车行道方向从一端向另一端推进,分段分层浇筑混凝土,保证混凝土浇筑的连续性及及时性。混凝土泵车布置在场地内平整、宽敞的区域,支设要牢固,并由专业人员进行统一管理。

(3)混凝土浇筑与养护。

①浇筑方法。

采用跳仓法施工,跳仓的最大分块尺寸不宜大于 40 m,跳仓间隔施工的时间不宜小于 7 d,跳仓接缝处按施工缝的要求处理。

②浇筑顺序。

每仓混凝土浇筑采用分段分层法施工(图 6.25),浇筑由一端向另一端推进,且在下层混凝土初凝前完成上层混凝土浇筑;上下层同时浇筑时,上层与下层的浇筑距离应保持 1.5 m 以上。

③混凝土浇筑。

混凝土分段分层浇筑,连续进行,不留施工缝;浇筑时采用混凝土泵车,每层浇筑厚度根据结构厚度来确定,分层厚度控制在 300~500 mm。在振捣上层时,振捣器插入下

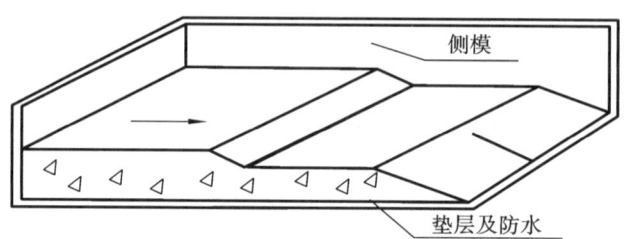

图 6.25　分段分层法施工示意图

层混凝土中的深度不应小于 50 mm,以消除两层之间的接缝,要在下层混凝土初凝之前进行上层混凝土振捣。合理安排施工顺序,分层浇筑可使下层混凝土的水化热在初凝时充分散发,减少混凝土的蓄热量,防止水化热积聚,从而减少温度应力。

混凝土振捣采用插入式振捣器,要做到快插慢拔,上下抽动,均匀振捣,插点要均匀

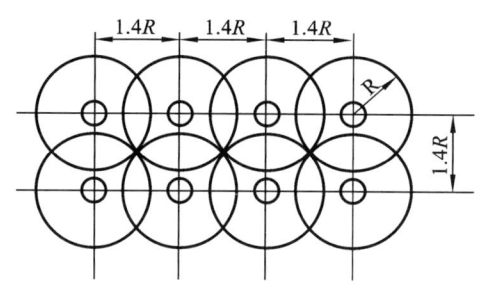

图 6.26　振捣器插点排列

注:R—振捣器有效作用半径

排列;振捣插点间距不应大于振捣器作用半径的 1.4 倍;振捣器与模板的距离不应大于振捣器作用半径的 50%(图 6.26)振捣时。振捣时按照"行列式"顺序依次移动(图 6.27),不要跳跃式振捣,以免造成混乱而出现漏振。每一插点要掌握好振捣时间,一般每点振捣时间为 20～30 s,以混凝土停止下沉、不再出现气泡、表面出现浮浆为度。

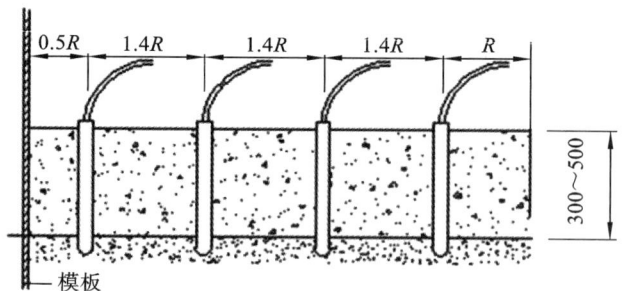

图 6.27　振捣器呈"行列式"移动(单位:mm)

注:R—振捣器有效作用半径

④操作要点。

a.钢筋相互间绑扎牢固,以防浇筑混凝土时受到碰撞、振动使绑扣松散,钢筋移位,造成露筋。

　　b. 混凝土浇筑时,应严格控制振捣工艺,避免出现漏振、欠振、过振和振捣不实现象。

　　c. 混凝土初凝前,进行二次找平、压实,用木抹子拍打混凝土表面直至泛浆,用力搓压平整,最后做拉毛处理,避免出现混凝土收缩裂缝和温度裂缝。

　　⑤施工要求。

　　a. 在混凝土浇筑过程中不得随意改变水胶比。

　　b. 严格控制混凝土的坍落度和坍落度损失,不得产生离析和泌水现象。

　　c. 注意混凝土浇筑高度,防止产生离析和粗骨料沉降。混凝土自高处倾落的自由高度不应超过 2 m;浇筑混凝土时两泵之间的距离不应大于 2 m。

　　d. 模板应平整,拼缝严密、不漏浆,并有足够的强度和刚度,吸水性小。

　　e. 应振捣密实,防止漏振、欠振、过振,底板和顶板混凝土浇筑完毕,收水、刮平后,立即严密覆盖,防止失水。

　　f. 加强湿养护,应有保温、保湿措施。防水混凝土终凝后应立即进行湿养护,湿养护时间不得少于 14 d。在养护期间混凝土始终保持湿润,严防暴晒,应有防晒措施。

　　g. 在混凝土内部中心与混凝土表面布置测温计。混凝土内外温差要控制在 25 ℃以内,防止混凝土内外温差过大出现水化热积聚及收缩裂缝。

　　h. 结构缝部位需多次进行混凝土浇筑,底板与侧墙、中板与侧墙的混凝土浇筑龄期差不宜大于 5 d,侧墙与顶板的浇筑龄期差不宜大于 7 d。

　　⑥混凝土养护。

　　a. 混凝土浇筑完毕之后,做好混凝土的保温保湿养护,缓慢降温,充分发挥徐变特性,降低温度应力。

　　b. 在混凝土初凝前立即覆盖一层塑料薄膜并加盖土工布养护,保持混凝土面湿润,温度适宜。经常检查塑料薄膜及保温材料的完整情况。

　　c. 保温养护过程由专人负责并做好测温记录。

　　d. 养护持续时间不宜少于 14 d。

　　e. 保温覆盖层拆除应分层逐步进行,当混凝土表面温度与环境温度最大温差小于 20 ℃时,方可全部拆除。

　　(4) 混凝土试块留置。

　　①混凝土的强度等级必须符合设计要求。用于检验混凝土强度的试件应在浇筑地点随机抽取。检查数量:对同一配合比的混凝土,取样与试件留置应符合下列规定。

　　a. 当一次连续浇筑不大于 1000 m³ 的同配合比大体积混凝土时,混凝土强度试件现场取样且不应少于 10 组。

　　b. 当一次连续浇筑 1000~5000 m³ 的同配合比大体积混凝土时,超出 1000 m³ 的混凝土,每增加 500 m³,取样不应少于 1 组,增加不足 500 m³ 时,取样 1 组。

c.当一次连续浇筑大于 5000 m³ 的同配合比大体积混凝土时,超出 5000 m³ 的混凝土,每增加 1000 m³,取样不应少于 1 组,增加不足 1000 m³ 时,取样 1 组。

②同条件养护试件的取样和留置应符合下列规定。

a.同条件养护试件所对应的结构构件或结构部位,应由施工、监理等各方共同选定,且同条件养护试件宜于工程施工周期内均匀取样。

b.同条件养护试件应在混凝土浇筑入模处见证取样。

c.同条件养护试件应留置在靠近相应结构构件的适当位置,并应采取与相应结构构件相同的养护方法。

d.同一强度等级的同条件养护试件不宜少于 10 组,且不应少于 3 组。每 2000 m³ 取样不得少于 1 组。

(5)混凝土测温。

①大体积混凝土浇筑体内监测点的设置,应真实地反映混凝土浇筑体内最高温升、里表温差、降温速率及环境温度,可按下列方式设置。

a.底板、顶板大体积混凝土测温点设置。

宜选择具有代表性的两个交叉竖向剖面进行测温,竖向剖面交叉位置宜通过中部区域。

每个竖向剖面的周边及内部应设置测温点,两个竖向剖面交叉处应设置测温点;混凝土浇筑体表面测温点应设置在保温覆盖层底部或模板内侧表面,并应与两个竖向剖面上的周边测温点位置及数量对应;环境测温点不应少于 2 处。

每个剖面的周边测温点应设置在距混凝土浇筑体表面 50 mm 的位置处;每个剖面的测温点宜竖向、横向对齐;每个剖面竖向设置的测温点不应少于 3 处,间距不宜大于 500 mm;每个剖面横向设置的测温点不应少于 4 处,间距不应大于 10 m。

b.墙体大体积混凝土测温点设置。

宜选择沿构件纵向的两个横向剖面进行测温,每个横向剖面的周边及中部区域应设置测温点;混凝土浇筑体表面测温点应设置在模板内侧表面,并应与两个剖面上的周边测温点位置及数量对应;环境测温点不应少于 1 处。

每个横向剖面的周边测温点应设置在距混凝土浇筑体表面 50 mm 的位置处;每个横向剖面的测温点宜对齐;每个剖面的测温点不应少于 2 处,间距不宜大于 500 mm。

②大体积混凝土测温应符合下列规定。

a.根据每个测温点被混凝土初次覆盖时的温度确定各测温点部位混凝土的入模温度。

b.浇筑体周边测温点、浇筑体表面测温点、环境测温点的测温,应与混凝土浇筑、养护过程同步。

c.应按测温频率要求及时提供测温报告,包括各测温点的温度数据、温差数据、代表点位的温度变化曲线、温度变化趋势分析等内容。

d.混凝土浇筑体周边测温点的温度与环境温度的差值小于 20 ℃时,可停止测温。

③温度控制指标宜符合下列规定。

a.混凝土入模温度不宜大于 30 ℃;混凝土浇筑体最大温升不宜大于 50 ℃。

b.在覆盖养护阶段,混凝土浇筑体周边测温点的温度与混凝土浇筑体表面温度的差值不应大于 25 ℃;覆盖养护结束后,混凝土浇筑体周边测温点的温度与环境温度的差值不应大于 20 ℃。

c.混凝土浇筑体的降温速率不宜大于 2 ℃/d。

d.混凝土浇筑体内部相邻测温点的温度差值不应大于 25 ℃。

④大体积混凝土测温频率应符合下列规定。

第一天至第四天,每 4 h 不应少于 1 次。

第五天至第七天,每 8 h 不应少于 1 次。

第八天至测温结束,每 12 h 不应少于 1 次。

6. 混凝土成品保护措施

(1)结构底板混凝土浇筑时注意保护基础四周外露的防水层。防水层表面应覆盖保护,以免被钢筋碰破。

(2)混凝土施工时,搭设行走马道,不得踩踏钢筋,不得触动预埋件、插筋和模板,确保钢筋和垫块位置正确,模板支设牢固、拼缝严密。

(3)已浇筑混凝土的表面要加以保护,必须在混凝土强度达到 1.2 MPa 后,方可在上面进行操作及安装结构用支架和模板。拆除模板时,不得用大锤、撬棍硬砸猛撬,以免损坏模板及混凝土外观。所有混凝土阳角必须进行保护。

6.6 "四新"技术应用

6.6.1 新技术

1. 工程建设项目管理信息系统

(1)系统内容。

工程建设项目管理信息系统提供 BIM(building information model,建筑信息模型)平台运行所需要的各种 BIM 模型、生产过程数据及文档、实时监测监控数据、甲方要求的信息系统接口等。工程建设项目管理信息系统具备如下主要功能。

①按施工阶段提交的合格的场地布置 BIM 模型。

②按照甲方要求的分部分项检验批编码规则进行编码,提交分部分项检验批划分信息。

③提供计划进度、计划产值信息。

④提供检验批编码与施工模型构件的对应关系。

⑤提供本标段风险源信息列表与空间定位 DWG 格式图纸;提供视频流数据 IP 地址,视频流格式能接入甲方平台。

⑥提供环境监测设备实时数据接口。

⑦及时通过甲方指定的系统及方式,按照有关标准、规范和甲方要求上报各种数据,例如旁站信息、验收信息、验收报告、进度报告、问题整改情况等。

(2)模型格式。

模型应符合相关 BIM 行业标准与规范要求,可无损转换成 RVT 格式。

(3)模型种类、拆分及组装。

①模型种类按照甲方管理要求(进度、质量、安全)提供,一般按照单位工程或分部工程单独建模。

②为了在 BIM 中检索构件时能够做到简单、清晰明了,单个模型应能按照部位、构件种类、专业种类、材料种类、工艺工序等进行拆分和组装。

③由于结构配筋模型体积大,影响 BIM 轻量化平台运行效率,故应单独建模,各级组装模型及总装模型都不链接钢筋模型。

(4)构件编码要求。

每个构件都应有"分类编码""构件唯一编码"两个字段并赋值。构件分类编码用来区分构件的类型,编码规则参见《公路工程信息模型应用统一标准》(JTG/T 2420—2021)附录 A。在整个工程项目中每个构件的编码都是唯一的,不能重复,并且在全生命周期(设计、施工、运维阶段)保持不变。编码规则参见《公路工程信息模型应用统一标准》(JTG/T 2420—2021)。

(5)建模单位及位置信息。

①长度单位为毫米(mm),不保留小数;角度单位为度(°),保留小数点后 2 位小数。

②为了保证在 BIM 系统中落图后位置正确,所有模型应采用统一坐标系建模。模型中项目基点坐标应采用 2000 国家大地坐标系,相对转角单位为度(°),高程采用国家高程基准。

(6)BIM 场地布置模型要求。

　　场地布置模型应能体现施工场地现状,并按施工阶段及时提交相应场地布置模型。不同的施工场地,应分别建模。

　　(7) 分部分项与检验批系统接口技术要求。

　　①按照甲方要求的分部分项检验批编码规则进行编码。检验批编码由标段号、单位、分部、分项、检验批 5 部分组成,中间以“-”分隔。检验批编码应唯一,不能重复,即不同的检验批应有不同的检验批编码。

　　②以 Excel 文件提供本标段分部分项检验批系统接口,描述检验批及相应计划进度、计划产值信息。该接口文件按照标段提交,每个标段提交一次。分部分项检验批系统接口列表包含字段见表 6.23。

表 6.23　分部分项检验批系统接口列表包含字段

单位工程名称	单位工程编号	分部名称	分部编号	分项名称	分项编号	检验批名称	检验批编号	产值/元	计划开始时间	计划完成时间

　　③为保证信息准确,应直接采用甲方提供的 Excel 模板,填写信息后提交。

　　(8) 检验批编码与构件的对应关系。

　　①以 Excel 文件提供检验批编码与施工模型构件的对应关系,列表包含字段见表 6.24。

表 6.24　检验批编码与施工模型构件的对应关系列表包含字段

序　号	检验批编码	构件唯一编码

　　②为保证信息准确,应直接采用甲方提供的 Excel 模板,填写信息后提交。

（9）风险源信息要求。

①按照《公路工程施工安全技术规范》（JTG F90—2015）的要求，提交风险源的具体信息、管控措施、专项施工方案、专家论证报告。

②提供危险性较大工程的风险源。

③以 Excel 文件提供风险源信息。风险源信息列表包含字段见表 6.25。

表 6.25　风险源信息列表包含字段

序号	标段号	风险源编号	风险源名称	里程	对应分部分项检验批编码	风险描述	主要管控措施	专项施工方案	专家论证报告

④为保证信息准确，应直接采用甲方提供的 Excel 模板，填写信息后提交。

⑤以 DWG 格式图纸提供本标段风险源位置信息。

（10）视频监控摄像头要求。

①以表格方式提供本标段视频监控摄像头信息列表，包括位置、名称、技术参数等内容。

②以 DWG 格式图纸方式提供本标段视频监控摄像头位置信息。

③提供视频流数据 IP 地址，视频流格式应能接入甲方平台。

（11）环境监测设备接口要求。

①以表格方式提供本标段环境监测设备信息列表，包括位置、名称、技术参数等内容。

②施工单位工地现场各类环境监测设备接口接入建设单位 BIM 系统，并保证能够显示实时监测数据。

（12）日常数据上报要求。

①按照有关标准、规范和甲方要求上报各种相关数据，主要包括旁站信息、验收信息、问题整改信息等。

②通过系统 Web 端上报检验批质量验收文档、施工进度计划与总结、其他必要的管理文档与数据等。

2. 基于物联网系统的现场管控

立交匝道多,高度变化不一,曲线形式复杂,施工交叉较多,需合理布置施工道路及临时设施,以避免二次拆改。本工程采用基于物联网技术的现场管控方案。

(1) 基于物联网技术的现场管控说明。

为规范施工现场管理,并借助计算机信息网络技术实现现场监督管理的信息化,强化总包单位的监管,根据工地现场监控需求,建立一套具有统一性、完整性和科学性的重大工程施工工地视频监控系统。

①动静皆管的立体管理机制。

在现有的管理机制中整合视频管理元素,建立动静皆管的立体管理机制,可以更有效地对现场施工进行管理。在系统中整合其他传感器,并通过系统形象直观地反映监测状况。

②基于虚拟化技术的信息化施工管理。

将虚拟化技术整合到项目管理信息系统,为现场管理提供有效工具,采用的主要功能为任务派发、进度管理、台账管理、材料管理。

③基于 BIM 技术的项目管理信息化平台。

结合本工程建设全生命周期的实际需求,以设计成果验证、施工虚拟建造、智慧运维为落脚点,探索工程项目全生命周期的 BIM 应用。

(2) 基于物联网技术的现场管控主要内容。

①远程视频监控系统。

为掌握工程施工形象进度,监督施工过程,在施工现场布置视频监控设备,为视频监控创建一个完善的应用平台。视频监控通过网络发布,项目管理人员不但可以通过现场办公网络访问,还可以在异地关注现场施工情况、通过移动端掌控项目情况。如图 6.28 所示为视频监控系统流程图。

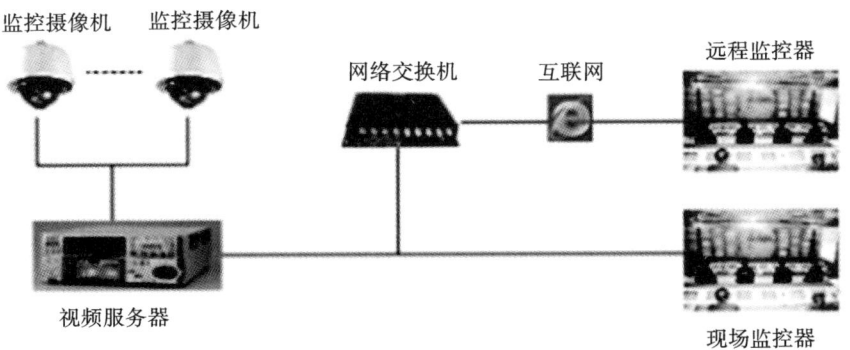

图 6.28　视频监控系统流程图

②现场监控传感器可视化管理。

本模块采用可视化表达方式,对钢支撑轴力、锚索预应力传感器等获得的监测数据进行管理,并按照一定的数学模型基于监测数据进行合理预测,以保证施工安全。建立各监测参数的预警及报警数据库,对符合条件的参数,按照系统预定的规则以各种方式进行预警和报警。同时,利用平面图或者三维图等多种形式,实现预警和报警的多维可视化。

③工地劳务管理。

a. 门禁系统。为了方便内部员工出入,杜绝外来人员随意进出,采用门禁系统,既方便了内部管理,又增强了内部的安保措施。门禁系统还能准确统计考勤数据,帮助项目部更好地进行人力成本分析、分包投入分析、工程效率分析等。

b. 人员定位系统。为了对人员进行有效的管理,防范串岗等带来的风险,在场区设置电子围栏,现场施工人员配备电子标签,系统自动识别工人及其匹配的工作区域,对于不符合规定的将发出警报予以提示。

④基于虚拟化技术的信息化施工管理。

以现场管理工作流为研究对象,采用信息化集成手段,结合 BIM 技术,为施工管理提供有力的管理工具,提高管理效率。具体内容如下。

a. 施工任务派发。在采用 BIM 模型的三维场景中准确定位施工任务,然后进行工作分解;施工负责人通过系统将任务分配给相关人员,系统发送短信提醒其及时查看;相关人员在查看并执行任务时,将施工信息自动反馈给施工负责人。同时,相关人员也可以对该任务进行回复,上传相关单据、文件等,系统自动记录,以便日后查询。

b. 工程进度上报。施工负责人将施工信息与 BIM 模型进行关联,将每天、每周、每季度的进度情况上报至系统,如完成工作量、进度百分比、上报时间、内容等,能够上传Excel 表格、Word 文档、CAD 文件等附件,以便相关人员查看和后期信息查询。

c. 变更台账管理。将施工过程中出现的工程变更、施工照片关联到三维模型中,以备实时查阅,避免丢失,以便日后查询。

d. 材料管理。对于大规模施工工程,合理调配材料是管理重点。本系统结合 BIM 的虚拟施工和进度计划,通过算量估算出未来一段时间的材料使用量,方便制订材料采购计划。而对于不同施工班组使用的材料,也可通过平台进行集中管理、网络化调拨,并形成管理台账。系统还可进行各种关于材料的分析,完成报表,供项目管理人员查看。

⑤基于 BIM 的信息化项目管理。

完善 BIM 管理系统,形成方便使用的、有效的项目管理系统,其中应用的 BIM 管理措施如下。

a. 施工前通过 BIM 模型虚拟搭建关键施工环节、步序,通过多套施工方案、方法等的对比,寻找满足质量、费用、进度要求的最优施工方案,并编制进度计划,避免浪费和质量缺陷。

施工中根据设计与施工的实际情况,随时更新进度数据,方便进行进度对比、计划调整。

b. 基于 BIM 模型进行技术交底。利用 BIM 模型进行直观、形象的 3D 施工交底,可有效地提高交底效率。将施工交底形成的单据、文件等通过系统进行记录,便于后续作业人员反复查看和追责等。

c. 施工后,可交付给运维的成果包括 BIM 模型及相关数据。BIM 模型及其所有属性文件统一存储在服务器数据库中,形成永久的电子信息库,对工程信息进行全面的备案,同时为运维提供支持。

本工程采用的 BIM 应用见表 6.26。

表 6.26　本工程采用的 BIM 应用

序号	应用阶段	应用类别	应用项	应用点	模拟内容
1		三通一平	场地平整	场地平整	场地地形实际标高,平整后的地形状况
2	施工准备	技术方案审查	总平面布局	总平面布置	提供场地施工组织三维模型,对现场的机械布置、加工区、物料堆放、车辆进出、生活区、办公区临时设施搭建、临水、临电、排污等设施进行可视化展现
3			施工组织设计	施工模拟	模拟整个工程施工过程
4	施工模拟(施工组织设计审查)	土方	土方开挖及填筑模拟	1. 调配、存放模拟; 2. 工程量及造价估算	1. 模拟土方开挖过程,并且根据工程量模拟运输及存放位置和存放量; 2. 与成本信息相关联
5			土方机械运输	1. 挖掘机、运输机作业模拟; 2. 机械台班需求量估算	机械运行模拟

序号	应用阶段	应用类别	应用项	应用点	模拟内容
6	施工模拟（施工组织设计审查）	基坑	支撑围护方案模拟	1. 土方边坡、土钉墙施工模拟； 2. 锚杆、护坡桩施工模拟； 3. 人工、机械需求量估算	模拟相关方案，并能模拟施工工艺、工序
7			降水、排水方案模拟	1. 方案对比、选择； 2. 进度模拟； 3. 工程量估算	1. 对方案进行模拟，并对不同方案进行分析比对； 2. 对方案进度进行模拟； 3. 对不同方案的实施造价进行估算
8					
9			桩基	1. 桩基施工模拟； 2. 机械、人工需求量估算	—
10		结构	基坑监测	1. 基坑内监测； 2. 基坑周边建筑物、管线监测	根据每次监测结果动态模拟基坑及周边建筑物、管线的变形
11			模板工程	1. 模板安装； 2. 模板拆除	模拟模板安装、拆除工艺及工序
12			钢筋工程	1. 钢筋翻样； 2. 钢筋断料优化	1. 根据工程量进行钢筋翻样，最后形成的工程量清单包含相关规范规定的损耗量等； 2. 根据钢筋工程量进行钢筋的断料优化，形成下料单及分析报表
			混凝土工程	混凝土施工	利用设计阶段形成的 BIM 模型，对每个构件进行施工流水段、时间的定义，实现施工的动态模拟

续表

序号	应用阶段	应用类别	应用项	应用点	模拟内容
13	施工管理	质量管理	技术交底	1. 隐蔽工程; 2. 关键、复杂节点; 3. 防水工程; 4. 预留、预埋; 5. 其他施工重点、难点	1. 隐蔽工程可视化; 2. 对关键、复杂节点以三维模型进行技术交底; 3. 防水工程的施工工艺模拟,关键节点的处理模拟; 4. 对预留、预埋构件的位置进行模拟,并可提供准确的工程量
14			质量检查比对	—	1.现场监测图片、信息等与模型相关联,从而把控实际工程质量及工程进度; 2. 根据相关进度对模型进行3D打印,并对打印结果进行存档管理
15		进度管理	进度计划	—	提供网络版进度计划,所有参与人均可查看
16			进度动态模型	—	—
17			进度比对检查	—	进度计划与施工实际进度的三维模型比对

3. 预应力锚索自动化监测在公路项目明挖隧道基坑工程中的应用

(1) 预应力锚索技术概述。

①预应力锚索原理。

预应力锚索是采取预应力方法把锚索锚固在岩体内部的索状支架,用于加固边坡。锚索靠锚头通过岩体软弱结构面的孔锚入岩体内,把滑体与稳固岩层连在一起,从而改变边坡岩体的应力状态,提高边坡不稳定岩体的整体性和强度。预应力锚索广泛应用于基坑支护、隧道开挖、边坡稳定、桥梁建设等多个领域。其核心原理是通过在结构中引入预应力来提高结构的承载力和稳定性。

②自动化监测技术概述。

a. 基本原理。

自动化监测技术是一种能够实时监测基坑稳定性的技术。通过安装传感器和数据处理设备,可以实时获取基坑的位移、应变等数据,从而及时发现并处理基坑问题。

b. 自动化监测技术的引入。

为了提高基坑施工的安全性和效率,在预应力锚索施工中引入自动化监测技术。该技术利用先进的传感器、数据采集和传输设备以及数据处理和分析系统,对基坑工程进行实时、全面的监测和数据分析。

(a)预应力锚索自动化监测系统的构建。

传感器布置:在基坑的关键部位,如锚索张拉端、基坑侧壁等位置布置传感器,用于实时监测土壤变形、锚索张力等参数。

数据采集与传输:通过无线或有线的方式,将传感器采集到的数据实时传输到中央数据处理系统。

数据处理与分析:中央数据处理系统对接收到的数据进行处理和分析,生成相应的监测报告和预警信息。

(b)预应力锚索自动化监测在明挖隧道基坑中的应用效果。

实时监测与预警:通过自动化监测系统,能够实时监测基坑的各项参数,一旦发现异常情况,如土体变形过大、锚索张力异常等,系统会立即发出预警信息,提醒施工人员采取相应措施,从而有效避免安全事故的发生。

提高施工效率:自动化监测技术的引入,减少了传统人工监测的工作量,缩短了周期,提高了监测的精确性和施工效率。施工人员可以根据监测数据及时调整施工方案,确保工程顺利实施。

优化工程设计:通过对监测数据的分析,可以为工程设计提供更为准确的土壤参数和锚索张力信息,有助于优化工程设计,提高工程的经济性和安全性。

(2)预应力锚索在基坑中的应用。

①预应力锚索在基坑加固中的作用。

a. 提高基坑稳定性。在基坑周围土体中设置预应力锚索,可以显著提高基坑的侧向稳定性,防止基坑坍塌或过度变形。

b. 控制地层位移。预应力锚索能够有效地控制基坑开挖过程中地层的水平和垂直位移,减少对周边建筑物和地下设施的影响。

c. 实现深层加固。预应力锚索可以深入基坑底部以下的稳定地层,通过锚固作用对深层土体进行加固,提高基坑的整体承载力。

②预应力锚索自动化监测系统设计与实现。

a. 设计思路。

采用人工监测和自动化监测相结合的模式设计监测方案。人工监测主要采用工程测量、测斜管测量、埋入式传感器测量等方式进行。自动化测量主要采用高精度传感器监测位移、振动、倾斜、应力、水位等指标。

为验证自动化监测的准确性,选取关键控制指标,先在同一个监测区域内或相邻两个测点上采用自动化测量与人工测量对比监测,验证自动化测量的准确性满足要求后,逐步扩大自动化监测的应用范围。

基于态势感知技术监测关键性指标,建立基坑安全监测的内在关联性预警模式。

将人工监测和自动化监测数据传输至智慧监测平台和物联网平台,实现随时随地实时共享及监督第三方、监理、甲方等多方数据、提示及警示信息。

b. 设计原则。

先进性原则:设计的监测项目有机结合,测试数据能相互进行校核,运用系统功效对基坑进行全方位、立体监测,确保所测数据准确、及时;在施工过程中进行连续监测,确保数据的连续性。

经济性原则:利用系统功效减少监测点布设,节约成本。

可靠性原则:设计中采用的监测手段已基本成熟;监测中使用的监测仪器、元件均通过计量标定且在有效期内;在设计中对布设的测点进行保护设计。

与结构设计相结合原则:对结构设计中使用的关键参数进行监测,达到进一步优化设计的目的;对结构设计专家审查会上有争议的方法、原理所涉及的受力部位及受力内容进行监测,作为反演分析的依据;依据设计计算情况,确定围护结构及支撑系统的报警值;依据业主、设计单位提出的具体要求进行针对性布点。

经济合理原则:在安全、可靠的前提下结合工程经验尽可能采用直观、简单、有效的监测方法;在确保可靠的基础上择优选择监测仪器设备;在确保全面、安全的前提下,合理利用监测点之间的联系,减少监测点数量,提高工作效率,降低成本。

c. 系统设计与实现。

传感器选择与设计:选择高精度的应力传感器,能够准确测量锚索的张力变化;传感器设计应符合可进行非接触性测量、不损伤钢绞线、维护成本低、使用寿命长等要求;传感器的安装位置应合理选取,以确保能够真实反映锚索的张力状态。

数据采集模块:采用高性能的数据采集设备,确保实时、准确地收集传感器的数据;数据采集设备应具备数据存储和传输功能,以便后续进行数据处理和分析。

数据分析与处理模块:建立完善的数据分析模型,对采集到的数据进行实时处理和分析;通过数据滤波、异常值检测等手段,提高数据的准确性和可靠性;根据预设的阈值,实现预警和报警功能,及时发现锚索张力的异常情况。

系统集成与实现:对传感器、数据采集模块和数据分析处理模块进行集成,形成完整的自动化监测系统,确保系统各模块之间协同工作,实现数据的无缝传输和处理;对系统进行严格的测试和调试,确保其在实际工程中应用的稳定性和可靠性。

用户界面与交互:设计直观、易用的用户界面,方便工程人员查看实时监测数据、接收预警和报警信息;提供历史数据查询功能,帮助工程人员分析锚索张力的变化趋势。

d. 系统优势与应用价值。

实时监测与预警:系统能够实时监测锚索的张力变化,并在异常情况发生时及时发出预警和报警信息,有助于工程人员及时采取措施,防止安全事故的发生。

高精度测量:采用高精度的传感器和数据采集设备,确保测量结果的准确性和可靠性。

易于维护与管理:系统设计简洁、明了,易于维护和管理。同时,系统具备较长的使用寿命和较低的维护成本,能够满足长期监测的需求。

6.6.2 新工艺

1. 狭窄空间轻集料混凝土肥槽填充及配套轻钢模架体系施工工艺

公路工程明挖深基坑路线长,肥槽回填空间狭窄,施工操作受限,按传统工法采用回填土填筑,施工质量把控难度大。肥槽填充墙体施工工艺烦琐;施工进度慢,尤其是在墙体较高的情况下,每天砌筑高度受限;单块砌体拼砌,施工过程安全风险大,砌筑后整体性差;造价高,砌筑人工费高、脚手架搭设措施费高。下文所述公路工程深基坑在未进行结构施工前进行肥槽回填的方法,有效弥补了传统回填工法的不足。

(1)工程概况。

北京市东六环(京哈高速—潞苑北大街)改造工程第 3 标段的明挖隧道为典型的深基坑工程,基坑支护采用桩锚体系,支护桩与结构外墙之间的肥槽设计为砖砌填充墙,主体结构为钢筋混凝土结构,结构形式为 U 型槽及闭合框架。要求先砌筑填充墙,后施工钢筋混凝土主体结构。填充墙邻近基坑侧壁外侧,外侧依附支护桩面,内侧作为主体结构外包防水基面。肥槽填充墙宽度为 700 mm,砌筑高度为 6.5~15 m。图 6.29 和图 6.30 分别为原设计断面图和调整后断面图。

(2)施工要点。

①工法概述。

轻钢龙骨骨架与护坡桩通过角钢拉杆连接,形成稳定的骨架体系。龙骨骨架背离护

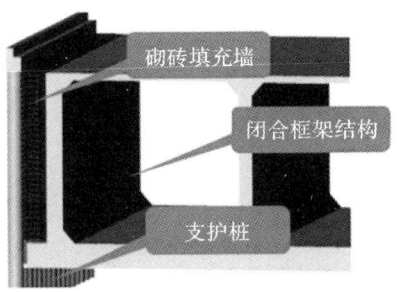

图 6.29　原设计断面图

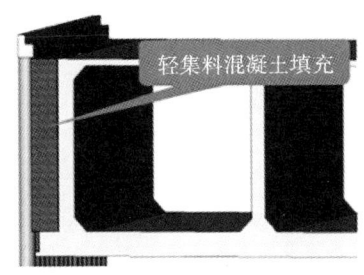

图 6.30　调整后断面图

坡桩的一侧设置有面板层,面板层由多块高强水泥压力板拼接而成,并通过固定件固定在龙骨骨架上,形成坚固的外表面。面板层与护坡桩之间的肥槽由轻集料混凝土凝固体填充。该工法能够在确保基坑安全的前提下,提前完成肥槽的回填工作,加快了施工进度,提高了施工效率,具有较高的灵活性和适应性,能够适应不同规模和条件的基坑工程肥槽回填需求。

②施工工法。

a.总体施工工艺流程。

总体施工工艺流程如图 6.31 所示。

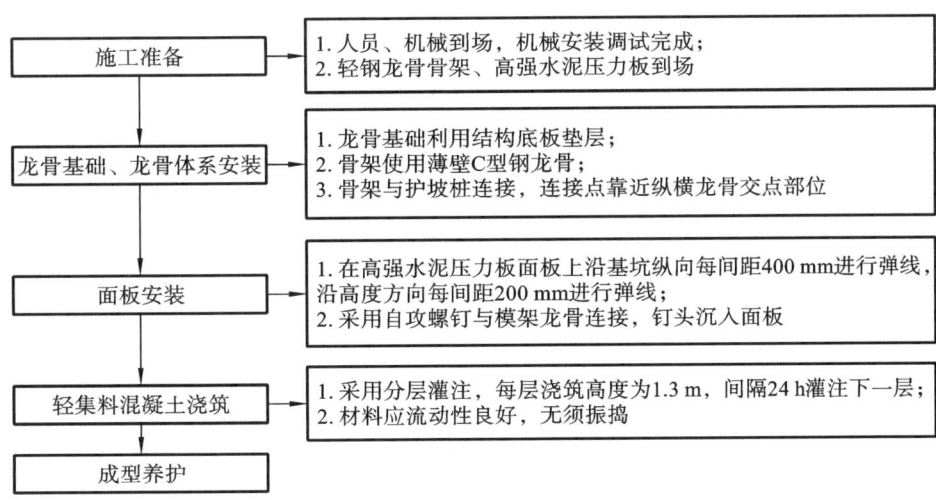

图 6.31　总体施工工艺流程

b.重点施工工序。

(a)龙骨基础及龙骨拼装。

直接采用靠近基坑一侧的 10 cm 厚 C20 混凝土垫层作为轻钢模架体系的龙骨基础。基础顶第一道龙骨小单元根据现场基坑纵向坡度制作,可制作成梯形断面。

（b）龙骨体系组装。

骨架采用薄壁 C 型钢龙骨（C 89 mm×40 mm×10 mm×0.8 mm）；标准长方形小单元模块尺寸为 400 mm（沿基坑纵向）×1200 mm（高度方向）；标准大单元模块尺寸为 2400 mm×4800 mm。

（c）龙骨体系与支护桩连接。

龙骨模块通过 M10 膨胀螺栓及 30 mm×30 mm×3 mm 角钢连接杆与护坡桩连接，连接杆水平间距 800 mm，竖向间距 1200 mm，可根据填充墙体厚度调整间距大小，连接点设置在靠近纵横龙骨的交点处。角钢连接杆与龙骨端采用螺栓连接。

填充墙水平投影图如图 6.32 所示。

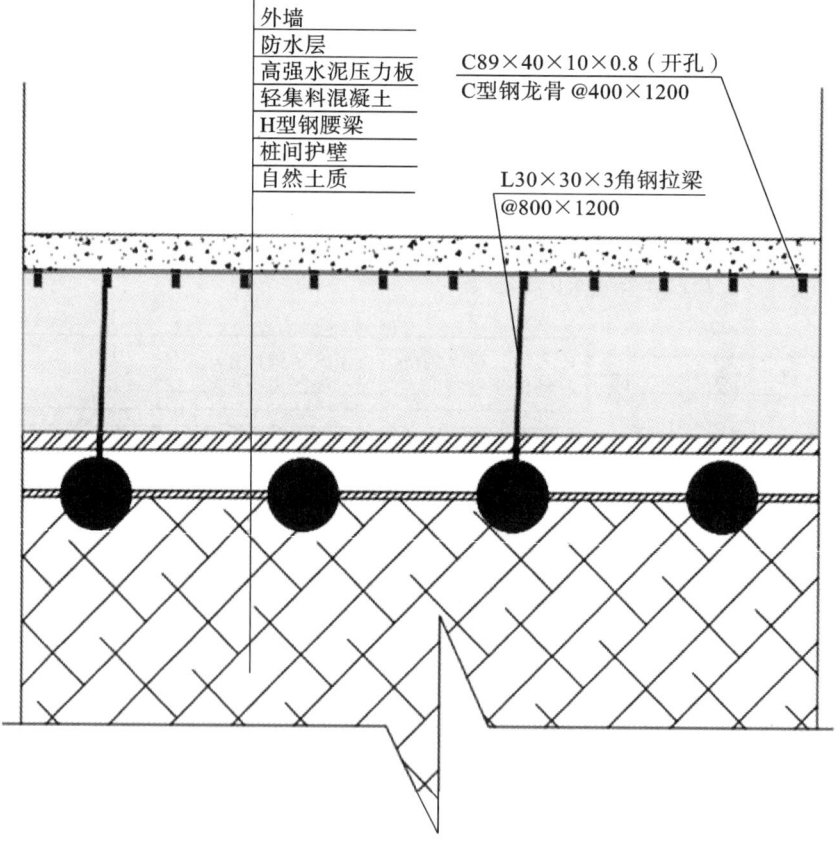

图 6.32　填充墙水平投影图（单位：mm）

（d）面板安装。

在高强水泥压力板面板上沿基坑纵向每间距 400 mm、坑壁高度方向每间距 200 mm 进行弹线，弹线交点为高强水泥压力板与模架自攻螺钉连接点。高强水泥压力板从墙的一端向另一端顺序安装。高强水泥压力板与轻钢龙骨模架采用带燕尾沉头的自攻螺钉连接,在弹线点位将钉头沉入面板,钉头低于板面 1~2 mm。

(e)轻集料混凝土施工。

搅拌:用量较少时采用现场搅拌,由卧式搅拌机搅拌后放入中转设备,泵送到作业面。用量大时,由拌和站集中搅拌后运输至施工现场。

浇筑:分层浇筑,第一层浇筑时找平纵坡差,后续标准段每层浇筑高度为 1.2~1.5 m。轻集料混凝土流动性良好,采用免振捣施工工艺即可达到填充效果。

③施工中的重点管控事项。

轻集料混凝土的强度应满足抵抗隧道结构侧墙混凝土侧压力的要求;检验轻钢模架体系的整体稳定性;填充墙施工完成后与基坑侧壁应连接稳定、性能良好;确保角钢连接杆的拉力满足模架体系的抗拉要求;高强水泥压力板安装后,其平整度满足隧道结构侧墙防水基面的要求;在纵坡较大区段,高强水泥压力板安装后面板平整度、相邻两面板高差满足要求;人员、材料和机械设备的投入量与施工生产用量相匹配;确保轻集料混凝土的施工连续性。

(3)质量控制标准。

质量控制标准见表 6.27。

表 6.27　质量控制标准

项　　目	允许偏差/mm	检 验 方 法
高强水泥压力板面板顶面标高	±4	水准仪或拉线、尺量
相邻两块高强水泥压力板面板高差	2	尺量
高强水泥压力板面板平整度	2	2 m 靠尺和塞尺检查

(4)应用效果。

轻集料混凝土用料普通,主要为水泥、砂、石(建筑垃圾再生骨料),轻钢模架体系采用小截面型钢,工序转换速度快、施工操作简便、安全。尤其是受征地红线限制,肥槽断面过于狭窄、回填尺寸超高,且要求先行填筑时,该工法的优势明显。本工程通过试验段检验相关参数,解决施工过程中出现的问题,将工法成功地运用于多个标段,提高了结构外包防水与高强水泥压力板的黏结效果,实现了防水结构与基面的良好结合,从而增强了外墙止水效果。

该工法能有效避免砖砌墙体施工进度慢、安全隐患大、造价高等弊病。该工法施工操作简便,填充墙体采用轻钢龙骨模架体系单元拼接,模架体系高强轻质、安装便捷,灌注轻集料混凝土后填充墙整体稳定性良好。相比砖砌墙体施工(单块砌块组砌,施工过程中易发生材料散落伤人等安全事故),该工法操作更安全;施工速度快,轻钢模架安装完后,利用模架本身的强度及刚度可进行外包防水卷材铺贴;无须设置构造柱及板带,可推广运用于狭窄空间填筑、房屋建筑工程及市政工程地下室超高肥槽回填、非承重墙灌注、公路工程超高超前施工肥槽填充等领域。

2. 垃圾填埋地层中长螺旋钻孔压灌桩高质量成桩工艺

(1)施工环境及地质状况描述。

当前城市建设快速发展,向市郊扩展已成为普遍现象,不少市郊杂填土区域、垃圾填埋场等已被规划为建设用地。在此种环境中,各类工程施工将面临不少问题,桩基或护坡桩施工同样面临挑战。

下文所述在垃圾填埋地层中成桩,指在城郊垃圾填埋区采用长螺旋工法施工护坡桩,桩长为 20 m、22 m、25 m,桩径为 0.8 m、1.0 m、1.2 m。建筑物基坑为明挖深基坑,基础埋深为原地面以下 15~18.0 m;基坑支护采用护坡桩+预应力锚索体系;地下水处理采用坑外三轴搅拌桩止水+坑内疏干井排水。垃圾填埋数量达数十万立方米,填埋深度在 10 m 左右,垃圾组成中以生活垃圾居多,掺杂砖头、瓦块等其他杂物,成分极为复杂。

在上述地层条件下进行护坡桩施工,成桩质量难以控制,高质量成桩更是面临巨大挑战。如果成桩质量无法保证,基坑开挖后坑壁外观效果也将受到较大影响,甚至不利于工程验收。

(2)长螺旋钻孔压灌桩施工工艺的选择及遇到的难题。

长螺旋钻孔压灌桩施工工艺较为简单,属于干作业工法,对工期把控有利。在垃圾填埋地层中选择长螺旋施工工艺成桩,原因有四:施工进度快;无须排除泥浆,解决了城区施工泥浆排放不便及成本高昂的难题;同等条件下,相比其他工法更加节约成本;在采取合理的措施后,安全、质量有保障。

选用该工艺并采取相应措施后可使孔壁土较为密实,同时可以更好地限制桩身侧向变形及位移,且可为后续的桩间喷射混凝土施工提供较好的作业基面。但该工艺对地质条件要求较高,主要体现为在岩层、易坍塌地层、松散地层中施工难度大,质量无法得到保障,在垃圾填埋地层(主要组成为生活垃圾、砖头、瓦块、卵石、孤石等)及杂填土地层中成桩更是有相当高的难度,主要表现为以下几个方面。

①易坍孔,影响混凝土灌注及钢筋笼下放。生活垃圾成分较复杂,且多由塑料袋等包裹后丢弃,钻杆触接到该地层后会被杂物本身或包裹物缠绕,加之杂物整体性及自稳性能极差,钻杆提升会造成孔壁坍塌。若此时按传统工法提升钻杆并灌注混凝土,桩身质量将无法保证,孔壁杂物会因阻力较大而侵入桩身混凝土,造成桩体缺陷。另外,杂物

侵入桩身混凝土会使混凝土和易性变差或阻力过大,钢筋笼无法下放到既定标高位置。

②混凝土充盈系数大、不经济。主要原因为孔壁孔隙较大或地层窜浆,混凝土灌注后直接填充到桩身以外的孔隙或通过孔隙流失,严重时混凝土充盈系数可达 2.0,对成本控制大为不利。

③桩身外观效果差、验收不合格。基坑开挖外露桩身后,因上述原因,桩身多夹渣、鼓凸,外观效果极差。夹渣清除后,桩身缺陷显露为孔洞、凹坑;鼓凸部位剔凿费工、费力,甚至剔凿时大块混凝土脱落导致钢筋外露,引发质量事故。

(3)解决措施。

针对现场出现的问题,主要采取超前预控处理措施,具体如下。

①试桩试验。

按设计及相关要求布置试桩点,尽量选择在地质勘察未探测到或地质情况有疑虑的部位试桩,必要时可增加试桩数量。为避免试桩不合格导致不良后果,不宜采用原位试桩,应将试桩位置选择在施工桩位附近。试桩步骤如下。

a.超前钻探。试桩前采用长螺旋钻机钻孔,提取土样,将钻孔得到的土质情况与地质勘察报告对比,分别标明施工作业范围内桩位处地层实际分布情况,为下一步采取预控措施作准备。

b.灌砂土。此工序是处理措施的核心,其主要目的是增加孔壁自稳性能、防止塌孔,控制灌注混凝土的充盈系数。砂土的灌入对垃圾填埋地层起到挤压作用,将桩孔部位杂物推挤到桩身固结体外。为节约成本,砂土材料可就近选用基坑土,土中掺入天然砂,体积比约为土∶砂=8∶2。砂土在长螺旋钻机第一次成孔拔出钻杆后灌入,灌入量以满足桩身质量要求为准,灌入砂土后采用钻杆二次成孔。砂土灌入后,在地下水或自重作用下,会渗入垃圾层中,对孔隙起填充作用,同时,砂土在钻杆旋转作用下将形成"泥膜",可有效防止塌孔,增强桩孔真圆度及孔壁稳定性。在局部孔位塌孔严重区域,可多次灌入砂土、多次旋转钻杆搅拌,以确保垃圾填埋地层空隙被填充密实。

c.取芯检测。每根试桩取 4 个芯位,取芯分为外环取芯和内环取芯。外环取芯靠近桩身外沿,但不得破坏钢筋笼,取 3 个点,按 120°圆心角布置;内环取芯取 1 个点,布置在桩身圆心部位。该项工作的主要目的是检测桩身实体完整性及是否存在孔洞、夹渣等质量缺陷,为施工操作收集参数,确保正式施工时的成桩质量。

②成桩顺序。

在垃圾填埋地层中必须实行跳孔成桩,一般按不小于 4 倍桩径进行跳孔,同时要确保相邻桩的混凝土灌注时间间隔不少于 48 h。

③钻杆提升及灌入混凝土要求。

灌入混凝土时,钻杆提升速度宜控制在 1.0 m/min 左右,较常规提升速度慢,以在混凝土灌注后保证桩身设计强度,且将充盈系数控制在理想状态。采取该处理措施后,绝大多数桩体充盈系数可控制在 1~1.1。

(4)成果综述。

实践证明,通过对应用长螺旋钻孔压灌桩解决垃圾填埋地层中成桩质量难题的探讨与研究,灌注混凝土的充盈系数得到了有效控制,基坑开挖后显示桩身外观质量良好,实现了高质量成桩。

在经济效益方面,在相同施工条件下,长螺旋钻孔较冲击成孔、旋挖成孔节约成本。另外,桩孔中填入的砂土材料价格低廉,大大降低了成本。在社会效益方面,扩展了长螺旋施工工艺的运用范围,且该成果除可推广运用于垃圾填埋地层外,还可用于杂填土等松散地层。在环境效益方面,长螺旋钻孔压灌桩施工工艺本身无须排除泥浆或外运泥浆,本工程在垃圾填埋地层中成功地运用了该施工工艺,实现了泥浆不外排,减少了对施工现场及运输道路的污染,有效地保护了生态环境。

3. 其他新工艺

本工程中还采用了如下新工艺,下文只作简单介绍,不展开叙述。

(1)混凝土裂缝控制技术。

该技术应用在混凝土结构中。本工程结构长度较长,混凝土裂缝控制是质量控制重点。本工程施工时从原材料选择、配合比设计等方面进行优化;基础底板和各层均分段施工,加强灌注、振捣、养护等环节的管理,有效控制混凝土裂缝。

(2)大直径钢筋直螺纹连接技术。

该技术应用在主体结构中。本工程中直径大于或等于 18 mm 的螺纹钢筋均采用剥肋滚轧直螺纹机械连接,接头等级为Ⅰ级,具有工艺简单、操作容易等优点。在施工过程中,项目组从套筒设计、套筒生产过程质量控制,钢筋端部螺纹质量控制,接头安装质量控制等多方面进行技术攻关。

6.6.3 新材料

在现代建筑工程领域,混凝土作为基础且广泛使用的建筑材料之一,其性能优化一直是研究热点。特别是特定应用场景,如加宽路基、狭窄空间充填及建筑基坑填筑等,对混凝土的密度、强度及施工便捷性提出了更高要求。传统混凝土制备技术在密度控制方面存在局限,难以满足多样化的工程需求。为此,本工程提出了一种自密实烧结轻集料发泡混凝土制备方法,旨在通过技术创新解决上述问题。

1. 技术方案

(1)原料选择与配合比。

具体涉及的原料包括水泥、熟黏土颗粒骨料、改性外加剂(含黏稠剂、自流平剂)、水及发泡剂。具体配合比范围为:水泥 275～600 kg、熟黏土颗粒骨料 25～1300 kg、改性外加剂 0.2 kg、水 300～520 kg、发泡剂 0.2～2.2 L。其中,水泥可选用 42.5、32.5 级硅酸盐水泥或普通硅酸盐水泥。创新性地将废弃烧结黏土砖及烧结黏土瓦粉碎、筛分,采用粒径 0～15 mm 的材料作为熟黏土颗粒骨料,实现了建筑垃圾的再利用。采用废弃材料作为骨料,与细石混凝土采用砂石骨料相比,建筑垃圾得以减量化,减少了对自然资源的开采,同时还减少了 10%～25% 的水泥用量。

(2)制备步骤。

如图 6.33 所示为自密实烧结轻集料发泡混凝土的制备流程。

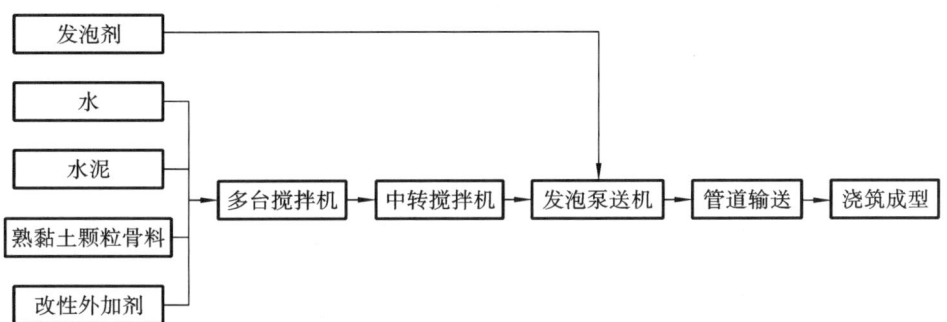

图 6.33　自密实烧结轻集料发泡混凝土的制备流程

重点工序如下。

①原料混合。

将水泥、熟黏土颗粒骨料、改性外加剂和水按上述比例加入中转搅拌机内进行搅拌,改性外加剂包括黏稠剂和自流平剂。

②发泡剂添加。

将搅拌均匀的混凝土浆料输送到中转搅拌机内,再输送到发泡泵送机内,与此同时,将预先制备好的发泡剂加入发泡泵送机内,与混凝土浆料混合。

其中,水泥、熟黏土颗粒骨料、改性外加剂、水按比例加入中转搅拌机内,添加顺序依次为水、水泥、熟黏土颗粒骨料、改性外加剂。

如图 6.34 所示为本工程中自密实烧结轻集料发泡混凝土制备时所使用的中转搅拌机的主要结构示意图。

中转搅拌机包括搅拌腔 1,搅拌腔 1 侧面设置多个平行的加料口。

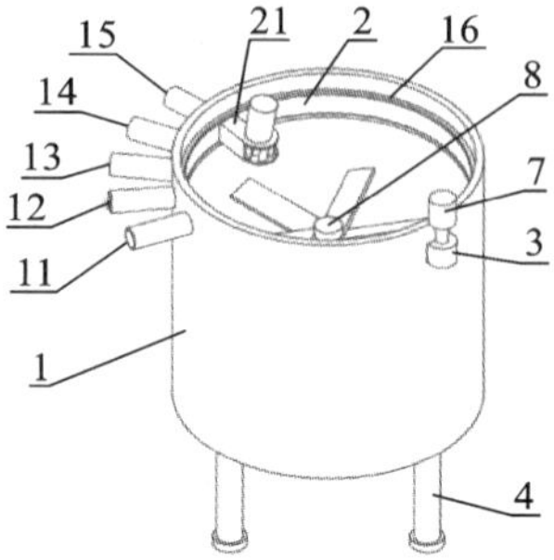

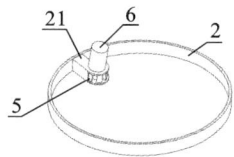

图 6.34 中转搅拌机的结构示意图

注:1—搅拌腔;2—阻料环;3—摩擦轮;4—支腿;7—切料电机;8—旋转轴;11—充水管;
12—水泥管;13—熟黏土颗粒骨料通道;14—外加剂管;15—发泡剂管;16—支撑环;21—导料筒

如图 6.35 所示,在搅拌腔 1 内与加料口平齐处设置阻料环 2,在阻料环 2 侧面设置与加料口对应的通孔,阻料环 2 上连接量取机构,中转搅拌机内连接旋转轴 8。

图 6.35 中转搅拌机的阻料环结构示意图

注:2—阻料环;5—量取轮;6—量取电机;21—导料筒

加料口有 5 个,分别连接充水管 11、水泥管 12、熟黏土颗粒骨料通道 13、外加剂管 14、发泡剂管 15。发泡剂管 15 与发泡腔连接。

加料口位于搅拌腔 1 侧面顶部,搅拌腔 1 内侧设置有分别位于加料口上、下侧的支撑环 16。阻料环 2 位于两个支撑环之间。

结合图 6.35 和图 6.36 来看,量取机构包括连接于阻料环 2 内侧的导料筒 21,导料筒 21 侧面与延伸至导料筒 21 内的量取轮 5 转动连接,量取轮 5 侧面设置有量取槽 51,导料筒 21 相对于水平面向下倾斜。

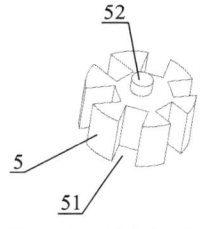

图 6.36 中转搅拌机的量取轮结构示意图

注:5—量取轮;51—量取槽;52—轮轴

在搅拌腔 1 中与阻料环 2 平齐处设置有贯穿的轮槽,轮槽与阻料环 2 贴合的摩擦轮 3 转动连接。搅拌腔 1 内转动连接搅拌轴,搅拌轴上固定连接搅拌杆,搅拌杆相对于搅拌轴倾斜。搅拌腔 1 底端固定连接支腿 4。

中转搅拌机上的每个管道连接对应的物

料供应管,首先通过充水管 11 向搅拌腔 1 内加水,此时阻料环 2 连接导料筒 21 的部分与充水管 11 连通,加水完成后,通过控制切料电机 7 带动摩擦轮 3 转动,与摩擦轮 3 贴合的阻料环 2 在支撑环 16 内转动,至导料筒 21 与水泥管 12 连通,如此多次,实现依次上料。在导料筒 21 中,量取轮 5 与导料筒 21 转动连接,量取轮 5 由量取电机 6 驱动,量取电机 6 通过带动轮轴 52 来使量取轮 5 转动。物料进入量取轮 5 侧面的量取槽 51 中,量取轮 5 转动将量取槽 51 的物料定量送入搅拌腔 1 内。在物料添加过程中,搅拌轴转动对物料进行搅拌,可边添加边搅拌。

中转搅拌机是搅拌式储存器,多台中转搅拌机可以同时卸料,提升施工速度和施工效果。在配备多台中转搅拌机的情况下,可以实现连续交替作业,第一台中转搅拌机搅拌结束前,第二台中转搅拌机即可开始搅拌,交替工作,提高了搅拌速度,并延长了搅拌时间,使自密实烧结轻集料发泡混凝土搅拌得更均匀,配合发泡泵送机的发泡效果,产品品质更优。

③浇筑施工。

材料混合均匀后通过泵送管直接对作业面进行浇筑。拌制好的自密实烧结轻集料发泡混凝土应在初凝前浇筑完。

(3) 设备优化。

为进一步提升制备效率与精度,本工程对中转搅拌机进行了结构优化,包括设置阻料环、量取机构及多个平行的加料口。通过控制阻料环的转动,使通孔与对应的加料口对齐,实现原料的精确添加;同时,利用量取轮上的量取槽,控制原料定量添加,确保配合比准确。

2．有益效果

(1) 密度可调:本工程提供的制备方法可根据实际需求调整混凝土密度,适用于多种工程场景,如建筑、道路扩建等。

(2) 资源节约:采用废弃烧结黏土砖及烧结黏土瓦作为熟黏土颗粒骨料原料,实现了建筑垃圾的再利用,减少了自然资源的开采,降低了 10%~25% 的水泥用量,降低了成本。

(3) 施工便捷:通过优化制备工艺与设备,简化了操作流程,提高了施工效率与质量。

(4) 性能优越:与现有回填材料相比,本工程采用的自密实烧结轻集料发泡混凝土具有成本低、强度高的优势,更能满足现代工程对材料性能的高要求。

6.6.4　新设备

随着建筑行业的快速发展,混凝土搅拌过程中粉体流失与飞扬问题日益凸显,不仅造成原料浪费,还严重污染了空气环境,对工作人员的健康构成威胁。为此,本工程研发了一种高效的轻骨料混凝土搅拌装置,旨在通过技术创新,有效解决上述问题,推动绿色施工进程。

1. 装置概述

本工程采用的轻骨料混凝土搅拌装置集搅拌、气粉分离与回收利用等功能于一体,主要包括搅拌箱、处理箱、分离机构及排放组件等核心部件。通过精心设计的结构布局与功能集成,实现了对搅拌过程中产生的气粉混合物的有效处理,显著减少了粉体流失与空气污染。

2. 结构设计与实施原理

(1)搅拌箱:作为搅拌作业的核心区域,搅拌箱顶部设有进料斗,便于原料投入;底部则连接出料泵,实现成品混凝土的顺利排出。在搅拌箱顶部还巧妙设计了与处理箱相连通的接口,为后续气粉分离提供了条件。

(2)处理箱:位于搅拌箱上方,内置抽气风机与分离机构。抽气风机在搅拌过程中持续工作,将产生的气粉混合物吸入处理箱内,为后续分离处理奠定基础。处理箱采用分体式结构,包括箱体和顶盖,便于维护与清理。

(3)分离机构:创新性地结合了过滤网与水雾喷头。过滤网水平设置于处理箱内,用于初步阻挡粉体颗粒;而多个倾斜向下的水雾喷头则均匀分布于过滤网下方,通过喷洒细微水雾,促进粉体沉降,实现气粉高效分离。

(4)排放组件:排放组件包括排放管、收集斗及单向电磁阀。排放管竖直设置于处理箱内,底部与搅拌箱相连通,形成闭环系统。单向电磁阀的安装确保了排放过程的可控,避免了非预期的物质流动。收集斗能有效收集沉淀的粉体,便于回收利用。

相关结构示意图如图 6.37~图 6.39 所示。

下面结合图 6.37~图 6.39 对该轻骨料混凝土搅拌装置做进一步详细说明。

如图 6.37 所示,搅拌箱 1 顶部一端连通进料斗 11,且搅拌箱 1 顶部铰接用于覆盖进料斗 11 的盖板 12,以有效防止原料搅拌过程中粉体从进料斗 11 飞出。同时搅拌箱 1 底部连通出料泵 14,以实现混凝土的便捷输出。搅拌箱 1 底部的四角位置均竖直设置支腿 15,且支腿 15 底部设置带有刹车器的驱动轮 151。同时,搅拌箱 1 的一端面设置有牵引钩 16,以通过牵引钩 16 和驱动轮 151 实现搅拌装置的便捷移动。

如图 6.37 和图 6.38 所示,搅拌箱 1 顶部远离进料斗 11 的一端设置处理箱 2,处理箱 2 侧壁连通连接管 21,且连接管 21 与搅拌箱 1 连通。处理箱 2 顶部设置有抽气风机 22,处理箱 2 内部设置用于分离气粉混合物的分离机构 3,以通过抽气风机 22 将气粉混合物抽吸至处理箱 2 后通过分离机构 3 对气粉混合物进行分离。分离机构 3 包括过滤网

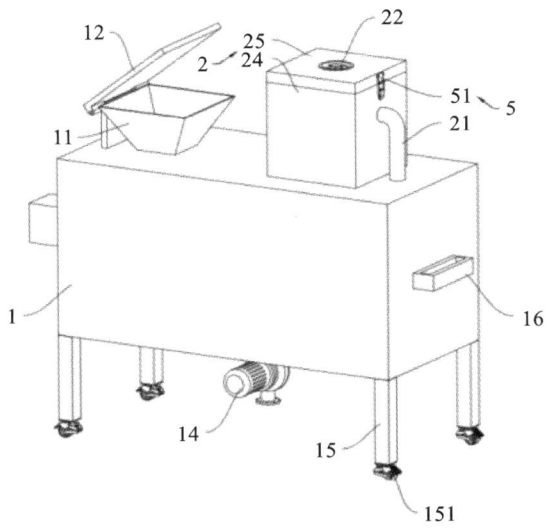

图 6.37　整体结构示意图

注:1—搅拌箱;2—处理箱;5—锁定机构;11—进料斗;12—盖板;14—出料泵;15—支腿;
16—牵引钩;21—连接管;22—抽气风机;24—箱体;25—顶盖;51—搭扣组件;151—驱动轮

31 和多个水雾喷头 32。过滤网 31 水平设置于处理箱 2 内侧顶部,多个水雾喷头 32 均沿处理箱 2 内壁周向均匀分布并倾斜向下设置,且有多个水雾喷头 32 分布于过滤网 31 和连接管 21 之间,以对进入处理箱 2 内的气粉混合物中的粉体进行沉降处理。

如图 6.38 所示,处理箱 2 内还设置有排放组件 4,排放组件 4 用于将沉淀后的粉体排放至搅拌箱 1 内,以实现原料的回收利用,减少原料的浪费。排放组件 4 包括排放管 41 和单向电磁阀 42。排放管 41 竖直设置于处理箱 2 内,且排放管 41 顶部连通收集斗 411,收集斗 411 顶部与处理箱 2 内壁固定连接,以便于对粉体进行收集。排放管 41 下端延伸至搅拌箱 1 内,且单向电磁阀 42 设置于排放管 41 位于处理箱 2 内的部分,以通过单向电磁阀 42 实现收集斗 411 和搅拌箱 1 的单向连通,防止粉体通过排放管 41 进入处理箱 2。

处理箱 2 外侧壁上设置有控制开关 23,且控制开关 23 和单向电磁阀 42 电连接,以通过控制开关 23 控制单向电磁阀 42 动作,便于工作人员控制收集斗 411 和搅拌箱 1 的连通,进而实现粉体的便捷回收。

如图 6.37 和图 6.39 所示,处理箱 2 包括箱体 24 和用于罩设箱体 24 顶部的顶盖 25。顶盖 25 的其中一侧与箱体 24 顶部铰接,且顶盖 25 底部边缘位置沿周向设置环条 251。沿箱体 24 顶部周向设置供过滤网 31 嵌入的环槽 241,且环条 251 嵌入环槽 241 内用于固定过滤网 31。箱体 24 和顶盖 25 背离铰接侧的一侧设置锁定机构 5,锁定机构 5

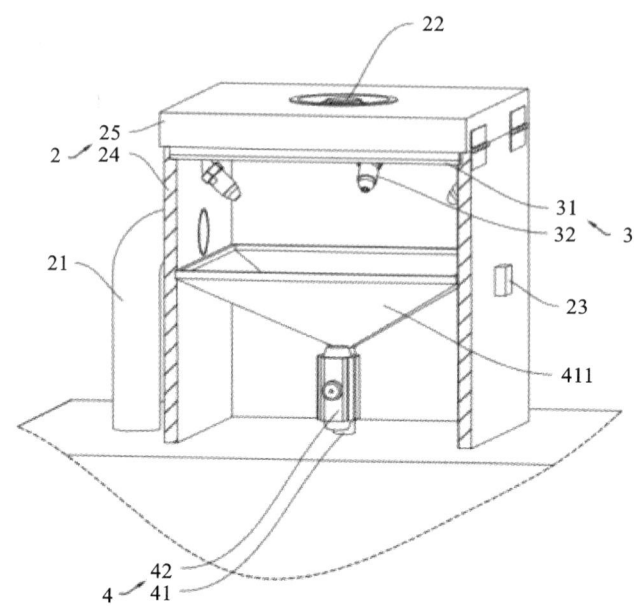

图 6.38　处理箱内部结构示意图

注:2—处理箱;3—分离机构;4—排放组件;21—连接管;22—抽气风机;

23—控制开关;24—箱体;25—顶盖;31—过滤网;32—水雾喷头;41—排放管;

42—单向电磁阀;411—收集斗

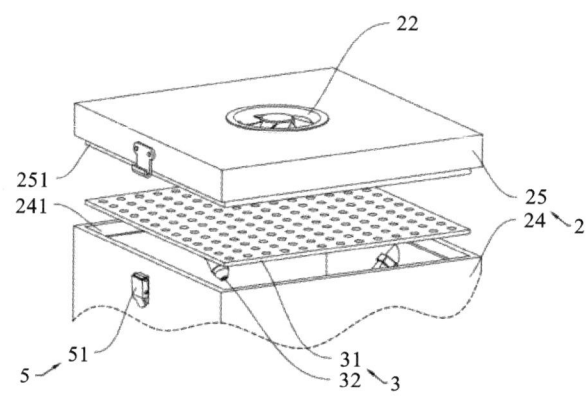

图 6.39　箱体和顶盖连接关系示意图

注:2—处理箱;3—分离机构;5—锁定机构;22—抽气风机;24—箱体;25—顶盖;

31—过滤网;32—水雾喷头;51—搭扣组件;241—环槽;251—环条

用于锁定箱体 24 和顶盖 25,以保证二者连接的紧密性,从而保证抽气风机 22 正常工作。锁定机构 5 包括搭扣组件 51。

该轻骨料混凝土搅拌装置的工作原理为：当搅拌装置工作时，启动抽气风机22和水雾喷头32，抽气风机22将气粉混合物抽吸至处理箱2内，此时水雾喷头32开始工作，气粉混合物中的粉体随水雾一起沉淀在收集斗411内，气体经过滤网31过滤后排出处理箱2，实现粉体的分离。搅拌装置停止工作时，通过控制开关23控制单向电磁阀42动作并使收集斗411和搅拌箱1相连通，此时沉淀后的粉体沿着排放管41进入搅拌箱1内，实现原料的回收处理。

3. 技术创新点

(1) 气粉分离技术：通过抽气风机与分离机构的协同作用，实现了搅拌过程中气粉混合物的即时分离，大幅减少了粉体流失与空气污染。

(2) 粉体回收利用：巧妙设计排放组件，使得沉淀的粉体能够顺利回流至搅拌箱，实现了原料的最大化利用，降低了生产成本。

(3) 便捷维护设计：处理箱采用分体式结构，过滤网拆装便捷，便于日常清洁与更换，保证了设备的持续高效运行。

4. 应用前景与社会效益

该轻骨料混凝土搅拌装置的应用不仅解决了应用传统搅拌设备时的粉体流失与空气污染问题，还通过技术创新提升了资源利用效率，降低了生产成本。其广泛应用有助于推动建筑行业的绿色转型，促进可持续发展目标的实现。同时，该装置在保障工作人员身体健康、提升施工环境质量等方面也具有重要作用。

第 7 章

高速公路施工案例——
以湫坡头（陕甘界）至旬邑高速公路设计
施工总承包项目为例

7.1　工程概况

　　湫坡头(陕甘界)至旬邑高速公路是国家高速公路银百高速公路(G69)在陕西境内的重要组成部分,是陕甘两省重要的高速公路通道。路线起于陕甘交界,与甘肃省规划的甜水堡至罗儿沟圈高速公路相接,止于旬邑县赤道社区,与银百高速公路咸阳至旬邑段相接。路线全长 24.939 km,采用四车道高速公路标准,概算总投资 25.24 亿元。

　　实施该项目对深入贯彻西部大开发战略,推进"一带一路"建设,完善国家和陕西省高速公路网,改善区域交通条件,促进陕甘宁革命老区红色旅游、人文景观和煤炭等资源开发,以及经济社会协调发展均具有重要意义。

　　路线桩号为 K295+761~K320+700,路线全长 24.939 km。其中甘肃正宁县境内路线长 0.619 km,陕西旬邑县境内路线长 24.32 km。合同总价 17.45 亿元,合同工期 36 个月。

7.1.1　主要工程量

　　路基工程:路基挖方 677.62 万 m³,填方 184.93 万 m³;路基处理灰土 13.64 万 m³,10%灰土挤密桩 22.09 万 m,强夯面积 55.77 万 m²;防排水工程 9.95 万 m³。

　　桥涵工程:特大桥 1458 m(1 座),大桥 1024 m(3 座),中桥 493 m(7 座),天桥 1020 m(16 座),匝道桥 1048.2 m(7 座),涵洞 734.15 m(30 道),通道 493.14 m(23 道)。其中涉及桩基 916 根,系梁、承台 241 座,墩柱 377 根,桥台、盖梁 226 座,箱梁预制 629 片。

　　路面工程:18 cm 厚水泥稳定碎石底基层 586.24 km²,36 cm 厚水泥稳定碎石基层 558.23 km²,路面上面层 539.08 km²,路面中面层 539.08 km²,路面下面层 539.08 km²。

　　房建工程:省界主线收费站 1 处(总建筑面积 2594.09 m²);主线治超站 1 处(总建筑面积 136.28 m²);湫坡头匝道收费站 1 处(总建筑面积 1510.42 m²);收费大棚 2 座,服务区 1 处(总建筑面积 5132.3 m²)。

　　交通安全设施:路侧及中央分隔带护栏 10.57 万 m,隔离栅 5.79 万 m,轮廓标 6046 块,交通标志牌 457 处,路面标线 4.37 万 m²,突起路标 10560 个,防眩板 5834 m,防撞桶 9 处,百米桩 500 个,公里桩 50 个,界碑 400 个。

　　绿化工程:植草 633.53 万 m²,植树 14.18 万棵,打穴植紫穗槐苗 287.1 万株。

　　机电工程:门式可变情报板 3 套,F 型可变情报板 3 套,一体化网络云台高清摄像机 14 套,高清全景网络智能球型摄像机 2 套,一体化网络高速智能化球型摄像机 8 套,防爆摄像机 4 套,液晶显示屏 8 套,触摸查询一体机 4 套,激光交调检测器 1 套,气象监测器 1

套,高清卡口摄像机 4 套,通信管道 30 km,计重收费系统 2 处,服务区 1 处,箱式变电站 4 座,收费广场照明系统 2 处。

7.1.2　技术标准

本工程采用双向四车道高速公路设计标准,设计速度分别为 80 km/h 和 100 km/h,在主线收费站 K301+165~终点赤道枢纽立交 K318+900 段路基宽度为 26 m,其余路段路基宽度为 25.5 m。设计荷载为公路—Ⅰ级。设计洪水频率:特大桥为 1/300,其余为 1/100。地震动峰值加速度为 0.05 **g**,对应抗震设防烈度为 6 度。其余技术指标按照《公路工程技术标准》(JTG B01—2014)执行。本段主线全长 24.939 km。

规范规定的主要技术指标和本工程施工图与初步设计采用的主要技术指标对照,详见表 7.1。

表 7.1　主要技术指标一览表

指标名称		单位	规范指标	采用指标	规范指标	采用指标	备注
公路等级			起点~K301+165		K301+165~终点		—
			高速公路		高速公路		—
设计速度		km/h	80	—	100	100	—
路基宽度(四车道)		m	25.5		26.0	26.0	—
圆曲线最小半径 (一般值/最小值)		m	400/250	1000	700/400	860	最大超高 6%
不设超高的 圆曲线最小半径		m	2500	—	4000	—	路拱为 2%
平曲线最小长度 (一般值/最小值)		m	400/140	719.141	500/170	616.680	
回旋线最小长度		m	70	120	85	120	卵形曲线间
停车视距		m	110	110	160	160	
最大纵坡		%/m/处	5/700	3.9/900/1	4/800	2.8/1120/2	
最小坡长		m	200	500	250	310	
竖曲线 最小半径	凸型	m	3000	16000	6500	—	
	凹型	m	2000	20000	3000	—	
竖曲线最小长度		m	70	280	85	240	—

续表

指 标 名 称		单 位	规范指标	采用指标	规范指标	采用指标	备 注
设计荷载		—	公路—Ⅰ级		公路—Ⅰ级		—
同向曲线间最短直线长度		m	320	1021.213	400	611.6	—
反向曲线间最短直线长度		m	160	252.156	200	296.961	—
设计洪水频率	特大桥	—	1/300		1/300		—
	大、中桥及路基	—	1/100		1/100		—

7.1.3 沿线自然地理概况

1. 地形地貌

项目位于陕西省中部,关中盆地北部,陕北黄土高原南缘,处于关中平原向陕北黄土高原的过渡地带,路线近南北走向,经过旬邑县的赤道社区、太村镇、湫坡头镇等地。区内地势总体特征为东北高西南低,最高海拔 1350 m,最低海拔 1000 m,相对高差 350 余米,地貌类型可以分为黄土残塬、黄土沟壑及河流谷地等,如图 7.1 和图 7.2 所示。

图 7.1 黄土残塬

图 7.2 黄土沟壑及河流谷地

2. 气候水文

项目区地处内陆,属大陆性季风气候,处于由暖温带湿润半湿润气候向暖温带半干旱气候过渡的区域。年平均气温为 9.0 ℃;1月最冷,平均气温为 −4.6 ℃,极端低温为 −24.3 ℃;7月平均气温为 21.2 ℃,极端高温为 37 ℃。

项目区年平均降雨量为 613 mm,蒸发量大于 1470 mm;春季干旱少雨,多大风扬沙,每年 3—5 月为西北季风期,最大风速为 12.7 m/s;夏秋季温湿多雨,4—9 月降雨量占全年降雨量的 81%,且暴雨、连阴雨较多,降雨量大,易发生黄土滑坡、泥石流等自然灾害;冬季寒冷干燥、雨雪稀少,潮湿系数较小。

项目经过区域属黄河水系泾河流域,区内支党河及梁渠沟等为泾河流域的一级支流,总体流向为由东北向西南,径流长,比降小;支流上游河道狭窄,比降较大,河道具下切侵蚀作用;下游河道较宽阔,地势较平坦,有一定的沉积;各支流次级支沟径流短,流量小,比降较大,河水以旁蚀为主。区内较大的河流多为常年流水,小支沟一般为季节性流水。主河道春冬流量小,夏秋流量大,洪水期为每年的 7—9 月。洪枯流量相差悬殊,泥沙含量较大。

3. 地质构造

项目所在区域位于鄂尔多斯盆地南部边缘,在构造单元上属陕甘宁台凹南缘,表现为大型的鄂尔多斯台向斜。项目区属于北西向的单斜构造,倾角为 3°～8°,属次级褶皱区的低褶曲带,少有断裂构造,褶皱宽平,背斜呈短轴状,一般出露白垩系地层,局部为侏罗系上部地层。

公路走廊带为陕北盆地南部褶皱带,总体表现相对稳定,本区新构造运动受华北板块构造总体活动格局的制约,以地块的振荡性不均匀升降为主导。中生代地层属陕甘宁盆地的组成部分,区内地层平缓,断裂构造不发育,规模较小,一般对工程地质影响较小。但受新生代构造活动的影响,断裂构造可通过再次活动造成地层错断,形成新的破碎带和负地貌形态等。

4. 地震

项目区处于我国陆地地壳稳定的板内地带,第四纪以来,以地块整体隆起～沉降为特征,地壳活动相对微弱。根据《中国地震动参数区划图》(GB 18306—2015),项目区地震动峰值加速度 $a = 0.05$ g,场地特征周期 $T_g = 0.459$,对应抗震设防烈度为 6 度。

5. 不良地质

路线所在区域的不良地质现象主要为滑坡(滑塌)、崩塌、人工洞穴、落水洞、采空区和黄土冲刷剥蚀等。

(1) 滑坡(滑塌):主要分布于黄土沟壑区,由于黄土垂直节理或裂隙比较发育,土质疏松,加上河水侵蚀,往往造成边坡失稳,在重力作用下沿不透水层润滑面向坡下滑动位移。黄土滑坡与大气降水有着密切关系,区内大部分黄土滑坡都是在连阴雨、暴雨过程中发生的。黄土滑坡对路线的布设有一定的影响,对路线影响较大的为 HP15(滑坡体编号,下同)滑坡。

（2）崩塌：主要发生在高度大于 10 m、坡度大于 60°的河谷侵蚀陡边坡、黄土冲沟沟底、沟脑，黄土沟壑陡立边坡及滑坡后壁上，且多发生于暴雨期，崩塌体一般规模较小。黄土崩塌多与滑坡相伴出现，具有突发性，常能急剧引起沟岸扩张、沟头延伸，破坏性较大，对路线影响较大的为 HT60（崩塌体编号，下同）崩塌。

（3）人工洞穴：主要包括塬边窑洞、砖窑等，一般位于黄土梁坡度较缓的两侧。路线经过这些洞穴，应先对洞穴进行回填及夯实处理。对路线有影响的人工洞穴有 1 处（K314＋700）。

（4）落水洞：分布于黄土塬边、冲沟沟头及沟坡上。地表径流沿塬边缘沟头或沟床汇集，新黄土土质松散，大孔隙及垂直节理发育，水沿节理下渗、潜蚀并在新黄土中形成竖井状、漏斗状或串珠状陷穴。其成因和岩溶地区的竖井类似。

（5）采空区：经调查，路线所经区域无采空区，但 K295＋420～K295＋650 段和 K300＋310～K302＋425 段存在压覆矿产问题，项目实施主要对旬兴煤矿的煤矿开采影响较大。旬兴煤矿煤层埋深在 250～600 m，项目建设时该矿正在建设，还未开采，煤矿采空区还未形成，主要存在煤矿资源压覆问题。

（6）黄土冲刷剥蚀：在黄土残塬边部地带，黄土冲刷剥蚀和水土流失作用大多非常严重。在坡体（面）沟脑附近，往往形成冲槽、洞穴、漏斗、小冲沟及土柱。雨季期间，黄土冲刷剥蚀极为严重，对边坡坡脚及公路路基的稳定性产生严重影响。

6. 特殊性岩土

项目区内的特殊性岩土主要为湿陷性黄土和膨胀性黏土。

湿陷性黄土：全线广泛分布湿陷性风积黄土（包括马兰黄土和上层离石黄土），厚度在 19～21 m 不等，厚度较大。湿陷性黄土孔隙率大，结构疏松。湿陷等级和类型分别为Ⅲ级（严重）～Ⅳ级（很严重）自重湿陷，其对路基、桥涵构造物的稳定性影响大。

膨胀性黏土：项目区内第三系三趾马红黏土具有膨胀性，自由膨胀率为 40％～60％，是弱膨胀性黏土，其出露位置均位于沟谷底部，路线均以桥梁形式通过，路线路基范围内未发现，其对路线影响不大。

7.2 重难点工程施工方案

7.2.1 重难点工程分析

1. 滑坡治理工程

HP15 滑坡位于林区，且支党河特大桥部分主墩及引桥墩柱位于滑坡治理范围内，必须先行实施滑坡卸载,才能实施支党河特大桥该部分桩基工程。滑坡治理工程实施影响整体项目进度。

2. 支党河特大桥工程

支党河特大桥上部结构形式:左幅为$[5×40+(85+4×160+85)+10×40]$m,右幅为$[6×40+(85+4×160+85)+10×40]$m,左右幅耳墙长 8 m;主桥上部结构采用变截面预应力混凝土连续刚构,引桥采用预应力混凝土箱梁,先简支后连续;下部结构主墩及过渡墩采用单肢、双肢矩形薄壁空心墩,引桥采用单幅双柱式桥墩、薄壁空心墩,其中主墩采用群桩基础(30 根,直径 200 cm),最大墩高 175 m,桥梁全长 1458 m(左 1418 m),为本项目的关键控制性工程之一。

3. 梁渠沟大桥工程

梁渠沟大桥上部结构形式为$[4×40+(75+2×140+75)+3×40]$m,主桥采用波形钢腹板预应力混凝土连续刚构,引桥采用预应力混凝土箱梁,先简支后连续;下部结构主墩采用单肢矩形薄壁空心墩,引桥采用单幅双柱式桥墩,桥长 726 m,为本项目的控制性工程之一。

4. 赤道枢纽互通式立交工程

赤道枢纽互通式立交形式为变形苜蓿叶型,互通桥梁上部结构采用预应力混凝土现浇箱梁与连续钢箱梁组合的形式,是连接本项目与 G69 已建成旬段、G3511(菏宝高速公路)旬邑至凤翔段、原咸旬高速终点旬邑收费站的关键性枢纽立交。

5. 通道、天桥、分离式立交等构造物工程

本项目设计有通道 23 道、天桥 16 座、分离式立交 8 座,均在路线与地方生产路、211 国道交叉处设置,应做到结构物台背回填与路基填筑同步,台背回填应采取特殊措施,预防通车后产生不均匀沉降导致出现跳车现象,同时需做好交通保畅方案。

6. 填方(灰土)工程

本项目路基填方主要集中在 K305+010~K320+700 段,该段路线主要穿越黄土峁梁、黄土塬区、黄土沟壑区,呈带状分布。黄土湿陷等级为Ⅲ级(严重)~Ⅳ级(很严重);自重湿陷性黄土厚约 20 m。在路基施工前须对湿陷性黄土进行强夯,或采用灰土挤密桩处理。

7.2.2　重难点工程施工方案与措施

1. 滑坡治理工程施工

根据设计图纸,HP15 滑坡治理工程先施工挡墙,并由上而下从 14♯墩与 13♯墩间

开始卸载,同时进行 8♯ 与 9♯ 墩之间的反压区填筑施工。再依次进行 13♯ 墩与 12♯ 墩间、12♯ 墩与 11♯ 墩间、11♯ 墩与 10♯ 墩间、10♯ 墩与 9♯ 墩间的清方卸载施工。在反压区填筑施工的同时,结合挖方进度将多余卸载土方弃至附近弃土场。

施工时除了严格按照设计方案和各项施工工艺进行控制外,从施工组织方面采取以下措施。

(1)由于滑坡卸载区位于林区,先安排专人负责申报相关文件,尽早办理相关手续。

(2)加大机械设备投入,确保按时完成滑坡卸载工程,为支党河特大桥 11♯、12♯ 墩桩基施工提供施工条件。

2. 支党河特大桥施工

支党河特大桥桩基采用以旋挖钻为主、冲击钻配合的方法施工;引桥薄壁空心墩采用翻模施工,主桥 7♯ 墩柱采用悬臂模板施工,主桥 8♯、9♯、10♯、11♯ 墩柱采用液压爬升模板施工;主桥悬臂段采用挂篮施工。

(1)薄壁空心墩施工措施。

①在灌注混凝土前务必保护处理好的板面,做好模板除锈、涂刷润滑油工作,防止模板与混凝土黏结,严禁在模板就位后再涂刷脱模剂。

②浇筑混凝土前必须检查支撑是否可靠、扣件是否松动。浇筑混凝土时必须有专人看护模板,防止支撑变形、松动。

③爬升(翻转)模板、模架爬升或翻转时结构的混凝土强度必须满足拆模时的强度要求。

(2)挂篮施工控制措施。

①立模必须在当日 22:00—次日凌晨完成,以避免受温度不均匀的影响。

②保证挂篮预留孔位置精确,安排专人进行复核。

③从合龙段前 2 个梁段起,对合龙段两侧各梁段的标高和线形进行联测,并在 2 个梁段内逐步调整,以控制合龙精度。

④混凝土浇筑前必须进行全面细致的技术、安全交底,并对挂篮进行全面检查,做好记录。

⑤严格控制混凝土浇筑顺序,确保两侧对称平衡浇筑。

⑥严格控制悬浇梁段的混凝土方量,尽量不要超方,以减少实际值与计算值之间的误差。

3. 梁渠沟大桥施工

梁渠沟大桥墩柱施工控制措施与支党河特大桥基本一致,重点控制节点为大跨径波形钢腹板施工,具体采取以下施工控制措施。

(1)严格进行波形钢腹板构件到场材料检验,对构件的尺寸、编号、变形情况以及高强螺栓的合格证等严格查证。

(2)波形钢腹板的悬臂安装必须执行以下步骤:波形钢腹板起吊、安装→波形钢腹板定位→设置临时支撑固定内外侧波形钢腹板,使之成为整体,并留有可调整余地。

(3)波形钢腹板安装时应根据横向坐标、纵向坐标和竖向坐标进行空间定位,确保安装精确无误。

(4)悬臂施工时,在波形钢腹板截面设置横向临时固定设施,以减少悬臂施工时波形钢腹板的变形。

(5)悬臂浇筑前,必须对桥墩根部(0♯块段)的高程、轴线作详细复核,符合设计要求后,方可进行下一步施工。

4. 赤道枢纽互通式立交施工

赤道枢纽互通式立交匝道施工跨高速公路,主线施工跨地方道路,对安全和施工组织有较高的要求,且有多处现浇箱梁,与规划的高速预留路口衔接,施工难度较大,技术要求较高,不允许出现差错。除按照《赤道枢纽互通立交保畅方案》和各项施工工艺进行控制外,还在施工组织方面采取以下措施。

(1)施工期间,在设置各种标志和采取相关措施后,指定专人对施工路段 2 km 内所设行车警示标牌进行定时巡视,发现遗失和损坏及时进行处理,确保施工期间的道路交通安全。

(2)全部作业人员统一穿带有反光标志的橘红色工作服(套装),专业安全保畅人员携带安全工具(小彩旗、口哨、反光棒等)、佩戴安全员袖标,规范执勤、文明管理。管理人员必须穿带有反光标志的橘红色背心,24 h 不间断值班,建立严格的交接班制度,保证无脱岗等现象。作业人员和交通协管员不得在控制区外活动或将任何物体置于控制区外。

(3)每天施工前与交通部门取得联系,以获得施工协助。在作业区配置紧急值班电话,如遇紧急情况及时和交通部门联系。

5. 通道、天桥、分离式立交等构造物施工

台背回填质量直接影响台后路基稳定性,若质量不佳,则路面成型后会出现桥台后裂缝、与桥梁衔接处路基下沉、桥头跳车等现象。台背回填质量控制也是本项目路基填筑质量控制的重点和难点。除严格控制填料质量、松铺厚度、压实度外,还采取以下措施确保台背回填质量。

(1)台背回填由专人负责管理,全程旁站监督,并采用信息化管理方法,全程监控施

工过程。

（2）安排结构物先行施工，台背回填与路基填筑同时进行。若结构物确实无法先行施工，预留 50 m 路基，待结构物施工完成后与台背同步填筑。

（3）肋板式桥台在锥坡和台背施工完成后再进行台帽浇筑。台帽背墙牛腿下无法用大型压实机械压实的部位，采用浆砌片石填充。

（4）条件允许时，项目部根据相关要求在台背施工完后采取等载预压或者超载预压措施，加快工后沉降速度，缩短沉降时间。

6. 填方（灰土）施工

本项目填方施工主要集中在 K305＋010～K320＋700 段，该段填方量为 144.68 万 m³（其中灰土 47.13 万 m³，包含 8％灰土 20.41 万 m³、5％灰土 23.54 万 m³、3％灰土 3.18 万 m³），大部分土方需调运，因此选择合适的取土场及合理组织土方调用，保证工程进度，是本项目的重点。除严格控制填料质量、松铺厚度、压实度外，还采取以下控制措施。

（1）石灰现场消解，安排工地试验室严格把控石灰消解时的用水量，一般为石灰质量的 60％～80％，以不过湿成团为度，消解后要保持一定湿度，以不飞扬为度。

（2）提前 7 d 对生石灰进行消解，并在使用前对消解后的石灰进行筛分。

（3）试验人员及检测人员及时检测含水率，根据施工季节、施工气温及气象情况控制含水率。

7.3 路基工程施工

7.3.1 总体施工方案

路基总体施工方案为人工配合机械化施工。合理安排涵洞先期施工，对不良地质路段进行路基基底处理；土方填筑以两个构造物之间为一个施工段落，多段落施工并进，尽早为路面、路基排水及防护施工创造条件。

路基工程采用综合机械化作业，分区段平行流水施工。合理安排雨季施工，尽量减少与结构物施工之间的相互干扰，确保路基逐段成型。路基工程以桥头挖方、桥位挖方为突破口突击施工，为桥涵构造物施工提供场地。施工时以填前原地基处理为先导，以特殊地基处理和路基填筑为重点，合理安排、精心施工。

路基土方开挖，采用挖掘机及装载机配合自卸汽车施工，人工配合刷坡，并做好临时排水设施。路基填筑时，首先清除地表腐殖土，完善临时排水系统，并对地基进行碾压，然后分层填筑。采用推土机粗平,平地机精平,重型压路机分层碾压。

按照施工进度计划合理安排,适时进行路基防护和排水的施工。

路基工程施工设立七个施工队,各施工队依据每个施工段落的实际情况分段采用平行流水作业法同步进行施工,防护、排水施工随路基施工进度依次展开。

7.3.2　涵洞工程施工

1. 基坑开挖

(1)基坑开挖前复核设计图纸,进行图纸会审,按设计放样。

(2)基坑开挖均以挖掘机开挖为主,人工配合为辅。基坑工作面尺寸和基坑开挖放坡系数按设计图纸和施工规范确定。

2. 基础、台身混凝土施工

(1)检查基坑,在满足设计及规范要求之后,进行基础混凝土施工。混凝土在拌和站统一拌和,采用混凝土搅拌运输车运输,溜槽入模。

(2)基础混凝土强度达到设计强度的 75% 以上时,将基础表面清洗干净并凿毛后,进行墙身混凝土施工。墙身支模时先在基础上弹线,保证墙身线形顺畅,墙面平整。

(3)墙身施工采用组合钢模,混凝土用吊斗或溜槽入模,当混凝土自由下落高度大于 2 m 时,利用串筒入模,插入式振捣棒振捣。

(4)在钢模支设前,用角磨机将模板表面污渍清理干净,并用脱模剂涂刷钢模表面,保证混凝土的外观质量,必须做到内实外光。

3. 盖板预制和安装

涵洞盖板由预制场统一预制,混凝土浇筑完及时覆盖并洒水养护;人工配合吊车运输、安装盖板。

4. 洞口附属工程施工

按照设计图纸和施工规范要求进行 M7.5 浆砌片石直墙、洞身、洞口铺砌及八字墙等附属工程的施工。

5. 沉降缝设置

沿涵长方向每隔 4~6 m 设置一道沉降缝,必须贯穿整个涵台断面(包括基础);明涵在路线中心位置设置一道沉降缝,台身每半幅布置竖向假缝三道,宽 1 cm,深 2 cm,内以锯木条填塞(基础不断开);所有沉降缝缝宽 2 cm,用沥青麻絮填塞,填塞深度为 15 cm,中间空隙填以黏土。

6. 涵洞外层防水措施

在涵洞基础顶部以上与台背填土接触部分均涂热沥青两道,每道厚约 1.5 mm,涂后不再另抹砂浆。

7.3.3　特殊路基处理

本项目中的特殊路基主要为湿陷性黄土路基。按照设计要求,采用换填灰土、强夯、灰土垫层及灰土挤密桩等对湿陷性黄土地基进行相应处理。

1. 换填灰土

在路基低填、浅挖及挖方路段,路床超挖 120 cm 后,上路床(0~40 cm)换填 8% 灰土,下路床(40~120 cm)换填 5% 灰土。

路床基底的湿陷等级大于Ⅱ级时,还应超挖路床基底一定厚度后换填 3% 灰土。其中,湿陷等级为Ⅲ级时,超挖 80 cm 后换填 3% 灰土;湿陷等级为Ⅳ级时,超挖 180 cm 后换填 3% 灰土。

2. 强夯

当路基填土高度大于 1.96 m、小于或等于 4.0 m 时,若地基湿陷等级为Ⅱ、Ⅲ、Ⅳ级,清表后采用夯击能为 1000 kN·m 的强夯处理;若地基为一般土质或湿陷等级为Ⅰ级,清表后采用夯击能为 800 kN·m 的强夯处理。当路基填土高度大于 4.0 m、小于或等于 8.0 m 时,若地基湿陷等级为Ⅱ、Ⅲ、Ⅳ级,清表后采用夯击能为 1200 kN·m 的强夯处理;若地基为一般土质或湿陷等级为Ⅰ级,清表后采用夯击能为 1000 kN·m 的强夯处理。强夯完成后夯沉回填素土。其施工方法如下。

(1)清除路基表面浮土和杂物,并整形和压实,洒水湿润。

(2)施工放样,放出强夯处理范围边线,利用石灰标出夯击点位置,并测量场地高程。

(3)确定强夯方式与遍数。按照设计规定的强夯遍数和控制标准进行施工,完成一个夯点的施工后,对该夯点进行检测,满足设计要求则进行下一个夯点的施工;如不满足设计要求,报监理工程师重新确认。

(4)在施工完成后对夯后场地高程进行测量。

3. 灰土垫层、灰土挤密桩

在路基附近 150 m 范围内有民房、窑洞等建筑物,无法实施强夯时,采取如下措施。对于一般填方路堤,采用灰土垫层进行处理,清表后根据湿陷等级超挖(湿陷等级为Ⅰ级时超挖 30 cm,湿陷等级为Ⅱ级时超挖 50 cm,湿陷等级为Ⅲ级时超挖 80 cm,湿陷等级为Ⅳ级时超挖 100 cm),超挖后回填 8% 灰土垫层;对于高填路堤(填土高度大于 8.0 m),若基底为Ⅰ级湿陷性黄土,采用灰土垫层处理,若基底为Ⅱ、Ⅲ、Ⅳ级湿陷性黄土,采用 40 cm 灰土垫层＋10％灰土挤密桩进行处治。其中,基底湿陷等级为Ⅱ、Ⅲ级时,灰土挤密桩桩长 5 m,桩距 1.2 m;基底湿陷等级为Ⅳ级时,灰土挤密桩桩长 6 m,桩距 1.1 m。施工方法如下。

(1) 清除路基表面浮土和杂物,平整场地,清除障碍物,标记出场地范围内的地下构造物及管线。

(2) 测量放线,定出控制轴线、打桩场地边线并标记。对区域内地基土的含水率进行检测,当含水率低于 12％时,宜对处理范围内的土层进行增湿,增湿处理应在地基处理前 4～6 d 完成。

(3) 应按照隔排隔行的顺序施工,间隔 1～2 孔跳打,成孔后立即回填,以防止相邻孔之间互相挤压,造成相邻孔缩孔或振动坍塌。整片处理时宜由内向外进行,局部处理时宜由外向内进行。

(4) 在桩机就位后,使沉管尖对准桩位,调平夯扩桩机机架,使桩管保持垂直,用线绳吊线检测桩管垂直度,确保垂直度偏差不大于 1.5％。

(5) 灰土挤密桩施工时应控制拔管速度,在拔管前宜停顿 10 s 左右。成孔后清底、夯实、夯平,夯击次数不少于 8 次。成孔后进行孔中心位移、垂直度、孔径、孔深检查,合格后进行下道工序施工,或用盖板盖住孔口,防止杂物落入。

(6) 成孔后及时夯填,在向孔内填料前先夯实孔底。灰土逐层以量斗定量向桩孔内下料,每层回填厚度为 280～320 mm,采用电动卷扬机提升式夯实机分层夯实。

7.3.4　路基土方开挖施工

路基土方开挖,采用挖掘机及装载机配合自卸汽车施工,人工配合刷坡。挖方高边坡段落一览表见表 7.2。

表 7.2　挖方高边坡段落一览表

序号	起点桩号	终点桩号	位　置	长度/m	最大边坡高度/m	综合坡率
1	K297＋250	K299＋180	左侧	1930	57.55	1∶1.31
2	K297＋810	K297＋965	右侧	155	25.97	1∶1.07
3	K298＋300	K298＋605	右侧	305	47.39	1∶1.15
4	K298＋830	K299＋070	右侧	240	28.50	1∶1.09

1. 主要施工方法

路基土方由上而下分层进行开挖,开挖前先做好截水沟、临时排水沟,以防地表水冲刷。在开挖深度小于 4 m 的区段,采用单层纵向全宽开挖法,即从开挖路堑的一端或两端按断面全宽一次性挖至设计标高;在开挖深度较大、纵向长度较长的区段,采用"横向分层,纵向分段,两端同步,阶梯掘进"的挖掘方法,以 2～4 m 为一层错台开挖,分两个或三个工作面同时进行施工。

(1)施工测量放样:先熟悉及核对设计文件,复核导线点、水准点,核对控制桩,并适当加密。测量原地面标高,绘制开挖断面图,记录测量结果并整理,确认准确无误后交监理工程师审批签证。

(2)清理与掘除:路基土石方工程施工前,根据测量成果,由人工配合推土机、装载机等机械,将公路用地范围内的耕植土、草皮、树木、灌木丛、树根、垃圾及其他有机腐殖质等清理、掘除,移运至监理工程师指定的位置,整齐堆放,并使其不污染环境。

(3)临时防护、排水:修建完善的临时排水设施,尽量做到永临结合,确保堑顶及边坡不受雨水冲刷,保证施工期间路段排水畅通。

(4)土方开挖:土方开挖由上而下分层进行,采用挖掘机或推土机开挖,配合采用装载机装车,自卸汽车运输。采用单层纵向全宽开挖法开挖,然后将路床顶面以下 80 cm 范围内原土质基底翻松、整平、压实,压实度达到设计和规范要求。适用土运入填方路段,非适用土运送至监理工程师指定的地点整齐堆放。

深挖路堑的边坡应严格按照设计坡度施工。若边坡实际土质与设计资料不符,应向监理工程师提交修改的施工方案,待批准后实施。

(5)整修边坡、挖排水沟:开挖至接近堑底时,按路床设计横断面放线,开挖、修整、压实并挖好边沟,以利于排水。边坡刷好后及时进行路床加固、边坡防护和排水工程施工,应开挖一段、防护一段,以保证边坡的稳定性。

(6)路床以下 80 cm 的压实度或路床以下换填处治层的压实度不小于 96%,如不符合要求,采取其他措施处理,并报监理工程师批准。

2. 施工注意事项

(1)当因受天气状况影响,挖出的材料无法按照要求用于填筑路基和碾压时,应停止开挖,直到天气好转。

(2)当挖除低于原地表的非适用材料时,挖除深度和范围报监理工程师,并用监理工程师批准的材料回填,压实至规定的压实度。

(3)设置必要的截水沟排除路堑上方边坡地表水,防止边坡坡面冲刷。

(4)边坡开挖后,按照要求及时进行防护。路堑挖方应左右分段分级开挖,切实做到开挖一级、防护一级,严禁一挖到底再做防护。

(5)对挖方料进行利用或弃方处理,运送到指定地点。在弃土任务完成后,弃土场必须认真按照监理工程师批准的方案妥善整治,保持土石整齐、稳定,排水畅通,并采取一定的美化、绿化措施。经监理工程师验收合格,并得到当地环保、水土保持等有关管理部门的认可后,办理必要的手续。

7.3.5 路基填方施工

本项目路基采用灰土填筑,填方路堤采用纵向分段、水平分层填筑的方法进行施工,即按照横断面全宽分水平层次逐层向上施工,填料采用挖掘机或装载机装车,自卸汽车运输,采用推土机配合平地机整平,振动压路机压实。

施工中压实度由压实遍数控制。压实遍数和压实机械吨位组合由现场试验确定,并报监理工程师检验批准。

1. 石灰土路拌法施工程序

准备工作→施工放样→洒水闷料→拌和与洒水→整形→碾压→质量检测。

2. 准备工作

(1) 灰土的下承层表面应平整、坚实,具有规定的路拱,下承层的平整度和压实度应符合质量标准的规定。

(2) 灰土施工前,对下承层土基用 12～15 t 三轮压路机或等效的碾压机械进行 3～4 遍碾压,并经检验合格。

(3) 土基面上的低洼和坑洞应仔细填补和压实;搓板和辙槽应刮除;松散处应耙松、洒水并重新碾压至平整、密实。

3. 施工放样

在土路基的面层恢复中线,在直线段每 20 m 设一标志桩,在平曲线段需加密,每 10 m 设一桩,并在两侧路肩边缘外设置指示桩,采用方格法进行布料。

4. 洒水闷料

如土过干,要事先洒水闷料,使土的含水率接近最佳值。细粒土闷料一夜,中粒土和粗粒土视细土含量可适当缩短闷料时间。

5. 拌和与洒水

(1) 集料采用路拌机拌和,施工过程中设专人跟随路拌机随时检查拌和深度,严禁在拌和层底部留有"素土"夹层。拌和应深入下承层(约 1 cm),以利于上下层的黏结。

(2) 在拌和过程中,应及时检查含水率,用喷管式洒水车补充洒水,使混合料的含水率等于或略大于最佳值(视土类而定,可略大于 1%),洒水距离应长一些,水车起洒处和掉头处都应超出拌和段 2 m 以上。洒水车不得在正在进行拌和及当天计划拌和的路段上掉头和停留,以防局部水量过大。拌和机械要紧跟在洒水车后面进行拌和,以减少水分流失。

(3)在拌和、洒水过程中,要人工配合拣出超尺寸的颗粒,消除粗细集料"窝"(指在拌和、洒水过程中,因混合料局部不均匀分布形成的粗集料或细集料集中堆积区域)以及局部过分潮湿处。拌和完成的标志是:混合料色泽一致,含有灰条、灰团和花面,没有粗细集料"窝",且水分合适均匀。

6. 整形

(1)灰土拌和均匀后,先用平地机初步整平。在直线段,平地机由两侧向路中心进行刮平;在平曲线段,平地机由内侧向外侧进行刮平,必要时再返回刮一次。

(2)每次整形都要按设计的坡度和路拱进行,并应特别注意接缝处的整平,必须使接缝顺适、平整。在整形过程中,严禁任何车辆通过。

7. 碾压

(1)碾压原则为先轻型后重型,每层松铺厚度按照 25 cm 进行控制。碾压直线段时,由两侧路肩向路中心碾压。碾压平曲线段时,由内侧路肩向外侧路肩碾压。碾压一直进行到压实度满足要求为止,同时表面应没有明显轮迹。

(2)严禁压路机在已完成或正在碾压的路段上掉头和急刹车,以保证表面土层不被破坏。在碾压过程中,如果灰土表面的水分蒸发得太快,应及时补洒少量的水;如有弹簧土、松散、起皮等现象,要及时翻开重新拌和,以达到质量要求。

(3)在碾压结束之前,用平地机再刮平一次,使其纵向顺适,路拱和标高符合要求。

8. 质量检测

每层填料压实后,及时进行中线、标高、宽度、压实厚度及压实度检测,自检合格报监理工程师审批后才可填筑上一层。压实度检测采用沉降量观测法进行,路基压实度、填料最小加州承载比及最大粒径检测标准见表 7.3。

表 7.3　路基压实度、填料最小加州承载比及最大粒径检测标准

填 挖 类 型		路面底面以下深度/cm	填料最小加州承载比(CBR)/(%)	填料最大粒径/cm	新建路段压实度/(%)	拼接路段压实度/(%)
填方	上路床	0~30	≥8	10	≥96	≥96
	下路床	30~80	≥5	10	≥96	≥96
	上路堤	80~150	≥4	15	≥94	≥96
	下路堤	>150	≥3	15	≥93	≥94

填 挖 类 型	路面底面以下深度/cm	填料最小加州承载比（CBR）/（%）	填料最大粒径/cm	新建路段压实度/（%）	拼接路段压实度/（%）
零填及挖方	0～40	≥8	10	≥96	≥96
	40～120	≥5	10	≥96	≥96

7.3.6　涵、台、墙背回填

本项目包含大、中、特大桥 11 座，涵洞 30 道，通道 23 道，天桥 16 座，台背回填工程量较大，为本项目路基施工中的质量控制重点。

1. 回填范围

台背回填沿路面纵向实施，按设计图纸采用 5% 灰土填筑，压实度（重型）不小于 96%。

2. 设置台阶

（1）为确保桥台背、涵洞两侧与顶部、锥坡与挡土墙等构造物背后的填料与挖方路基或已填筑路堤良好结合，结合部位纵向必须设置反向台阶。

（2）台背回填与路基填土部分衔接时，采用 1∶1.5 坡度相接。台背回填施工前，应在衔接坡面开挖内倾坡度大于 4%、高度小于 60 cm 的台阶。

（3）路基已填筑部分开挖面的压实度应与原路基压实度一致。原状土开挖台阶应用平板夯夯实，压实度大于 96%。对路基填方路段，若开挖台阶的压实度达不到设计要求，应继续向路堤方向开挖，直至压实度满足要求。

3. 填料选择

桥台背、涵洞两侧与顶部、锥坡与挡土墙等构造物背后的填料采用 8% 灰土，压实度不小于 96%。

4. 层次标记

每层厚度按 15 cm 控制，自基础顶面开始，将分层填筑厚度在墙身上做出标记，标明填筑位置及相应的层次，作为分层施工厚度控制的依据。

5. 回填范围内的基底处理

（1）桥台背、涵洞两侧、锥坡与挡土墙等构造物背后回填范围内的垃圾、有机物残渣及原地面以下的草皮、农作物根系和表土均应清除，并排除积水。基底清理完成后，应全面进行填前碾压，使其达到规定的压实度要求。

（2）采取措施防止地表水流入填筑区域。

6. 填筑施工

（1）回填工作必须在隐蔽工程验收合格后进行。

（2）回填时应按照设计及有关规范的规定检测桥涵、挡土墙等的强度。

（3）严禁在盖板未安装（或现浇）的情况下，或分离式基础的涵底铺砌、支撑梁施工前，进行回填施工。

（4）桥涵、挡土墙及其他构造物背后的填土应尽可能采用重型压路机碾压，碾压时应注意压路机与构造物的距离和压路机的振动幅度，确保构造物的安全。对于压路机无法碾压的死角或漏压区，应翻挖后采用平板振动夯加以补夯。

（5）桥涵、挡土墙及其他构造物处的填土应分层回填压实，碾压前应对填土层的松铺厚度、平整度或含水率等进行检查，符合要求后方可碾压，并由路中向两边设置2%～4%的横坡。为保证边坡稳定，填筑宽度应每侧比设计宽度加宽50 cm，确保边部有效压实。

（6）桥涵、其他构造物的顶面以上填土及挡土墙墙背填土应与路堤同步填筑。台背填料用推土机或人工摊铺、整平后，人工拣出超粒径颗粒及其他杂质并修整边坡及墙背根角处。摊铺时，应设置2%～4%的路拱。

（7）桥涵、挡土墙墙背与路堤间的回填应按设计施作过渡段。过渡段路堤压实度不小于96%，并应按设计施作纵向和横向防排水系统。

（8）涵顶以上50 cm范围内的填土采用轻型静载压路机碾压，以达到设计和规范要求的压实度为准。

（9）当台背背墙处的牛腿妨碍机械压实时，在牛腿投影范围以下1 m内采用浆砌片石砌筑。

（10）肋板式桥台或存在填方的柱式桥台，应暂不施工台帽，待台前溜坡及台后填方填筑完成后再进行台帽施工。

（11）为了减少台背回填的自然沉降时间，台背回填完成后，在台背回填处根据要求采取堆载静压的方法加速沉降，确保台背回填的稳定性。

7. 压实度检测

（1）用灌砂法检测压实度时，取样位置为每一压实层底部；用环刀法检测压实度时，环刀中部处于压实层厚的1/2处。

（2）施工过程中，每一层均应检验压实度，检测频率为：桥涵背填土为每50 m² 至少检查1点，不足50 m² 时检查1点，必要时可根据需要增加检查点；挡土墙墙背填筑每100 m 至少检查1处，不足100 m 时检查1处，必要时可根据需要增加检查点。

7.3.7　路基整修

在土方工程已经陆续完成,所有邻近的排水结构物等已经完成并回填好后,根据监理工程师的指示进行路基整修。路基整修采用人工配合机械进行。路基整修完成后及时进行路基验收。

7.3.8　路基防护与排水工程

根据路基施工进展,及时安排施工力量进行路基防护和排水工程施工。施工时混凝土、砂浆集中采用机械强制拌和,人工配合机械施工。

1. 路基挡土墙、护坡、护面墙施工方法

浆砌片石挡土墙、护坡、护面墙所用砂浆、片石,必须符合技术规范的要求;拌制砂浆所用水泥、砂应进行试验鉴定,并取得监理工程师同意;砂浆拌和采用混凝土搅拌机分点集中拌和后运至施工现场。

砌筑前,对位置、标高、长度、结构形式及细部尺寸等进行现场放样、核对,报监理工程师批准后,人工配合挖掘机开挖基坑,夯实基底。浆砌工程砌筑时,必须四边立杆挂线,并应经常校对线杆,以保证砌体各部分尺寸符合图纸要求。

挡土墙施工与路基施工同步进行。施工时,在清理合格后的地面上,按照设计图纸先砌筑 1 m 左右高度,再填筑路基和进行墙背回填,直至砌筑高度;然后再继续砌筑 1 m 高度,并进行路基填筑,直至完成挡土墙的砌筑和路基的施工。

浆砌片石护面墙、护坡施工时,砌体应与坡面密贴,砌体咬口紧密,错缝,砂浆饱满,不得有通缝、叠砌、贴砌和浮塞,砌体勾缝应牢固美观。

2. 路基边沟、排水沟、截水沟施工方法

(1)沟壁修整:铺砌或浇筑混凝土之前,对边沟、排水沟、截水沟进行修整,保证沟底和沟壁坚实平整,沟底标高及断面尺寸符合图纸要求。

(2)预制块或片石铺砌:放样后,沿沟壁纵向挂线,先铺砌沟底,再铺砌侧壁,保证铺砌时坐浆饱满、勾缝平顺,铺砌成型的排水沟平整密实,沟底顺畅,不积水,并按设计或现场具体情况将沟渠与原有农田排水灌溉设施相结合,合理导流。

(3)现浇混凝土:将边沟开挖修整好,测量放样后装模,保证线形流畅,混凝土使用插入式振捣器进行振捣,浇筑后注意养护。

(4)排水工程线形必须顺直,曲线过渡必须圆滑,沟底平整,排水畅通,无阻水现象。按照图纸所示将水流引入排水系统。

7.3.9 路基加宽拼接施工

对于原有路基为一般填方路基的拼接加宽路段,拼接方案如下:加宽路基采用合格的土填筑,施工时首先进行地基和原有路堤边坡清表,然后由下至上开挖台阶,第一级开挖台阶宽度为 2.25 m,高度为 1.5 m,开挖完成后,分层填筑碾压至原地面以上 1 m,然后开挖第二级台阶;第二级台阶开挖宽度为 1.2 m,分层填筑碾压 0.8 m 厚后,再开挖下一级台阶;依次开挖、填筑至路床底面后,再对原有路基 1.5 m 范围内的路床进行超挖、填筑;路基应分层填筑,分层厚度为 20 cm,碾压密实,保证上、下路床及上路堤压实度不低于 96%,下路堤压实度不低于 94%。

施工时除了严格按照设计方案和路基拼接工艺对清表、临时排水设施设置、基底夯实、台阶开挖、填料质量、松铺厚度、碾压工艺进行控制外,在施工组织方面还需采取以下措施。

(1)创造条件先安排高填方路基施工,并根据周围环境情况,在设计方案中考虑补强措施。

(2)加大协调力度和设备投入,尽力确保 70%～90% 的填方路基在计划期内填筑至设计标高,预留填方路基沉降期,以利于后期路面底基层的及时施工。

7.4 路面工程施工

本项目路面施工采用 4 cm 厚 AC-13 SBS 改性沥青混凝土＋6 cm 厚 AC-50 SBS 改性沥青混凝土＋12 cm 厚 ATB-30 沥青混凝土＋36 cm 厚水泥稳定碎石基层＋18 cm 厚水泥稳定碎石底基层,路面总厚度为 76 cm。

7.4.1 水泥稳定混合料基层、底基层施工

1. 材料准备

(1)水:经检验符合技术规范要求。

(2)水泥:采用强度等级为 42.5 的复合硅酸盐水泥、矿渣硅酸盐水泥,其初凝时间及终凝时间分别在 3 h 及 6 h 以上。不可使用快硬水泥、早强水泥及受潮变质的水泥。水泥的牌号在进场前须通过监理工程师的批准。

(3)碎石:由坚硬耐久的岩石轧制而成,具有足够的强度,颗粒近似立方体。各项技

术指标满足《公路路面基层施工技术细则》(JTG/T F20—2015)的要求。

(4)自卸汽车将所需原材料运到拌和场,分别堆放,为防止污染环境,应采取措施妥善保存。

2. 混合料组成设计

(1)取工地实际使用的集料,分别进行筛分,按颗粒组成进行计算,混合料的级配满足技术规范的要求。

(2)取工地使用的水泥、碎石分别按设计规定的比例范围,制备不少于三组的不同比例的混合料试件,进行重型击实试验、承载比试验及抗压强度试验,用振动成型法确定各组混合料的最佳含水率和最大干密度。

(3)在最佳含水率状况下,按要求的压实度制备混合料试件,在标准条件下养护 7 d,浸水 1 d 后测得无侧限抗压强度,必须满足规范及设计图纸的要求。

(4)取符合强度要求的最佳配合比作为生产配合比,用振动成型法求得最佳含水率和最大干密度,报监理工程师批准,以指导施工。

3. 设备准备

拌和设备安装好后,进行调试和试拌,并根据设计级配中各集料的比例同步调整各料仓。

4. 试验段施工

在试验段开工前 14 d 内,将试验方案报监理工程师批准,在监理工程师批准的现场试铺一段长度不小于 200 m 的试验段,按批准的配合比进行试验段施工。在试验段施工中要确定的主要内容如下。

(1)用于施工的材料的质量要求和混合料的配合比。

(2)合适的拌和机械、拌和方法、投料方式、拌和时间,混合料的均匀性,拌和机械产量等。

(3)混合料的松铺系数。

(4)混合料的摊铺方法和适用的机具,摊铺机的行驶速度、摊铺厚度控制方式和摊铺宽度等。压实机具的选择与组合,压实的顺序、速度和遍数。拌和、运输、摊铺和碾压机械的协调与配合。每一作业段的合适长度。

(5)施工组织及管理体系、质量保证体系等。

(6)质量检验内容、检验方法和检验频率。

(7)试铺路面质量检验结果。

试验段的检验频率应是标准中规定的正式路面检验频率的 2~3 倍。使用的原材料和混合料、施工机械、施工方法及试铺路面各检验项目的检测结果都符合规定,经监理工程师抽检合格,即可按以上内容编写试验段施工总结,经监理工程师审查、批准和确认后,即可申报正式路面开工。

5．施工方法

（1）下承层准备。

清除下承层表面浮土和杂物,并整形和压实,洒水湿润;底基层、基层外侧模采用 600 cm×8 cm×18 cm 槽钢,每根槽钢采用三根三角钢钎固定,钢钎钉在槽钢外侧两端及中间,支模时的宽度大于设计宽度 5 cm,以保证成型后基层宽度满足要求;在路面基层宽度外侧 50 cm 处,打设基准钢丝支撑杆,每 10 m 一杆(与原路中线桩号一致),并按路面基层两侧的标高和纵坡架设基准钢丝,每段架设 300 m 左右,10 m 长度内基准钢丝的挠度不超过 2 mm,摊铺路面基层时应由专人检查、看管基准钢丝,防止施工人员和施工机械碰撞基准钢丝。

（2）混合料的拌和。

①在稳定粒料拌和场采用连续式稳定粒料拌和设备进行集中拌和。

②正式生产前进行粒料拌和设备的调试,使其满足生产配合比的要求。同时采取措施保证水、电在施工过程中连续供应。

③拌和设备的投料要准确,宜在投料运输带上定期取样检查各料仓的投料数量,保证计量准确。拌和后的混合料必须均匀,含水率适当,无粗细颗粒离析现象。

④拌和过程中定期抽检原材料的物理力学性能,做到不合格的不使用。

（3）混合料运输。

由自卸汽车及时将拌和好的混合料运往施工路段,当运输距离较远时,混合料在运输途中加以覆盖以防水分蒸发。卸料时注意卸料速度,防止离析。运到现场的混合料应及时摊铺,避免长时间存放,存放时间超过规定的按废料处理。

（4）混合料摊铺。

由摊铺机根据试验段确定的松铺厚度及时摊铺整平,采用两台摊铺机一前一后相隔 5 m 同步进行摊铺,用水准仪跟踪测量标高。需做到及时摊铺、及时碾压,如有离析则用机械或人工充分拌和。

（5）碾压。

①摊铺 50 m 左右时,即可将已摊铺段作为一个碾压段开始碾压。

②压路机依据试验段所确定的压实遍数和机械组合在全宽范围内压实,碾压方向与路中心线平行,在直线段由两侧向中心碾压,在超高段由内侧向外侧碾压。碾压时,采用振动压路机先静压 1～2 遍,再打开振动器碾压,最后采用振动压路机静压、稳压。压路

机后轮要重叠 1/2 轮宽,并超过两段的接缝处。碾压时控制含水率等于或略大于最佳含水率。边角处采用 1 t 手扶式压路机碾压密实,做到紧跟慢压,表面要平整、密实、无浮石、弹簧现象,施工接茬平整、稳定。对水泥稳定碎石基层还要采用 26 t 胶轮压路机进行柔性碾压。

③碾压过程中的质量控制:试验人员在现场检测混合料含水率,发现问题及时反馈信息,及时纠正;测量人员在压实工序中,跟踪检测松铺层顶面的相对高度,以保证铺筑厚度满足要求;设专人负责管理碾压工作。

(6)养护。

压实后的混合料覆盖潮湿的双层土工布进行养护,安排专人定期进行洒水,保持其表面在养护期内始终湿润,养护时间不小于 7 d,且至上层结构层施工前,该层表面必须覆盖,不能暴晒。冬季施工时,结构层上覆盖素土,防止结构层受冻、水浸等。养护期内宜封闭交通;若不能封闭交通,须经监理工程师批准,将车速限制在 30 km/h 以下,并禁止重型车辆通行。

(7)底基层混合料经过整形、压实、养护,7 d 的抗压强度满足设计要求,在验收合格后方可铺筑基层,铺筑前彻底清扫下层的灰土及浮尘。

(8)试验室按规范规定的频度和数量取样,分别测定其压实度、配合比、抗压强度等,达到规范规定的允许值后,报监理工程师签认。

(9)施工注意事项。

①拌和机投料要准确,在投料运输设备上定期取样检查各料仓的投料数量。拌和要均匀,不得出现粗细集料离析现象,成品料堆应随时用装载机推平,避免形成锥体引起粗集料滑到锥底。

②严格控制碾压含水率。

③拌和好的混合料要及时摊铺碾压。任何不符合规范要求的混合料均清除更换。

④严禁用贴补的方法进行找平,如局部低洼可翻松,添加混合料后重新碾压。

⑤碾压完毕即进入养护阶段,在此阶段内要求基层表面始终处于湿润状态(对于基层的下层,碾压完毕后,可立即在其上铺筑基层上层,无须专门养护,如不能立即铺筑,仍应按规定养护)。对下层采取洒水、顶面拉毛等措施后,再摊铺上层混合料。

(10)横向接缝质量控制措施。

①混合料摊铺过程中如因故中断超过 24 h,则设置横向接缝,且将摊铺机驶离已摊铺段末端。人工将已摊铺段末端混合料整理整齐,紧靠混合料放两根方木,方木的高度与混合料的压实厚度相同;整平紧靠方木的混合料。方木的另一侧用砂砾或碎石回填约 3 m 长,其高度应高出方木几厘米。

②在重新开始摊铺混合料之前,将砂砾、碎石、方木除去,并将下层顶面清扫干净。摊铺机返回已压实层的末端,重新开始摊铺混合料。如摊铺中断后,未按上述方法处理横向接缝,而中断时间已超过规范规定的时间限制,则将摊铺机附近及其下面未经压实的混合料铲除,并在已碾压密实且高程和平整度符合要求的末端挖一横向(与路中心线垂直)垂直向下的断面,然后再摊铺新的混合料。

③进行压实度检查时,应同时测定挖出的混合料试样中粗集料的含量,并按与粗集料含量相对应的最大干密度计算压实度。

④施工时一定要注意温度变化,当气温在 5 ℃以上和非雨天时,才可进行结构层的施工,并在第一次重冰冻到来之前一个月完成。雨季施工,配备足够的遮雨布,防止摊铺好的混合料受雨淋。

⑤试验室随时检测混合料的含水率、水泥剂量和混合料的级配,发现异常情况,及时进行调整。摊铺机后面设专人消除粗细集料的离析现象,对局部粗集料"窝"采用换填新拌混合料的方法进行消除。严格控制碾压方法、碾压速度和碾压遍数。及时对已完工程进行质量自检、互检和交接检。

⑥避免出现纵向接缝,认真做好横向接缝的施工。精心组织,精心施工。减少混合料从拌和到碾压完成的时间间隔。

7.4.2 粘层、透层和封层施工

基层清扫干净后在其上洒布透层沥青,铺筑封层。沥青各面层之间、桥面层之间洒布粘层沥青。粘层、透层、封层采用人工辅助智能型沥青洒布车的方法进行施工。

1. 粘层

沥青路面的各沥青层之间设置粘层,粘层采用 SBR(styrene-butadiene rubber,苯乙烯-丁二烯橡胶)改性乳化沥青,其沥青含量控制在 60% 左右。粘层油的规格和质量应符合规范要求,用量应通过试洒确定,洒布量宜为 0.3~0.6 L/m²。

2. 透层

基层上必须喷洒透层油。透层采用高渗透乳化沥青,在洒布前按原液:水=3:1进行稀释。

3. 封层

沥青层与基层间设置封层。封层材料采用 SBS(styrene-butadiene-styrene block copolymer,苯乙烯-丁二烯-苯乙烯嵌段共聚物)改性热沥青+碎石。改性热沥青采用 SBS 改性 A 级 90 号沥青。桥面段封层碎石规格为 4.75~9.5 mm,撒布量为 8~10 kg/m²;路基段封层碎石规格为 9.5～16 mm，撒布量为 12～15 kg/m²；碎石应经沥青拌和楼烘干、除尘处理，加热温度为 100～130 ℃，粉尘含量不大于 0.3%。封层厚度不小于 6 mm。

4．施工准备

将准备喷洒沥青的工作面上的所有杂物扫出路基外，保证喷洒沥青的表面整洁。清扫时不得采用水冲洗，可采用路面清扫车配合高压鼓风机或风力灭火器进行清扫。

5．喷洒沥青

（1）喷洒前应通过试验段确定施工时的沥青洒布量。喷洒前报请监理工程师对工作面进行检查，合格并经批准后进行沥青的喷洒。

（2）投入施工的智能型沥青洒布车具有精确的屏幕显示和打印装置，施工过程中可以确保均匀地按规定喷洒。

（3）喷洒沥青时气温不低于 10 ℃，且温度应该稳定上升，风速适度，有雾或即将下雨时不能进行沥青喷洒施工。洒布沥青的路段禁止车辆、行人通行。

7.4.3　沥青混凝土面层施工

1．前期准备

（1）材料准备。

对路面结构层所用的各种原材料按有关标准和规范进行试验，如对石料的规格、强度等，沥青的针入度、延度、软化点、闪点、含蜡量、黏附性等各项指标进行试验，选择质量符合技术规范要求的材料，并经监理工程师批准后，进行配合比设计及安排原材料进场。

每层沥青混合料配合比的设计包含三个阶段，即目标配合比设计阶段、生产配合比设计阶段、生产配合比验证阶段（试拌试铺阶段）。通过配合比设计验证材料的可用性、矿料级配和最佳沥青用量（最佳油石比）。

（2）目标配合比设计阶段。

①确定各矿料的组成比例。从施工现场分别取各规格矿料进行筛分，用计算机或图解计算各规格矿料的用量，使合成的矿料混合料级配符合技术规范的有关规定。计算应反复进行，使矿料混合料级配曲线基本接近规范级配范围中值线（目标值），并应是一条顺滑的曲线，每种级配材料的最低含量不低于招标文件中技术规范规定的数值。

②确定沥青的最佳油石比。用计算确定的矿料组成和规范推荐的油石比范围，按0.5%间隔取 5 个不同的油石比数值，用试验室小型拌和机拌和沥青混合料，制备 5 组马歇尔试件。测定试件的密度、空隙率、沥青饱和度、稳定度、矿料间隙率和流值，分别绘制各项指标的曲线。

③残留稳定度检验。按以上配合比制备沥青混凝土马歇尔试件,做浸水 48 h 马歇尔稳定度试验,检验残留稳定度,必须满足技术规范的有关规定。

本项目中用实际使用的材料计算各种材料用量的比例,确定符合招标文件规定的矿料级配,进行马歇尔试验明确沥青用量。以此矿料级配及沥青用量设计目标配合比,根据拌和机确定各级料仓的供应比例、进料速度并试拌试用。将试验资料报监理工程师审查,经批准后,再进行生产配合比的调试。

(3)生产配合比设计阶段。

①确定各热料仓的矿粉用量。按照目标配合比给拌和楼供料,从二次筛分后送入各热料仓的矿料中取样进行筛分,根据筛分结果计算,使矿料混合料的级配符合技术规范的有关规定,并确定各热料仓的用料比例,供控制室使用。同时反复调整冷料仓进料比例,达到供料均衡。

②确定最佳油石比。按目标配合比设计阶段确定的最佳油石比 OAC(optimum asphalt content)和 OAC+0.3%、OAC-0.3% 3 个油石比,取以上计算时使用的矿料混合料,用小型拌和机拌和沥青混合料,进行马歇尔试验,确定生产配合比的最佳油石比。如果三组沥青混凝土的各项技术指标均符合技术规范的有关规定,则取中间 OAC 为生产配合比的最佳油石比;否则,再补做增减油石比的沥青混合料性能试验,以选定适宜的最佳油石比。

③残留稳定度检验。按以上生产配合比制备沥青混凝土马歇尔试件,做浸水 48 h 马歇尔稳定度试验,检验残留稳定度,必须满足技术规范的有关规定。

(4)生产配合比验证阶段。

采用拌和设备按照生产配合比及最佳油石比进行试拌,铺筑试验段,并取拌出的沥青混合料及试验段上钻取的芯样进行马歇尔试验,从而确定生产用标准配合比。以标准配合比作为生产的依据和质量检验的标准。

根据以上试验写出报告交监理工程师审批,批准后方可用于生产。在施工中若料源改变,在使用新材料前重新进行混合料配合比设计,并报监理工程师批准。

拌和楼安装、标定完成后,进行调试和试拌,根据目标级配及生产量,按比例同步调整各冷料仓供应量。冷料经加热烘干后,通过振动筛进行二次筛分,筛分后的各种不同粒径的矿料除不符合规格要求的经泄料口作为废料排除外,其余进入各粒径材料的储料仓(热料仓),试验室根据各热料仓的集料筛分结果计算和校正配合比。

2. 试验段施工

在施工前 28 d 将试验段铺筑技术方案、混合料配合比设计、各施工阶段施工温度、原材料和混合料的各种试验结果等资料报监理工程师审批,按监理工程师要求进行试验段的材料试拌、试铺工作。

在沥青路面各层开工之前 14 d,按监理工程师的要求,针对每种沥青混合料铺筑一段符合本合同段主线路面技术指标的相同宽度的长 500 m(下面层 200 m)的试验段,并按设计文件及试验段技术方案要求进行沥青路面试验段的施工。通过铺筑试验段,验证生产配合比,检验施工方案、施工工艺及操作规程的适用性,测定松铺系数、机械组合、压实遍数等控制数据,确定本项目最佳施工工艺,为沥青路面大面积施工提供技术控制依据。

试验段的质量检查频率应根据需要比正常施工时适当增加(一般增加 1 倍)。试铺结束,经检测各项技术指标均符合规定后,整理试验段总结报告上报,经监理工程师审查、确认后,方可正式开工。

3. 沥青混凝土路面面层施工

面层沥青混凝土摊铺时采用基准钢丝调平法,在施工过程中用 3 m 直尺跟踪测量,并采用非接触式平衡梁自动找平装置。

(1) 准备工作。

①在正式铺筑前,对需要铺筑的工作面进行检查和清理,首先派人清扫表面的浮土,对于浮土量较多的部位,用风力灭火器或高压鼓风机将浮土吹出路基,对于路面粘有大量泥土的地方,则用水车进行冲洗,直至冲洗干净。下承层的横坡、宽度、高程、压实度、平整度等各项指标满足规范及设计要求后,测量放样,经监理工程师批准后,即可进行试铺。

②下面层施工时,在路面宽度边线外侧 50 cm 处打设基准钢丝支撑杆,每 10 m 一杆(与原路中线桩号一致),并按路面标高(通过设计标高计算)和纵坡架设基准钢丝,每次架设 300 m 左右,钢丝应有足够的张拉力(800～1000 kN),10 m 长度内基准钢丝的挠度不超过 2 mm。摊铺路面时应设专人检查、看管基准钢丝,不准施工人员和施工机械碰撞基准钢丝。中间带部分施工时,根据下承层的标高,通过计算,利用导向梁控制高程。上面层施工时采用非接触式平衡梁自动找平。

(2) 沥青混合料拌和。

①应严格按试验室提供的生产配合比进行生产,混合料拌和数量应打印、存档,以备查询。试验室在摊铺过程中对沥青混合料进行马歇尔试验,及时检测各项指标,掌握沥青混合料的质量,并对生产配合比(集料的级配和沥青用量)进行验证。

②拌和时间应根据集料全部裹覆沥青并拌和均匀来确定,干拌时间一般为 5～10 s,湿拌时间为 35～45 s,总拌和时间控制在 45～55 s。矿料及沥青加热温度严格按照规范控制,储存在热料仓中的沥青混合料温度降低幅度不得超过 10 ℃。

③拌和场的生产设备安置于空旷、干燥、运输条件较好的地方,并做好场地的临时防雨、防水、防火等。

④送入拌和机里的集料温度及混合料的出厂温度按照《公路沥青路面施工技术规范》(JTG F40—2004)严格控制。

⑤设专职质检员目测拌和料的表观质量及量测沥青混合料的出厂温度。拌制的沥青混合料应均匀一致,无花白料、无结团或成块、无严重的粗细料离析现象,不符合要求的不得使用。

⑥混合料如出现花白料,应停机分析原因,并及时对拌和楼进行调整。

⑦试验室对拌和好的混合料按检测频率进行抽样,检测其矿料级配、油石比、马歇尔稳定度等,给出当天混合料的标准密度。

⑧要严格控制油石比和矿料级配,避免油石比不当而产生泛油或松散现象。操作人员必须在试验人员的监督下严格按照工艺要求操作。

(3)沥青混合料的运输。

①采用数字显示插入式热电偶温度计检测沥青混合料的出厂温度和运到现场的温度。温度计插入沥青混合料的深度要大于 150 mm。

②在运料车侧面中部设检测孔,孔口距车厢底面约 300 mm。运料车每次使用前必须清扫干净,为防止沥青混合料与车厢板黏结,在车厢内均匀涂刷植物油与水的混合液(1∶1),不得有余液积聚在车厢底部。

③沥青混合料运料车的运量应根据拌和能力和摊铺速度计算,并应有所富余。摊铺机前方应有 5 辆以上运料车等候卸料。

④运料车应有良好的保温覆盖设施,覆盖要牢固、全面,不得松动。

⑤连续摊铺过程中,运料车在摊铺机前 20～30 cm 处停车,不得撞击摊铺机。卸料过程中运料车应挂空挡,靠摊铺机推动前进。

⑥拌和机向运料车放料时,应尽量缩短出料口至车厢的下料距离,宜保持在 50 cm左右,且运料车停在不同的位置受料。按照前—后—中的顺序均匀放料,以防混合料产生离析。

⑦运料车在运输混合料期间必须限速行驶。

(4)沥青混合料的摊铺。

①沥青混合料应用沥青混凝土摊铺机在建好的下承层上摊铺。为保证沥青面层的标高及行车舒适性,下面层采用内、外侧钢丝引导的高程控制摊铺厚度;上面层采用非接触式平衡梁控制摊铺厚度。

②摊铺前,应将摊铺机熨平板预热至少 30 min,使熨平板的温度不低于 100 ℃,以防

止熨平板过冷造成摊铺后路面出现不均匀拖痕,影响路面的平整度与厚度。按照松铺系数计算松铺厚度,调整熨平板高度,用方木垫好。

③摊铺机应调整到最佳工作状态,调好螺旋布料器两端的自动料位传感器,并使料门开度、链板送料器的速度和螺旋布料器的速度相匹配。

④施工时由专人指挥倒车、扫除撒落在摊铺机两边履带下面的混合料。

⑤沥青混合料摊铺时摊铺机应缓慢、匀速、连续不断地运行,不得随意变换速度或中途停机。

⑥在摊铺过程中应经常检测厚度及标高,每车检测摊铺温度、随时检查摊铺质量,发现问题及时纠正。

⑦摊铺的混合料压实前,施工人员不得进入踩踏。当出现下列情况时,可由人工局部找补或更换混合料,但应严格控制面积:横断面不符合要求;构造物接头部位缺料;摊铺带边缘局部缺料;表面明显不平整;局部混合料明显离析;摊铺机后有明显的拖痕。

⑧人工找补或更换混合料应在现场主管人员指导下进行。缺陷较严重时应予铲除,并调整摊铺机或改进摊铺工艺。

⑨摊铺遇雨时,立即停止施工,并清除未压实的混合料。遭受雨淋的混合料应废弃,不得再用于摊铺。摊铺过程中如出现混合料离析现象,应由人工用筛子筛细料进行补料。摊铺结束时必须留横向接头,接缝应与沥青下一层的横缝错位 1 m 以上,横缝严禁采用斜接缝,应采用垂直的平接缝。

(5)沥青混合料碾压成型。

沥青混合料压实应选择合理的压路机组合方式及碾压步骤,以满足压实度和平整度的要求。初压应在混合料不产生严重推移和裂缝的前提下进行。初压、复压、终压都应在尽可能高的温度下进行。在完成摊铺、振捣、熨平之后,由专人以 10~20 m 为一个断面进行检查,发现不合格处及时进行补料,然后进行压实。压实必须按照试验段确定的压实设备组合和程序进行,并分初压、复压、终压三个阶段进行。碾压终止温度不低于规范和图纸要求。压实过程中,相邻碾压带要重叠轮宽的 1/3~1/2,压路机要慢而匀速地碾压,禁止在新摊铺的混合料上转向、掉头、停留、制动。在碾压过程中,应遵循"紧跟、慢压、高频、低幅"的原则。个别压路机压不到的地方用加热后的手夯充分夯实(或用小型压路机进行碾压)。碾压遍数按试验段取得的数据进行。碾压过程中应注意以下问题。

①为避免碾压时混合料堆挤产生拥包,应将驱动轮朝向摊铺机,压路机行车路线及方向不应突然改变。压路机启动、停止必须减速缓行(做到先起步后开振、先停振后停

机),不准刹车、制动。压路机折回不应处在同一横断面上。

②在当天碾压的尚未冷却的沥青混凝土面层上不得停放压路机和其他车辆,并防止矿料、混合料散落在沥青面层上。

③对初压、复压和终压设立明显标志,便于司机辨认。严格控制碾压速度、遍数及碾压温度,既不漏压,也不超压。

④碾压过程中如出现粘轮现象,应向压路机车轮上喷洒或涂刷含有隔离剂的水溶液。喷洒呈雾状,喷洒量以不粘轮为度。

⑤碾压完成 12 h 或者温度低于 50 ℃时方可允许车辆通行。

(6)接缝、修边和清场。

施工中需要设置横向接缝时应仔细操作,保证接缝处连接紧密、平顺。在预定摊铺段的末端先铺上一层麻袋(或者撒上一层石屑),摊铺碾压成斜坡。碾压完成后,使用 3 m 直尺沿纵向检查平整度,将间隙大于 1.5 mm 的部分(或麻袋、石屑范围内)用人工刨除,在下一段施工时,在端头洒粘层沥青后接着摊铺。由专人检查搭接缝,如有明显离析,必须由人工及时补料、铲平。先行摊铺机摊铺的混合料边缘预留 20 cm 暂不碾压,为后行摊铺机搭接提供操作空间。

(7)施工注意事项。

①拌和楼根据试验室提供的混合料配合比试拌,控制好拌和时间,使拌制出来的混合料均匀,配合比符合规范要求,然后批量生产。应设置保温仓,使拌和产量与生产进度相匹配,确保摊铺顺利进行。

②沥青混合料的初压、复压和终压要连续进行,且采用试验段确定的压实遍数,以确保达到要求的压实度。

③压实好的路面要平整,无泛油、松散、裂缝、烂边、粗细集料集中、积水等现象,表面无明显碾压轮迹。

④在雨天或路面有积水及平均气温低于 10 ℃时不得进行面层铺筑。

⑤试验室按规范规定的试验频率和要求每天测定集料级配、沥青含量、压实度、稳定度、流值、空隙率、饱和度,及时整理试验资料并报送监理工程师审批。

⑥经监理工程师验收合格后,方可进行下道工序施工。

⑦为了保证先铺好的沥青下承层不因时间过长而遭到污染,并能使上、下层很好结合,上、下层间的施工间距应根据施工进度予以调整,尽快完成上层路面的施工。

⑧在沥青混凝土面层施工过程中,拌制混合料时应严格控制油石比,保证表面不泛油。在摊铺过程中保证粗细集料不分离。

7.5 桥梁工程施工

7.5.1 总体施工方案

湫坡头(陕甘界)至旬邑高速公路设计有特大桥 1 座,大、中桥梁 10 座,天桥 16 座。其中,支党河特大桥和梁渠沟大桥是本项目中的重点控制工程。针对以上桥梁工程的施工,本项目设 11 个桥梁施工队,3 个梁板预制施工队。施工队在总承包项目经理部和第一、二分部的统一协调下,优化施工组织,合理利用资源,以最优化组合获得最大的施工效益、最优的工程质量和最快的工程进度,确保工程目标顺利实现。各分项工程施工方案及方法分述如下。

桥梁工程开工后,合理安排桥梁的基础及下部工程施工;同时预制场建设进一步完善,以确保梁板预制按期进行。

桥梁桩基据地质条件以旋挖钻为主、冲击钻为辅进行施工。根据施工任务情况,桥梁施工队总计配备旋挖钻 12 台,并相应配备其他机械。施工中统一调配钻孔设备、合理安排施工计划,力争尽早为其他主要工序施工开辟工作面。

全标段墩台工程施工中的支架形式、墩柱垂直度和外观质量是施工中要注意的主要问题。模板均采用定型钢模板,并在施工中进一步对支架、模板从结构和操作工艺上不断进行优化,保质、保量、按期完成墩台工程施工。施工中混凝土采用集中拌和,混凝土搅拌运输车运输,汽车起重机装吊斗配合人工入模。

预应力混凝土箱梁及钢筋混凝土盖板均在预制场集中预制,箱梁模板采用钢模板,预制场配备锅炉,冬季采用蒸汽养护。

预制场均拼装自行式门架,用于移梁和装梁。大梁均采取边预制边安装的形式,采用架桥机或大吨位吊车逐孔架设。

7.5.2 滑坡治理

支党河特大桥位于甘肃省正宁县永和镇与陕西省旬邑县湫坡头镇交界处,桥梁跨越支党河。桥址区大桩号墩台侧发育滑坡 HP15,该滑坡位于陕甘交界处湫坡头镇支党河南岸的缓坡上,分布于测设里程 K296+370~K296+770 段,支党河特大桥的 3 个桥墩位于滑坡体上。

滑坡治理工程主要工程量:清方卸载 675484 m^3,反压及弃方回填 402558 m^3,防护工程 10556.6 m^3,排水工程 1333.4 m^3。

1. 清方卸载施工

采用挖掘机及装载机配合自卸汽车进行土方开挖,人工配合刷坡。

卸载土方开挖由上而下分层进行,开挖前先做好截水沟、临时排水沟,以防地表水冲刷。采用单层纵向全宽开挖法,即从开挖卸载区的一端向另外一端按台阶全宽一次性挖至设计标高;同一个台阶根据长度分两个或三个工作面同时进行开挖施工。

(1)施工测量放样:先熟悉并核对设计文件,复核导线点、水准点,核对控制桩,并适当加密。测量原地面标高,绘制开挖断面图,记录测量结果并整理,准确无误后交监理工程师审批签证。

(2)清理与掘除:路基土方工程施工前,根据测量成果和现场桩志,人工配合推土机、装载机等机械,清理、掘除公路用地范围内的耕植土、草皮、树木、灌木丛、树根、垃圾及其他有机腐殖质,并移运至弃土场指定的位置,整齐堆放,使其不污染环境。

(3)临时防护、排水:修建完善的临时排水设施,尽量做到永临结合,确保堑顶及边坡不受雨水冲刷,保证施工期间路段排水畅通。

(4)土方开挖:土方开挖由上而下分层进行,采用挖掘机或推土机配合装载机开挖及装车,自卸汽车运输,采用单层纵向全宽开挖法,即从开挖卸载区的一端或两端按台阶全宽一次性挖至设计标高。卸载区的边坡应严格按照设计坡度施工。若边坡实际土质与设计资料不符,向设计方和监理工程师提交修改的施工方案,待批准后实施。

(5)整修边坡、挖排水沟:开挖至接近清方卸载区平台时,按平台设计横断面放线,开挖、修整、压实后,挖好边沟,以利于排水。边坡刷好后及时进行边坡防护和排水工程施工,开挖一级,防护一级,以保证边坡稳定。

2. 反压区填筑施工

反压区填筑采用纵向分段、水平分层的方法进行施工,即按照横断面全宽分成水平层次逐层向上施工。填料采用挖掘机或装载机装车,自卸汽车运输,用推土机配合平地机整平,振动压路机压实。

施工中的压实度通过采用试验段确定的机械组合和压实遍数控制,层层进行压实度自检并报经监理工程师抽验合格后,方可进行下一层填土施工。

(1)施工准备及基底处理。采用推土机清理地表,人工配合推土机清除所有树根,将不适宜的材料彻底清除完成后,进行基底碾压。在不良地质区域,按照特殊路基处理方法对基底进行处理。达到设计规范要求后,上报监理工程师检查验收。

(2)分层填筑。准确放样反压区的边桩,用石灰画线标明,挂线控制每层松铺厚度。采用挖掘机挖土,自卸汽车运输,根据自卸汽车容量和填筑厚度计算堆土间距,用白灰标记卸料，控制松铺厚度。为保证边坡压实质量，填筑时两侧至少各加宽 50 cm。每填筑一层，必须重新放样反压区的边桩，确保填筑宽度及成型后的线形。

（3）摊铺平整。采用推土机摊铺、粗平，平地机精平，每一层均做 2%～4% 的横坡以利于排水。做到层厚均匀，每层虚铺厚度控制在 30 cm 以内。

（4）洒水或晾晒。碾压前检测填料含水率，确认填料含水率在最佳含水率范围内再进行碾压。当填料含水率较低时，采取洒水措施；当填料含水率较高时，及时进行翻晒处理。

（5）碾压。碾压前对填料层的松铺厚度、平整度和含水率进行检查，符合要求后方可进行碾压；压实采用振动压路机，并应根据现场试验提供的松铺厚度确定压实遍数。采用振动压路机碾压时，第一遍不振动静压，然后先慢后快，由弱振至强振；各种压路机宜慢速碾压，最大速度不宜超过 4 km/h。在直线段由两边向中间碾压，在小半径曲线段由内侧向外侧碾压，纵向进退式进行。横向接头处一般重叠 0.4～0.5 m 碾压。采用三轮压路机时，横向接头处碾压一般重叠轮宽的 1/2。前后相邻区段宜纵向重叠 1.0～1.5 m 碾压。确保无漏压、无死角，碾压均匀。

构造物与反压区的接合部、分段作业接合部、边死角与一般填筑段接合部是施工质量的关键控制部位，应采用"三背"（涵、台、墙背）回填的材料和工艺进行施工。需开挖台阶的应按要求一次性开挖到位，并对台阶界面进行整修，使之无小折线或弯月状缺陷，消除压实盲区。

（6）质量检测。每层填料压实后，及时进行标高、宽度、压实厚度及压实度检测，自检合格报监理工程师审批后才可填筑上一层。

（7）边坡整修。边坡整修包括反压区坡度、平整度整修等内容。

3．支挡设施施工

沿滑坡体前缘临河部分设置 C15 混凝土挡土墙，部分临河位置设置浸水挡土墙防护，削方边坡坡脚采用实体护面墙防护，并在挖方平台坡脚设置平台截水沟。

（1）挡土墙、实体护面墙施工方法。

实体护面墙、挡土墙所用砂浆、片石必须符合技术规范的要求；拌制砂浆所用水泥、砂应进行试验鉴定，并取得监理工程师同意；砂浆采用混凝土搅拌机集中拌和后运至施工现场。

挡土墙基层开挖过程中，严禁沿同一方向连续开挖，应"跳槽"分段开挖，每段开挖长度不应大于 10 m，基础开挖成型后应及时浇筑，墙背应回填夯实。挡土墙浇筑过程中，应提前预埋 PVC 泄水管，并采取相应保护措施防止管材损坏。挡土墙埋深可根据现场情况经现场设计、监理人员认可后进行适当调整。

（2）平台截水沟施工方法。

①沟壁整修：铺砌或混凝土浇筑之前，对截水沟进行整修，保证沟底和沟壁坚实平

整,沟底标高及断面尺寸符合图纸要求。

②预制块或片石铺砌:放样后,沿沟壁纵向挂线,先铺砌沟底,再铺砌侧壁,保证铺砌时坐浆饱满、勾缝平顺。铺砌成型的排水沟坚实平整,沟底顺畅,不积水,并按设计或现场具体情况将沟内流水合理导流。

③现浇混凝土:将截水沟开挖整修好,测量放样后装模,保证线形流畅,混凝土使用插入式振捣器进行振捣,浇筑后注意养护。

④排水工程线形必须顺直,曲线过渡必须圆滑,沟底平整,排水畅通,无阻水现象。按照图纸所示将水流引入排水系统。

4. 注意事项

(1)临河部分 C15 混凝土(浸水)挡土墙施工前,对原有河道进行改移,对河岸边进行加高加固,尽量让河流远离开挖工作面。

(2)基坑底应设置相应的集水井,及时用水泵抽水,防止基底渗水汇集浸泡基坑。

(3)浸水挡土墙基础施工完成后应及时回填,并做到分层填筑、夯实。

(4)墩位处卸载边坡开挖成型且防护、排水工程施作结束后,才能进行主墩滑坡区域内的桩基施工。

7.5.3 钻孔灌注桩施工

1. 旋挖钻施工工艺及施工流程

旋挖钻施工工艺如图 7.3 所示,旋挖钻施工流程如图 7.4 所示。

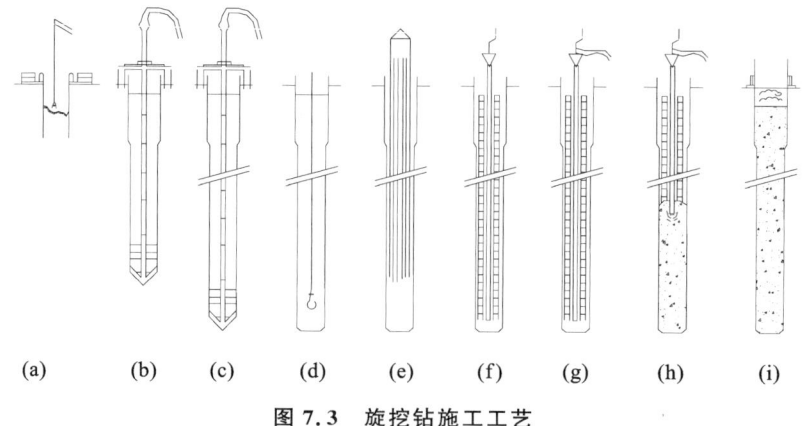

图 7.3 旋挖钻施工工艺

(a)埋设护筒;(b)安装钻机、钻进;(c)清孔;(d)安放探笼;(e)吊放钢筋笼;

(f)插入导管;(g)二次清孔;(h)灌注水下混凝土、拔出导管;(i)拔出护筒

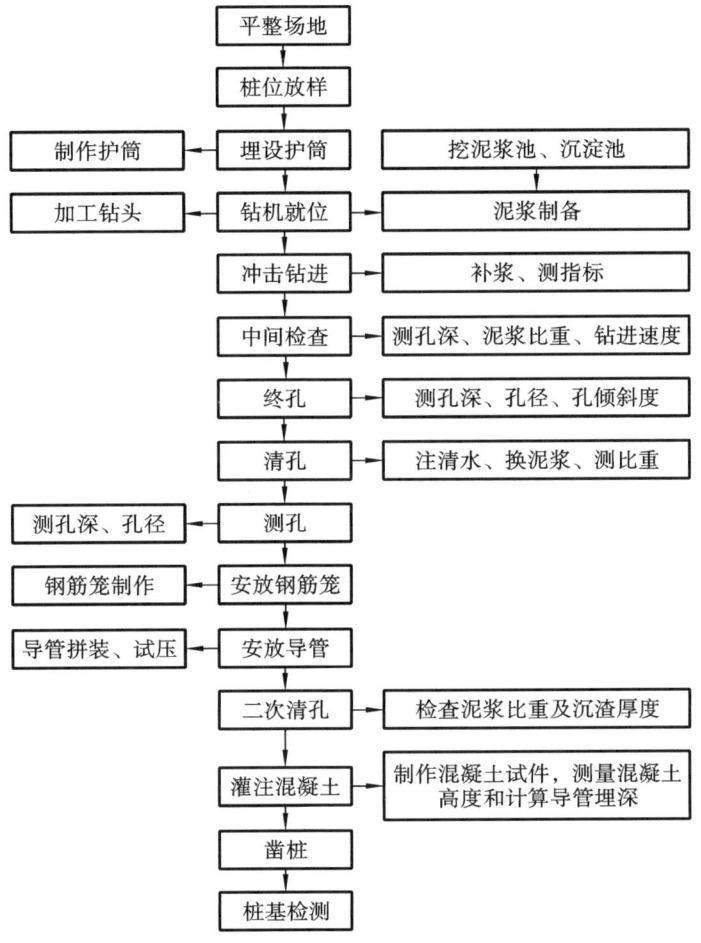

图 7.4 旋挖钻施工流程

2. 施工平台施工与护筒设置

(1)施工平台施工。

进行场地平整,清除杂物,填筑面积应满足钻孔及承台施工作业需要。

(2)护筒设置。

①在钻孔前将护筒埋入桩位。护筒采用厚度为 10 mm 的钢板焊制,其直径比桩径大 300 mm。护筒采用挖坑埋设法施工,护筒底部和四周所填黏土必须分层夯实。直径 200 cm 桩基护筒埋设示意如图 7.5 所示。

②护筒的埋置深度根据设计要求和桩位的水文地质情况确定,一般情况下埋置深度为 2~4 m,特殊情况下应加深,以保证钻孔和灌注混凝土的顺利进行。

③护筒的连接要求筒内无突出物,耐拉、压,不漏水。

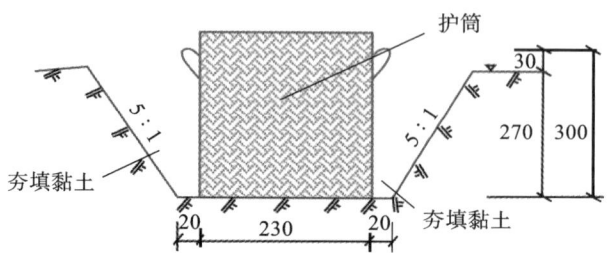

图 7.5　直径 200 cm 桩基护筒埋设示意(单位:cm)

3. 泥浆的调制

根据工程地质情况、孔位、钻机性能等,选用部分水解聚丙烯酰胺(partially hydrolyzed polyacrylamide,PHP)泥浆,此泥浆具有不分散、低固相、高黏度等特点。

PHP 泥浆的主要成分为膨润土、碳酸钠、聚丙烯酰胺水解物、锯木屑、稻草、水泥或有机纤维复合物。PHP 泥浆的配合比通过试验确定。

4. 钻孔施工

在钻孔灌注桩施工中,钻孔是关键工序,不仅决定施工速度,而且关系到施工质量,稍有疏忽就会造成坍孔,使钻孔报废。

(1)钻机就位前,对钻孔的各项准备工作进行一次全面的检查,满足钻孔施工要求后,安排钻机就位。钻机安装时底座和顶端必须平稳。

(2)钻孔时每回次进尺控制在 60 cm 左右,刚开始要放慢旋挖速度,并注意放斗要稳、提斗要慢,特别是在距孔口 5~8 m 段旋挖时要注意通过控制盘来监控垂直度,如有偏差及时进行纠正。

操作人员随时观察钻杆是否垂直,并通过深度计数器控制钻孔深度。当旋挖钻钻头顺时针旋转钻进时,底板的切削板和筒体翻板的后边对齐。钻屑进入筒体,装满一斗后,钻头逆时针旋转,底板由定位块定位并封死底部的开口,之后再提升钻头到地面卸土。开始钻进时采用低速钻进,主卷扬机钢丝绳承担不低于钻杆、钻具质量之和的 20%,以保证孔位不产生偏差。钻进护筒以下 3 m 后可以采用高速钻进。钻进速度与压力有关,采用钻头与钻杆自重摩擦加压,在 150 MPa 压力下,进尺速度为 20 cm/min;在 200 MPa 压力下,进尺速度为 30 cm/min;在 260 MPa 压力下,进尺速度为 50 cm/min。

(3)在钻进过程中为防止坍孔,采用泥浆护壁。孔内泥浆始终高出孔外或地下水位 1~1.5 m。制浆池、沉淀池根据现场情况布设,用于制造和沉淀净化泥浆。钻孔采用泥浆泵直接泵送纯泥浆,吸泥机抽吸孔中的浑泥浆到沉淀池进行循环。钻渣在沉淀池内沉淀后,用汽车运走,弃于弃渣场。

5. 清孔

钻孔钻到设计标高后,对孔位、孔深、孔径等进行检查,当其符合规范要求后进行清孔。钻孔检测采用自制检孔器等进行,即用钢筋焊制成检测笼,检测笼外径与设计桩径相同,长度为 5 m。检测时,用钻机将检测笼吊入孔内下落,直到沉入孔底,测量并记录各项检测结果。孔的中心位置偏差小于 50 mm;孔径不小于设计桩径;孔倾斜度小于 1%;孔深不小于设计深度。

清孔采用换浆法。终孔后,停止进尺,提升钻头,在离孔底钻渣面 10~30 cm 处空转,并保持泥浆正常循环,以大泵量泵入符合清孔后性能指标的新泥浆,维持正循环 4 h以上,直到清除孔底沉渣、减薄孔壁泥皮、泥浆性能指标符合要求。在完成钢筋骨架吊入作业后,开展水下混凝土灌注工作之前,需再次针对孔内泥浆性能指标及孔底沉淀层厚度展开检查。若相关指标超出规定要求,必须实施二次清孔。只有当各项指标均符合要求后,方可进行水下混凝土灌注作业。

6. 灌注水下混凝土

(1) 钢筋笼的加工及安装。

①钢筋笼在钢筋加工场统一用滚笼机加工,在施工现场分节安装,采用套筒机械连接。钢筋探笼直径不小于桩孔直径,长度为桩径的 5 倍,在安装钢筋笼前先用钢筋探笼验孔。

②加工时为了保证桩基保护层厚度,在钢筋笼主筋外侧每隔 2 m 左右对称设置 4 根定位钢筋。

③钢筋骨架制作和吊放的允许偏差为:主筋间距±10 mm;箍筋间距±20 mm;骨架外径±10 mm;骨架倾斜度±0.5%;骨架保护层厚度±20 mm;骨架平面中心位置±20 mm;骨架顶端高程±20 mm;骨架底面高程±50 mm。

(2) 漏斗、导管的制作和安装。

①漏斗采用 $\delta=3$ mm 的钢板拼装焊接,边角处均用角钢加固,上口四周对称焊接两个吊环,出口为圆筒,其容量应大于灌注水下混凝土时的首批灌注量。

②导管采用 $\phi32.5$ cm、$\delta=8$ mm 的无缝钢管,螺纹快速连接,接头用橡胶密封圈封闭防水,导管长度分为 1 m、2 m、3 m。导管在使用前要进行试拼,试拼好后进行水密承压和接头抗拉试验。

③施工时,预先把导管拼接好,然后用人工配合钻机起吊安装,并按顺序登记导管的编号及长度。对准钻孔中心下放导管,防止挂在钢筋笼上,就位后应使导管下口距孔底0.25~0.4 m。连接后导管的轴线偏斜不得超过其长度的 0.1%,底管偏距不得超过20 mm。

（3）水下混凝土的生产、运输。

根据桩身混凝土的强度要求，在试验室进行水下混凝土配合比试验和设计，并报监理工程师检验签证。依据审批的混凝土配合比在自建混凝土拌和站拌制，采用混凝土搅拌运输车运输。

（4）水下混凝土灌注。

①核对孔深、沉渣厚度等，若超出规定，用泥浆泵及导管冲翻沉渣，并重新清孔直到符合要求。

②灌注水下混凝土前应将漏斗插入导管内，漏斗底口应高于井孔内水面 30 cm，并于该处安置隔水设施，经检查稳妥后，将首批混凝土灌入漏斗和储料斗内，待数量满足要求后，方可开启隔水设施。首批混凝土依据桥涵施工规范进行精确计算，以保证导管初埋深度不小于 1.0 m，满足填充导管底部的需要。

③水下混凝土应连续灌注，并尽量缩短拆除导管的间隔时间。灌注过程中经常用测深锤探测孔内混凝土面位置，及时调整导管埋深。导管埋置深度一般控制在 2～6 m。在灌注过程中，应注意保持孔内水头高度。

④在水下混凝土灌注过程中，为有效预防钢筋骨架上浮，当灌注的混凝土顶面攀升至距钢筋骨架底部约 1 m 的位置时，需及时放缓混凝土的灌注速度。待混凝土持续上升，超过钢筋骨架底口 4 m 后，应着手提升导管，使导管底口高于钢筋骨架底口 2 m 及以上，此时便可以恢复正常的混凝土灌注速度。

⑤为确保桩顶质量，灌注后的桩顶标高应比设计标高高出一定高度，一般为 0.5～1.0 m，多余部分在承台施工前凿除，残余桩头应无松散层。在灌注接近结束时，应核对混凝土的灌注数量，以判断所测混凝土的灌注高度是否正确。

桩头凿除采用双刀环切技术保证桩头施工质量。桩头凿除工艺：钢筋笼制作过程中，将事先加工好的复合脱松套或 PE（polyethylene，聚乙烯）管直接套入钢筋笼外露且伸入承台的主筋和声测管外端表面，将钢筋笼伸入承台的主筋和声测管全部包裹、密封，使桩头混凝土和主筋不发生握裹。复合脱松套或 PE 管底端设在切割线下 75 mm 的位置处，下部采用胶带固定，胶带深入桩体 5～10 cm，上端同此做法。为了保证复合脱松套或 PE 管的整体位置准确，在桩头内用细铅丝将缠绕在钢筋上的胶带绑扎固定，保证其不发生串动。在开挖承台前，预先放出开挖边线，并标识桩头所处位置，避免开挖过程中桩头被损坏。承台开挖完成后，在桩顶高程以上 10 cm 处采用气动凿岩机垂直于桩身方向钻孔，钻孔深度只需要达到桩径的 1/5 即可，然后将分离楔子插入钻孔中，并采用外力进行敲击，直至钻孔处桩头与桩身分离，再起吊上部桩头，人工整修至设计标高。

⑥在混凝土灌注时，每根桩应至少留取 2 组试件，桩长 20 m 以上者不少于 3 组。换

工作班时,每工作班都应制作试件。试件应进行标准养护,进行强度测试后应填试验报告单。强度不符合要求时,应及时报告,采取补救措施。

⑦指定专人记录混凝土灌注情况,如灌注时间、混凝土面的深度、导管埋深、导管拆除及发生的异常情况等。

7. 钻孔灌注桩成桩质量检查

(1)检测方法。

按照技术规范的要求采用超声波无损检测法对成桩逐根进行检测。混凝土强度的定量值依据标准试件的抗压极限强度确定。

(2)实测标准。

钻孔灌注桩实测项目见表 7.4。

表 7.4　钻孔灌注桩实测项目

项　次	检 查 项 目		规定值或允许偏差	检查方法和频率
1	混凝土强度/MPa		在合格标准内	按《混凝土强度检验评定标准》(GB/T 50107—2010)检查
2	桩位/mm	群桩	100	用经纬仪检查纵、横方向
		单桩	50	
3	倾斜度/(%)	直桩	1	查灌注前记录
4	沉淀厚度/cm	摩擦桩	不超过 15	查灌注前记录
		支承桩	不超过 5	
5	钢筋骨架底面高程/mm		±50	查灌注前记录

(3)外观鉴定。

桩头凿除预留部分后,无残余松散层和薄弱混凝土层。

需嵌入承台内的混凝土桩头及锚固钢筋长度应符合图纸要求;如锚固长度低于规范规定的最小锚固长度,必须返工处理。

8. 质量控制措施

(1)护筒埋设。

护筒既保护孔口壁,又为钻孔导向,是保证钻孔垂直度的重要因素。为防止跑浆,护筒周围的土要夯实,最好用黏土封口。在上层土质较差时,将护筒加长至 4~6 m,提高护壁效果。在松散的杂填土层和流砂层成孔时,加大泥浆比重,增加黏度,以便形成较好的孔壁。

(2)对泥浆的要求。

主要控制泥浆的比重为 1.05~1.10,黏度为 18~25 s,含砂率低于 6%,定期测试稳定液的各项技术指标,出现问题及时解决。

（3）孔底沉淤控制。

旋挖钻切削、提升机理与常见回转钻机正、反循环成孔时的切削、提升机理完全不同。前者是通过钻斗把孔底原状土切削成条状并载入钻斗提升出土,后者是通过钻头把孔底原状土打碎,由泥浆循环带出土面。前者底部平缓,钻至设计标高后对土的扰动很小,没有聚淤漏斗,所以要加强稳定液的管理,控制固相含量,提高黏度,防止快速沉淀,还要控制终孔前两钻斗的旋挖量。

（4）复测孔深及泥浆比重。

为保证灌注桩质量,浇筑混凝土前,一要检查孔底泥浆的比重是否小于1.15,否则进行换浆处理;二要检查孔的深度,判断是否有孔壁坍塌现象,若有则用旋挖钻清孔,达到设计深度后方可安装导管。

（5）对导管的要求。

导管在使用前必须作密封性检查,应接头严密,不漏水、不漏浆。导管上料斗的体积由桩径、桩长和导管埋入混凝土中的深度确定,料斗体积应大一些,确保首批混凝土灌注后埋管的深度满足要求。

（6）灌注混凝土的要求。

混凝土应连续灌注,中间不得停顿。由于桩内混凝土不能振捣,主要靠混凝土的自重压密和混凝土流动成型,必须控制好配合比、灌注速度以确保混凝土的质量,随时检查混凝土的坍落度。由于混凝土灌注到顶时残留泥浆会与混凝土混合,实际桩顶标高应比设计标高高0.5～1.0 m,最后进行桩头凿除处理。

9. 其他注意事项

（1）成孔时,如发生斜孔、弯孔、缩孔、坍孔,沿护筒周围冒浆,以及地面沉陷等情况,应停止钻进,采取措施处理后,方能继续施工。

（2）钻进坚硬地层,进尺太小,斗内钻渣太少时,可换用小直径筒形齿状钻斗,先钻一小孔,然后再用钻斗扩孔钻进。也可换用短螺旋钻进,然后下钻斗捞渣。钻进速度应根据土层情况、孔径、孔深、钻机负荷及成孔质量等具体情况确定。在砂砾、砂卵、卵石地层中钻进时,为确保孔壁稳定,可事先向孔内投入适量黏土球,下入孔内的钻头的底盘进渣口必须装闭合阀板,以防提钻时砂砾石从底部漏出落入孔内。

7.5.4　扩大基础施工

扩大基础施工注意事项如下。

（1）基础开挖前,用全站仪精确测设出中线及桩位,测量地面高程,确定开挖轮廓线。

（2）采用挖掘机开挖基坑,人工配合对基底进行处理。石质基底采用破碎锤开挖。

（3）若基底出现地下水,采用疏导方法配合潜水泵排除地下水。

（4）钢筋运至现场绑扎并焊接成型。

（5）支立大块钢模板时应确保位置准确。

（6）混凝土强度达到设计强度后拆模,并对基础周围进行分层回填、夯实。

（7）墩台预埋钢筋应定位准确,长度合适。

7.5.5　承台、系梁施工

承台、系梁主要施工步骤及注意事项如下。

（1）施工放样:桩基础检测合格后,对承台或系梁进行放样。

（2）承台或系梁开挖:根据地质情况,按照规范规定选择放坡坡度及超挖宽度并进行开挖。基坑开挖后,要注意排水。

（3）封底混凝土浇筑:承台开挖至设计标高后进行封底混凝土的浇筑。封底混凝土的顶标高与承台的设计底标高相同。

（4）二次放样及钢筋绑扎:在封底混凝土面上精确放出承台的中线及轮廓线,然后按照设计图纸绑扎承台钢筋,严格控制墩柱钢筋的预埋长度及位置。

（5）模板工程:采用拼装式整体定型钢模板,使用前必须涂专用脱模剂,模板接缝间加粘密封条,保证接缝严密,防止出现漏浆。钢筋检查合格后,进行模板的支立,设置对穿拉杆,确保模板几何尺寸准确、密封性良好及支护牢固。

（6）混凝土浇筑:模板支立完毕后,清除模板内的杂物,征得监理工程师的认可后进行混凝土的浇筑。浇筑完成后覆盖土工布进行洒水养护。

（7）承台回填:承台混凝土达到强度要求后,拆除模板,并对承台与墩柱的结合面进行凿毛处理,然后按设计要求回填承台。

7.5.6　柱式墩施工

墩柱钢筋在桥梁预制场制作成节,现场焊接成型,用汽车起重机配合人工安装,$\phi 8$ mm 钢筋或钢丝绳拉线临时拉紧,并架管支撑,全站仪对中调直。然后支立墩柱定型钢模板,测量定位,用方木支撑,拉线固定,人工检查钢筋保护层厚度。当混凝土强度达到设计强度的 70% 以上时,用汽车起重机配合人工拆除模板。

7.5.7　薄壁空心墩墩柱施工

综合考虑设计墩高、工程质量要求、工期要求、场地条件等多方面因素,并结合同类型工程经验,本项目薄壁空心墩采用液压爬升模板、悬臂模板、翻模三种工艺进行施工。

液压爬升模板系统主要由工作平台、爬升装置、吊架、模板系统、中央控制系统、液压提升设备及辅助设备等部分组成。悬臂模板系统主要由支架系统和模板系统组成。翻模系统主要由模板系统、工作平台和支架系统组成。

1. 液压爬升模板施工

(1) 液压爬升模板设计。

支党河特大桥 8♯～11♯ 主墩、梁渠沟大桥 5♯～7♯ 主墩采用液压爬升模板施工。每个墩柱配置独立的液压爬升模板系统。模板标准节段高度为 6.33 m,混凝土浇筑高度为 6 m。爬升模板面板采用 WISA 模板(维萨建筑模板),竖肋采用 H20 木工字梁,横肋采用双 12 号槽钢 6 道,同时采用 D20 拉杆进行收紧。

支党河特大桥 8♯ 主墩墩身高度为 175 m,最大截面尺寸为 13.375 m×7.5 m;9♯ 主墩墩身高度为 149 m,最大截面尺寸为 12.725 m×7.5 m;10♯ 主墩墩身高度为 137 m,最大截面尺寸为 11.425 m×7.5 m;单肢墩身外模共布置 24 榀爬升模板下架体与 24 榀爬升模板上架体,内模内腔布置 6 榀井筒平台;11♯ 主墩墩身高度为 110 m,最大截面尺寸为 3.5 m×7.5 m;主墩外模共布置 28 榀爬升模板下架体,12 榀合成式上桁架,24 榀分离式上桁架,16 榀斜撑式后移架体;内模内腔布置 12 榀井筒平台。支党河特大桥 8♯～11♯ 主墩爬架系统平面图如图 7.6～图 7.9 所示。

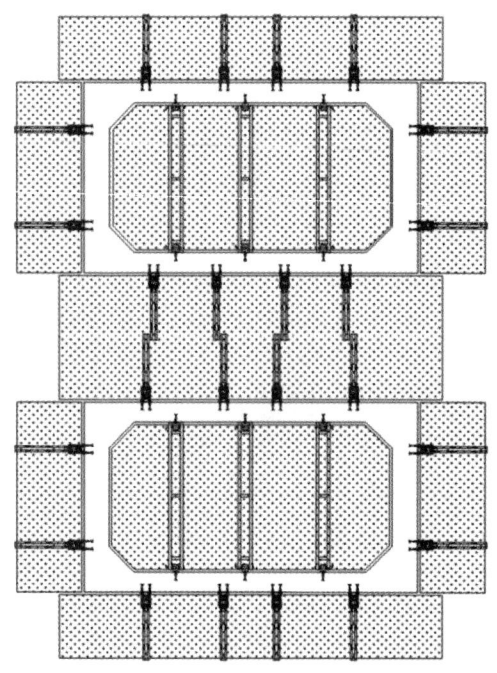

图 7.6　8♯ 主墩爬架系统平面图

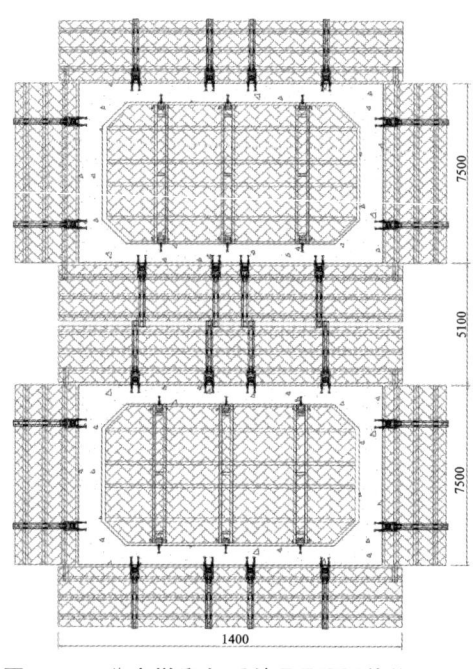

图 7.7　9♯ 主墩爬架系统平面图(单位:mm)

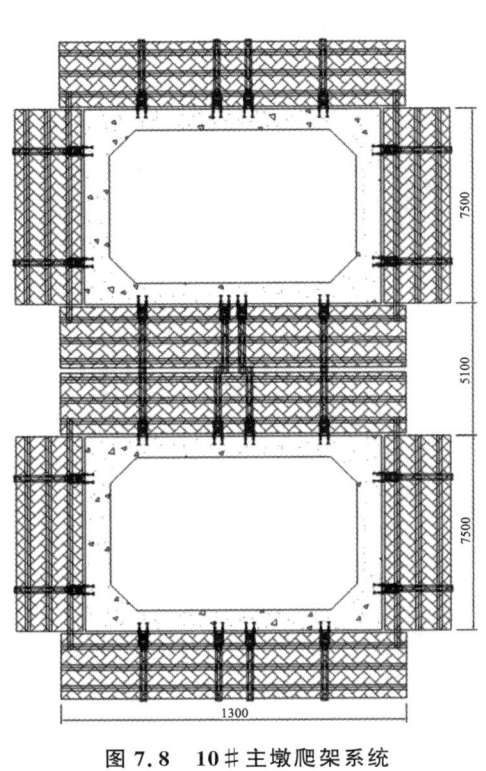

图 7.8　10♯主墩爬架系统
平面图（单位：mm）

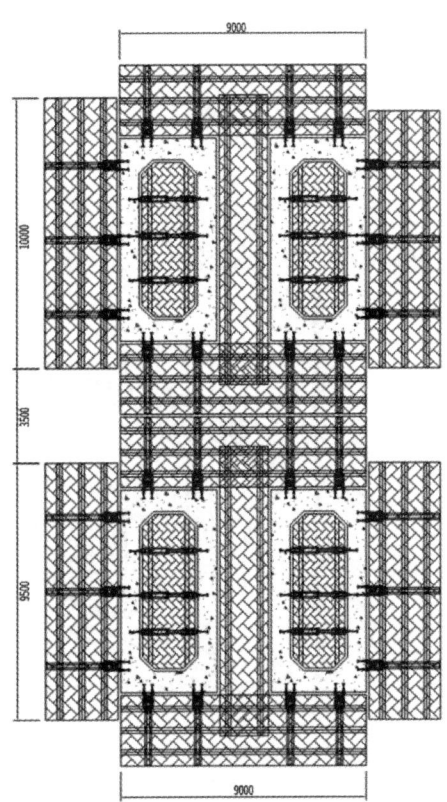

图 7.9　11♯主墩爬架系统
平面图（单位：mm）

（2）液压爬升模板系统构造。

模板系统由 WISA 模板、H20 木工字梁、横楞和专用连接件等组成。WISA 模板与竖肋（H20 木工字梁）采用自攻螺丝连接，竖肋与横肋（双槽钢背楞）采用连接爪连接，在竖肋两侧对称设置两个吊钩。两块模板之间采用芯带连接，用芯带销固定，从而保证模板的整体性，使模板受力更加合理、可靠。木梁直模板为装卸式模板，拼装方便，在一定范围和程度上能拼装成各种尺寸的模板。模板构造及各组件如图 7.10 所示。

（3）模板配置。

单肢墩身外模共配置 6 块模板，由 WM－01Z（2 块）、WM－01F（2 块）、WM－03Z、WM－03F 组成；内模共配置 8 块模板，分别由 JM－01Z（4 块）、NM－01Z、NM－01F、NM－02Z、NM－02F 组成。其中，字母 M 代表模板，字母 Z 代表正向，字母 F 代表反向，字母 J 代表角模、字母 W 代表外模、字母 N 代表内模，数字代表模板编号。墩身标准节段内模系统如图 7.11 所示。

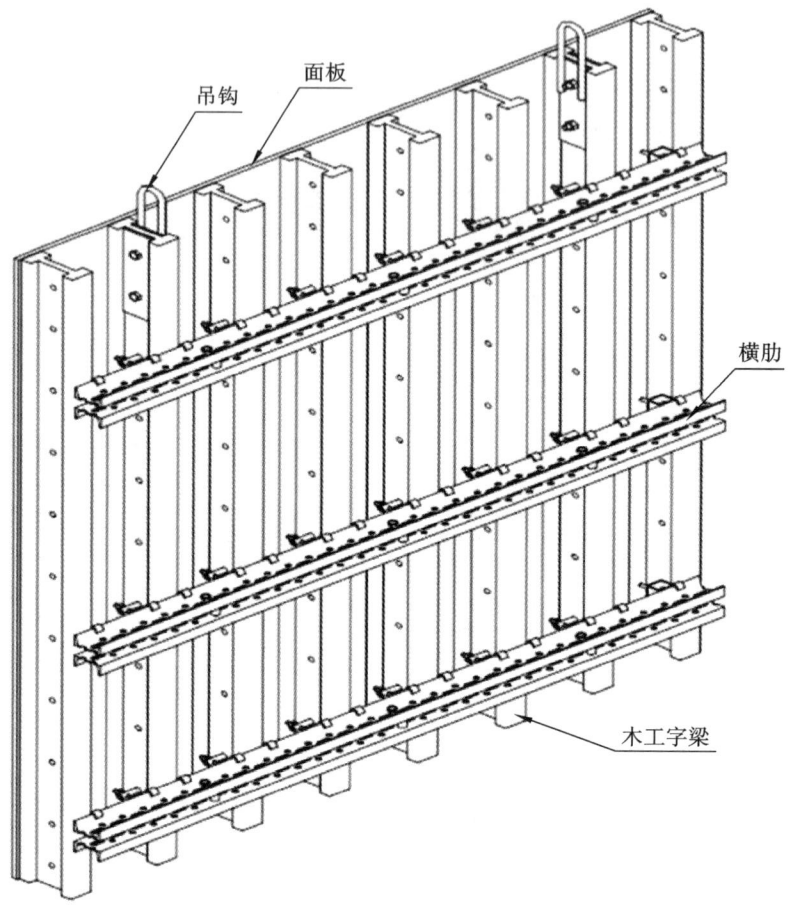

吊钩

面板

横肋

木工字梁

图 7.10 模板构造及各组件

（4）模板接缝及拉杆设置。

不同面模板间通过芯带插芯带销的方式连接，同时为避免胀模，倒角处的背楞还采取了斜拉座配合高强螺杆收紧的加强措施。墩身模板对拉长度不大于 3.5 m 时，对拉螺杆采用标准段通长的对拉方法，用 ϕ32 mm 规格的 PVC 套管对穿于两侧模板间，套管内穿对拉 D20 高强螺杆，拉杆可周转使用。在浇筑厚度大于 3.5 m 的实心段时，采用 300 mm 长的对拉螺杆（内连杆）与工地自备的 ϕ20 mm 钢筋（或横向主筋）焊接，焊接长度大于 20 cm。

（5）液压爬升模板系统原理。

液压爬升模板的顶升运动通过液压油缸对导轨和爬架的交替顶升来实现。导轨和爬架二者之间可进行相对运动。在爬架处于工作状态时，导轨和爬架都支撑在埋件支座上，两者之间无相对运动。退模后就可在退模留下的爬锥上安装受力螺栓、座体及埋件支座，调整上下换向盒舌体方向来顶升导轨。待导轨顶升到位，就位于埋件支座上后，操

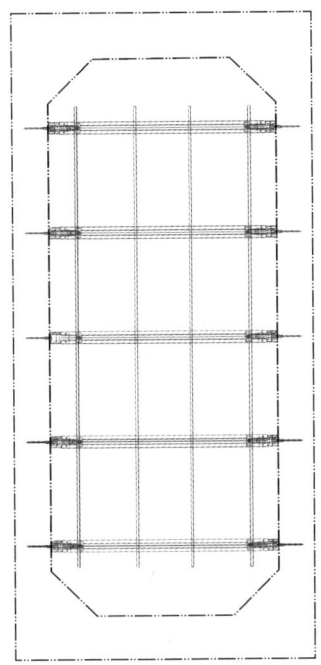

图 7.11　墩身标准节段内模系统

作人员可转到下平台去拆除导轨提升后露出的下部埋件支座、爬锥等。在解除爬架上所有拉结之后就可以开始顶升爬架,这时候导轨保持不动,调整上下舌体方向后启动油缸,爬架就相对于导轨向上运动。导轨和爬架通过这种交替附墙提升对方,爬架沿着墙体上升,直到坐落于预留爬锥上,实现逐层提升。

　　液压爬升模板系统的爬升装置主要由锚定总成、导轨等组成。液压爬升模板构造如图 7.12 所示。

　　锚定总成包括埋件板、高强螺杆、爬锥、受力螺栓和埋件支座等。其中由埋件板、高强螺杆及爬锥组成的预埋件总成在墩身施工时按照爬轨位置进行埋设。

　　爬锥和安装螺栓用于埋件板和高强螺杆的定位。混凝土浇筑前,爬锥通过安装螺栓固定在面板上。安装螺栓与受力螺栓的材质、长度不同。安装螺栓强度为 4.8 级,受力螺栓强度为 10.9 级。

　　埋件支座连接导轨和主梁,它受到施工活荷载、重力荷载、风荷载等荷载的联合作用,应具有较强的抗垂直力、水平力和弯矩能力。

　　导轨是整个液压爬升模板系统的爬升轨道,它由型钢及一组梯档组焊而成,梯档间距 225 mm,供上下轭的棘爪将载荷传递到导轨,进而传递到埋件系统上。

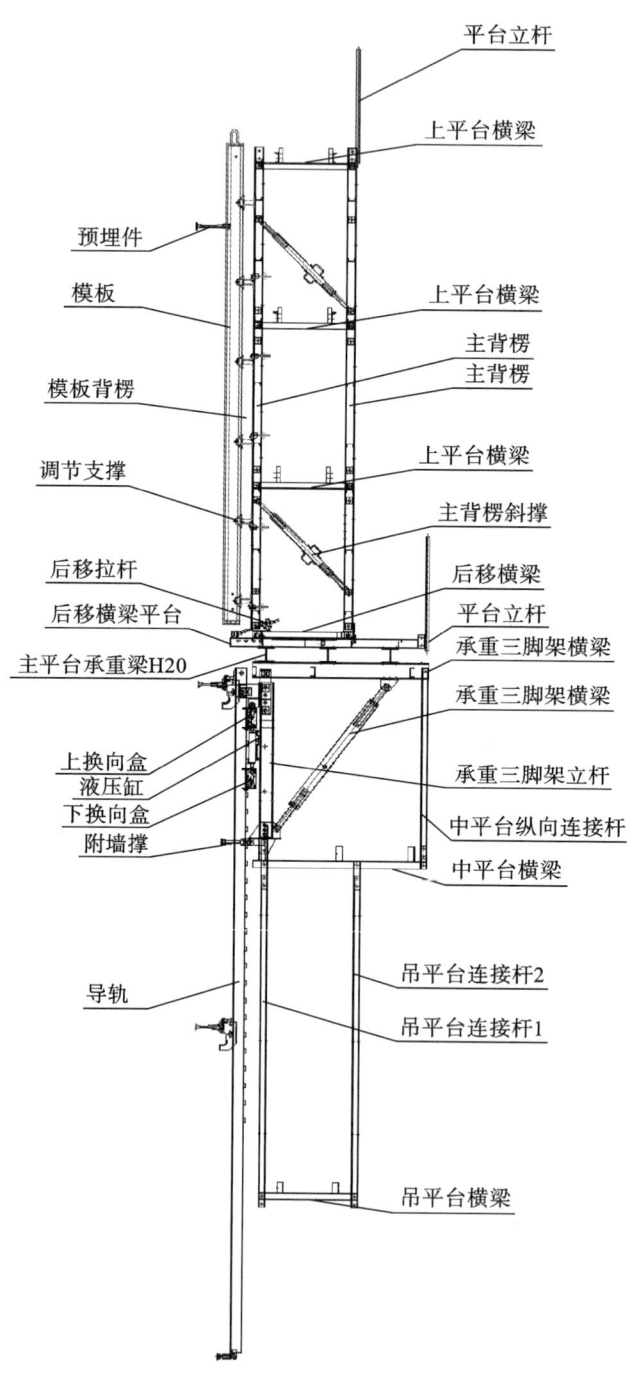

图 7.12　液压爬升模板构造

液压提升设备包括液压泵、油缸及上、下换向盒四部分。

(6) 液压爬升模板安装要点。

液压爬升模板安装要点见表 7.5。

表 7.5　液压爬升模板安装要点

工　序	安 装 要 点
准备工作	1. 对爬架各段构件逐一进行检查验收,合格后,在现场进行试拼; 2. 检查提升设备及预留孔位置是否与爬架孔位一致
爬升模板的 组装与安装	1. 爬升模板分段组拼,主要分为附墙段和工作段两部分; 2. 首先吊装导轨至安装层墙体上,用专用螺栓固定,然后安装附墙段; 3. 附墙段就位并固定后,起吊工作架至附墙段上部,交叉固定上下拼装节点与斜撑杆; 4. 调整和固定上下架体的脚手架连杆; 5. 组装完成后,布设防护栏杆,周边兜底布设安全网; 6. 爬升模板安装完成后,进行试运行

(7) 液压爬升模板安装流程。

液压爬升模板安装流程如图 7.13 所示。

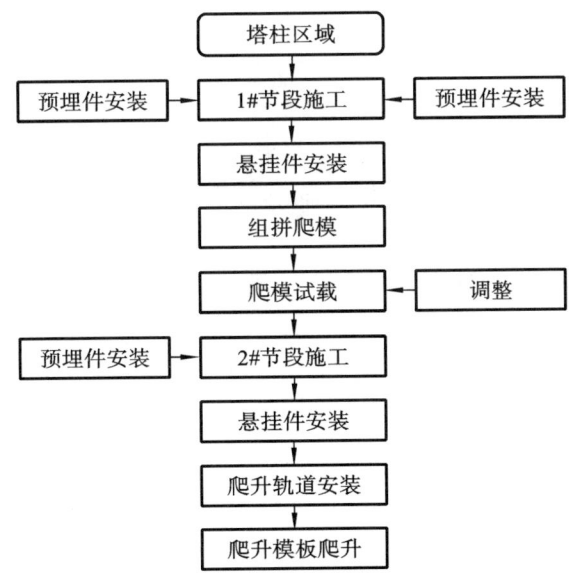

图 7.13　液压爬升模板安装流程

（8）液压爬升模板爬升。

液压爬升模板爬升流程如图 7.14 所示。

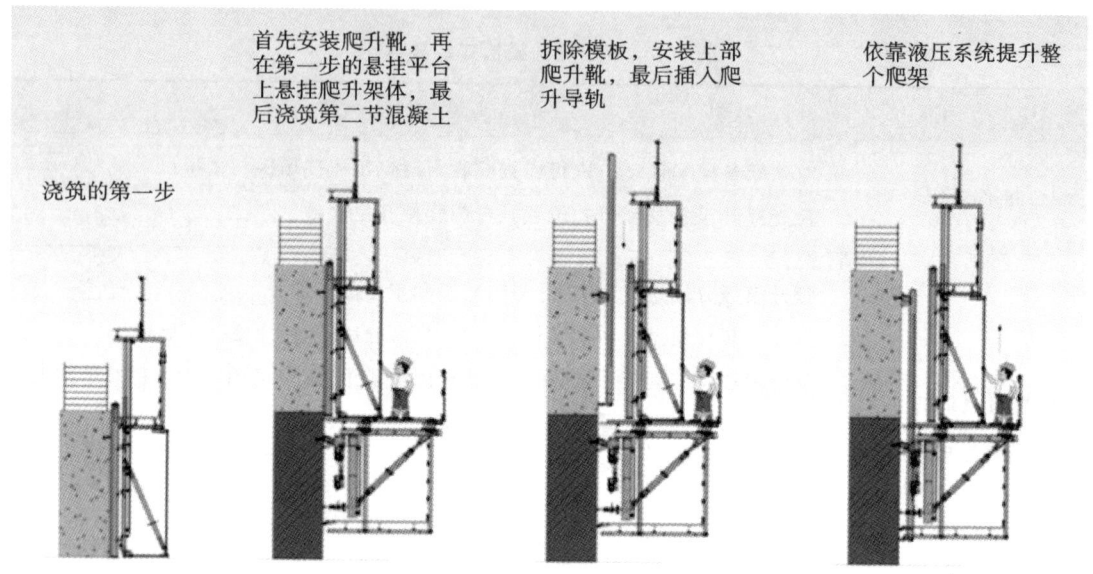

图 7.14　液压爬升模板爬升流程

（9）液压爬升模板施工要点。

液压爬升模板施工要点见表 7.6。

表 7.6　液压爬升模板施工要点

工　序	施　工　要　点
导轨爬升	1. 爬升前,检查爬升设备,确认符合要求后方可正式爬升; 2. 混凝土强度达到 28 MPa 以上,上部爬升悬挂件安装完成;液压油缸上下顶升弹簧装置一致向上; 3. 经确认具备爬升条件后,打开液压油缸的进油阀门,启动液压控制柜,拆除导轨顶部楔形插销,开始导轨的爬升; 4. 当液压油缸完成一个行程的顶升,经确认其上下顶升装置到位后,再开始下一个行程的顶升; 5. 当导轨顶升到位后,按从右往左的顺序插上爬升导轨顶部的楔形插销,以确保插销锁定装置到位,下降导轨使顶部楔形插销与悬挂件完全接触; 6. 导轨爬升完成后,关闭油缸进油阀门,关闭控制柜,切断电源

工 序	施 工 要 点
爬架及模板爬升	1. 改变液压油缸上下顶升弹簧装置状态,使其一致向下,解除塔柱与爬升模板的连接件; 2. 经确认爬升模板具备爬升条件后,打开液压油缸的进油阀门,启动液压控制柜,拔去安全插销,开始爬升模板的爬升; 3. 当爬升模板爬升两个行程后,拔除悬挂插销; 4. 当爬升模板顶升到位后,应及时插上悬挂插销及安全插销,关闭油缸进油阀门,关闭控制柜,切断电源

(10) 质量保证措施。

①模板板面裁切时需采用防水油漆封边,防止雨水侵蚀导致模板变形。

②使用脱模剂时应避免过多和过少,也不要过早使用。刷过脱模剂的模板不能长时间暴晒。

③拆模后必须立即对模板进行清理,清洁时使用软刷、软布。

④模板和模板接缝处、模板包边处贴双面胶,防止漏浆。

⑤制订严格的劳动力计划,明确分工、责任到人,严格执行交接班制度。对所有从业人员进行全面的技术作业培训,使每个从业人员掌握施工方法及流程,以保证施工质量。

⑥严格控制混凝土配合比和坍落度。浇筑混凝土时,如混凝土倾落高度超过 2 m,用串筒辅助下落。避免在炎热天气浇筑混凝土。混凝土入模后及时振捣,振捣时间适当,以混凝土表面泛浆,不再下沉、冒气泡为度。

2. 悬臂模板施工

支党河特大桥 7#墩柱采用悬臂模板施工,每个墩柱配置独立的悬臂模板系统,主要由支架系统和模板系统组成,模板标准节段高度为 4.65 m,混凝土浇筑高度为 4.5 m。悬臂模板板面采用 WISA 模板,竖肋采用 H20 木工字梁,横肋采用双 12 号槽钢 4 道,同时采用 D20 拉杆进行收紧。7#墩墩身高度为 76 m,截面尺寸为 7.5 m×2.8 m。单幅双肢模板之间(间距 3.4 m)布置井筒平台;左右幅外模共布置 32 榀悬臂架体及 8 榀井筒平台;内模同样采用井筒平台体系,左右幅内模共布置 12 榀井筒平台。

(1) 悬臂模板系统组成。

悬臂模板系统主要由模板、主背楞、主背楞斜撑、后移装置、承重三角架、吊平台、预埋件系统等组成。两榀支架组成一个单元块。悬臂模板构造如图 7.15 所示。

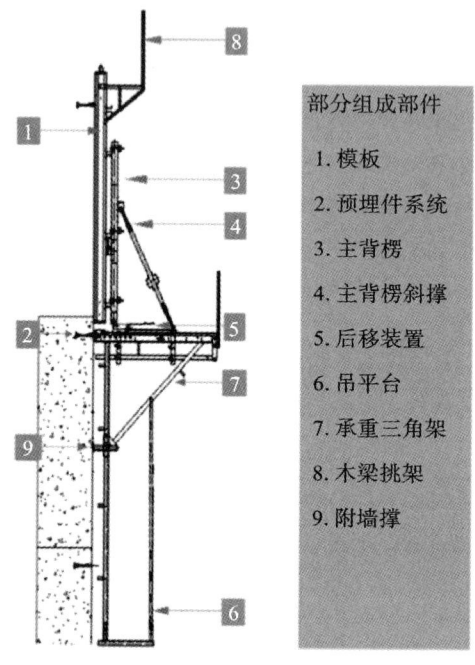

部分组成部件

1. 模板
2. 预埋件系统
3. 主背楞
4. 主背楞斜撑
5. 后移装置
6. 吊平台
7. 承重三角架
8. 木梁挑架
9. 附墙撑

图 7.15　悬臂模板构造

（2）悬臂模板架体系统组成。

悬臂模板架体系统由背楞部分、三角架部分、后移装置部分、平台部分、预埋件及配件部分组成。

（3）悬臂模板施工流程。

①第一次提升。

第一节混凝土浇筑完后，拆除模板及支架；清理模板表面杂物；吊装爬架，按设计图纸将爬架挂在相应的埋件点上；通过可调斜撑调整模板的垂直度；通过锚固装置将模板下沿与上节浇筑完的混凝土结构表面顶紧，确保不漏浆、不错台。

②第二次及之后的提升。

在第一次爬升的爬架下安装吊平台以便拆除可周转的预埋件，清除模板表面杂物，按设计图纸把爬架吊装就位，拆除前一次可周转的预埋件以备用。之后的提升参照此方法进行。

3. 翻模施工

支党河特大桥6#、12#～19#墩与梁渠沟大桥4#、8#墩采用翻模施工。翻模是以凝固的混凝土墩身为支承主体，通过附着于已完成的混凝土墩身上的下层模板支撑上层施工模板，每层模板外侧都设置工作平台。模板采用塔式起重机翻升，用拉杆螺栓固定,然后泵送混凝土完成墩身施工。考虑塔式起重机吊运能力和施工安全,钢模板分为三层,每层高度为 2.25 m。塔式起重机每次翻升两层,即混凝土浇筑高度为 4.5 m。模板设计为:面板为厚度 6 mm 的钢板,采用 L 75 mm×8 mm 角铁横竖肋,双 12 号槽钢背楞,确保整体刚度和平整度。薄壁空心墩翻模施工工艺流程如图 7.16 所示。

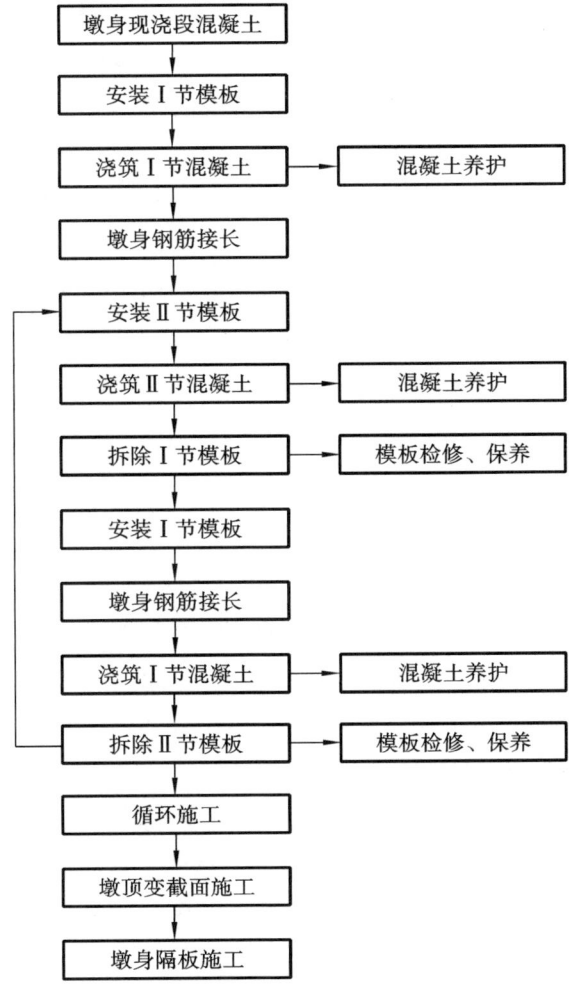

图 7.16 薄壁空心墩翻模施工工艺流程

(1) 钢筋加工及安装。

在承台混凝土施工时,预埋墩身钢筋。钢筋定尺为 9 m。加工的钢筋端部必须调直,要求切口的断面与钢筋轴线垂直。所有钢筋统一在钢筋加工场依照图纸集中加工,钢筋成品按规格、型号分类垫高堆放并悬挂标识牌,按照施工现场所需型号和规格调运至作业墩位。现场技术人员对其规格、型号、数量进行核对,工人依照设计图纸进行绑扎作业。主筋的接长采用等强度的直螺纹接头,横向箍筋现场绑扎成型。

（2）模板安装、拆除。

每节外模由 6 块大块钢模板组成；内模由 4 块大块模板和 4 块转角模板组成。墩身底部现浇段，内模斜倒角部分用木模板拼装，其他部分采用定型大块钢模板拼装。左右幅配置标准节段模板 4 节，每节 2.25 m，采用左右幅交替轮换浇筑工艺施工，提高施工效率及模板利用率。

钢模板在制作过程中，采用数控激光切割，对上下节模板连接处进行抛光打磨，确保接缝顺直、细小。模板在安装前必须进行试拼，提前解决模板连接等方面可能出现的问题。试拼完后应将模板集中平稳放置，进行打磨、除锈并涂刷脱模剂。

模板安装前须用全站仪准确测设出墩身的内外立模边线，模板安装利用汽车起重机（或塔式起重机）辅助完成。整套模板采用 $\phi 22$ mm 圆钢作为拉筋，拉筋外套 $\phi 25$ mm 的 PVC 塑料管，以备混凝土施工完毕后抽出拉筋。内外模板安装后，整体应有足够的刚度，在混凝土施工过程中保持稳固、不变形。

拆除下层模板时先抽取模板拉筋，然后用固定在主筋上的导链挂钢丝绳拉紧下层，随后拆除上下层模板的连接螺栓，最后采用塔式起重机提升下层模板至指定位置，安排专人进行清理。

（3）混凝土浇筑及养护。

混凝土浇筑前应检查模板的标高、尺寸、位置、强度、刚度、牢固性、平整度、内侧的光洁度等是否满足要求，不得有缝隙和孔洞；模板接缝是否严密，隔离剂是否涂刷均匀，模板中的垃圾是否清理干净；钢筋及预埋件的数量、型号、规格、摆放位置、保护层厚度等是否满足要求，并做好隐蔽工程验收记录。钢筋、模板加工、安装完毕，经监理工程师检验合格后，即可进行墩身混凝土的浇筑。

混凝土集中场拌，采用 6 台混凝土搅拌运输车运至施工现场，泵送并分层连续浇筑，浇筑层厚不宜大于 30 cm，在下层混凝土未凝固前浇筑上层。现场配备 6 台 D50 振捣棒振捣，另配 2 台 D30 振捣棒振捣倒角处。不能过振、欠振、漏振，避免影响墩身混凝土，特别是在实心段部分、钢筋密集部分应加强振捣。振捣顺序为：先振捣倒角处，再从两边向中间振捣。振捣时间控制在 20 s 左右，以混凝土不再下沉、不再冒气泡、表面泛浆为准。在混凝土振捣过程中由现场施工人员严格控制工艺。混凝土浇筑完成后，在初凝前对混凝土顶面沿模板板面向内 3 cm 范围用钢模收面压光，和模板上沿平齐，确保和下一节段混凝土的接缝平顺。

墩身混凝土养护采用自动喷淋养护，在内外支架平台上设置环形自动喷淋管。在混凝土强度达到拆模要求后，拆除模板，启动自动喷淋设施，依据气温情况随时调整自动喷淋间隔时间，确保墩身处于湿润状态。

（4）模板翻升。

将第一节(最下层)模板用保险绳挂于主筋上并紧固绳索,拆除第一节内外模板固定架。松开内外模板之间的拉杆,拆除上下节模板连接螺栓,用塔式起重机提紧模板后,缓缓放松保险绳,垂直运输至地面后进行清理打磨。用同样的方法拆除第二节模板。模板清理并涂刷脱模剂后按顺序逐层提升至第三节模板之上,迅速挂好安全绳并紧固于主筋上,连接上下层模板螺栓,穿入内外模板对拉螺杆进行紧固。

（5）墩顶封闭。

当模板翻升至墩顶封闭段底模设计起点高程时,暂停施工。在墩壁内侧设置焊制托架平台,铺设工字钢,模板采用竹胶板配方木制作。拼缝要严密,刷脱模剂后绑扎钢筋。安装外模板,搭设外侧施工平台,安装防护栏杆。挂好安全网,灌注墩顶封闭段混凝土,养护达到规定的强度。墩顶段施工时按照设计准确预埋 0♯、1♯ 块托架预埋板。

4．墩身线形及质量控制措施

墩身施工过程中,应注意预埋件的埋设:根据要求预埋排气孔、泵管、塔式起重机及电梯预埋件;根据监测要求预埋墩身应力应变计和温度应变计;根据墩顶 0♯、1♯ 块的施工方案,在墩顶段预埋托架梁的各种钢构件;设置柱间系梁预埋件。

（1）墩身质量控制措施。

①对于水泥、砂石、外加剂、掺合料等,同一材料采用同一厂家生产的产品,确保外观的一致性。

②针对混凝土泵送难、和易性差等问题,调整混凝土配合比,适量增加粉煤灰用量,加入高效缓凝减水剂,降低水灰比,防止混凝土收缩,保证强度,增加可泵性。

③对水平施工缝进行凿毛处理,在每节混凝土施工后,均留下一道水平施工缝。在混凝土终凝前,对钢筋外侧混凝土顶面进行压光收面。在凿毛时,混凝土强度尚未达到设计强度,严禁施工人员在内外圈竖筋上抓攀和在内外圈钢筋内的混凝土面上行走。

④浇筑混凝土前,先对上次施工顶面采用人工进行凿毛,凿毛时仅对钢筋保护层内侧区域进行凿毛,对支架、模板、钢筋和预埋件进行检查,整理、清除杂物,用高压水冲洗干净,模板接缝间设置双面胶带以防漏浆。

⑤混凝土应按一定厚度、顺序和方向分层浇筑,每层厚 30 cm。采用插入式振捣棒振捣,要求移动间距不超过振捣棒作用半径的 1.5 倍;与侧模应保持 5～10 cm 的距离;振捣棒插入下层混凝土 5～10 cm;操作严格遵守快插慢拔要求,避免振捣棒碰撞模板、钢筋及其他预埋件。

⑥尽可能安排在下午或夜晚温度较低时进行混凝土浇筑施工,减小混凝土坍落度损失。

⑦为确保墩身外观质量,在模板就位前,必须彻底进行清理、调直、修补和加固。

(2)墩身线形控制措施及测量。

①影响高墩施工精度的因素及应对措施。

该桥薄壁空心墩墩身柔度大,在施工中受到环境温差、风力、机械振动及施工偏载的影响,墩身的轴线可能发生弯曲和摆动。在墩身施工中针对不同的情况采取相应的措施,具体如下。

a. 环境温差:高温季节,在阳光的照射下,高墩的朝阳面和背阳面温差较大,墩身也因此产生不均匀膨胀,向背阳面弯曲,对墩身施工精度有影响,且这种不均匀膨胀会随着温差的增大而增大、随着太阳方位的改变而改变。在施工中采用以下方法进行控制。

喷水降温法:通过安装在内外支架结构上的环形自动喷淋管,间歇性地向墩身喷水,在养护墩身的同时起到减小阴阳面温差的作用,从而使环境温差引起的墩身轴线偏位减少到最小。自动喷淋设备采用全自动定时喷淋装置,间隔 30 min 喷淋一次(根据施工气温设定自动喷淋时间),该喷淋管设置于外模系统、内模系统下端四周,水源采用立式高扬程离心泵从蓄水池泵送。

选择在日出前后测量墩身的平面位置和高度,以避免环境温差过大导致墩身平面位置偏移和墩身高度变化不均匀,造成测量定位困难。具体方法为:在每天日出前,沿墩身横、纵方向两条中心线,用全站仪测量已浇筑墩身平面坐标及高程,用测距仪复核,用此位置的日照偏差作为待施工墩身部位模板的日照偏差,在模板中线调整中予以消除,以达到克服温差影响的目的。

b. 风力、机械振动和施工偏载:这些因素对墩身轴线的影响是随机的、无序的。针对此特点,采取如下措施:采用刚度大的整体式大块模板,以提高模板整体的抗弯、抗扭强度。在墩身混凝土浇筑时,混凝土应从四边均衡下料,以防止出现偏压。在爬升模板支架顶部安装风速仪,当风力达到 6 级时,立柱施工全部停止,用缆绳将架体和墩柱主筋连接牢固,确保结构安全。

②墩身线形控制:为了保证墩身施工的精度,确保高墩的施工轴线、垂直度、外观线形满足质量要求,在墩身施工轴线控制测量中,采取高精度全站仪精准测量和在施工过程中严格控制的方案。

在施工中每 1~2 个月复核一次大桥测量控制网。控制桩点采用混凝土基础加固的形式进行埋设,确保稳固。

③墩身垂直度控制:高墩施工时墩身垂直度控制是重中之重,该高墩墩身垂直度控制采用全站仪平面控制法。混凝土浇筑前采用全站仪对模板的 4 个转角点进行精确测

量,确保模板支设精准。混凝土浇筑后对混凝土顶面的 4 个转角点再次进行精确测量。

④高墩高程测量:用三角网点进行墩台高程测量,依据设计单位测设的水准基准点,结合现场地形布设高程图,定期进行复测。每个承台完成后,按测量规范的要求,在承台面测设临时水准点,作为墩身沉降观测的控制点。墩身顶面的高程要严格控制,其精度要达到施工规范的规定。墩身顶面高程允许偏差为 ±10 mm。高墩施工时采用激光测距仪测量法与三角高程控制法对高程进行双重控制。在墩身下部 1.5 m 左右位置处设置高程控制基准线,基于该线对墩身高程进行控制测量,同时用全站仪通过三角高程控制法进行复核,确保高程控制误差在规范允许的范围之内。

(3)墩身外观质量控制。

墩身外观质量缺陷主要是在模板施工、混凝土浇筑等环节中,结构物外表随机出现的一些缺陷,其类别及处理措施如下。

①模板接缝:使用大块模板以减少接缝。模板使用前先进行试拼。同时缝内应贴双面胶带,杜绝漏浆导致的表面缺陷。

②分层施工痕迹:适当调整混凝土坍落度,第一层混凝土初凝前必须浇筑第二层。严格按照 30 cm 一层的厚度进行分层浇筑。

③翻模施工时的模板接缝:两节模板的横向接缝应严密,不能有漏浆现象,每次拼接时,粘贴双面胶带。每节混凝土浇筑至与相应节段模板顶面平齐,做到施工缝和模板缝重合。加大模板和支撑的刚度,确保模板不变形。增加模板与模板之间的定位销数量。

7.5.8　连续刚构悬臂浇筑施工

本项目中的支党河特大桥为普通预应力混凝土大跨径连续刚构桥,采用挂篮悬浇工艺施工。连续刚构施工是本工程中的施工重点、难点,除受项目部组织机构领导外,在工程部设施工技术攻关小组,同时邀请专家重点对挂篮悬浇施工进行把关。每联刚构有两个工作面,左右半幅依次展开施工,先施工 0#、1# 块,再悬浇,最后合拢,每个工班根据工作面情况及施工次序,分成若干个小组,合理安排施工力量,保证梁的施工连续不断。

连续刚构施工属高空作业,工作面狭窄且集中,工期较紧,施工设备的充足配套对施工速度、质量、安全起着至关重要的作用。连续刚构施工主要设备配套方案为:拌和站拌制混凝土,混凝土搅拌运输车输送混凝土,泵送混凝土到工作面,塔式起重机承担挂篮安装及钢筋、模板、小型机具等材料的垂直运输任务,工业电梯承担工作人员上下任务,挂篮承受悬浇的主要荷载(包括预应力设备、压浆设备、卷扬机等设备荷载)。

1. 梁段施工工序

0#、1# 块施工→挂篮荷载试验→2# 梁段模板支立→钢筋绑扎(钢腹板定位安装)

→混凝土浇筑→张拉、压浆、封锚→挂篮前移→直至 20♯梁段封锚结束。

详细的上部结构施工工序如图 7.17 所示。

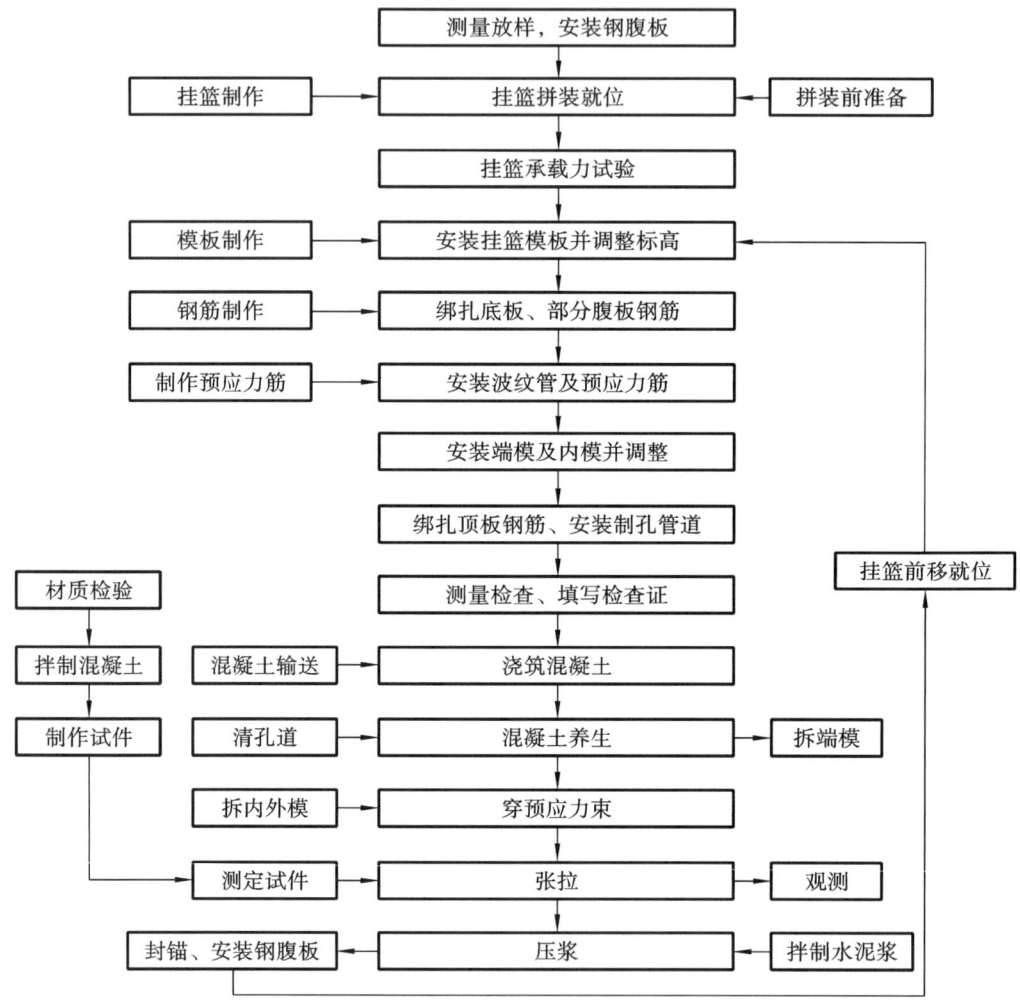

图 7.17 上部结构施工工序

2. 合拢顺序

支党河特大桥合拢顺序为:边跨合拢(现浇段提前结束施工)→中跨合拢→次边跨合拢。

7.5.9 波形钢腹板连续梁施工

本项目中梁渠沟大桥主跨[(75+2×140+75)m]采用波形钢腹板连续梁施工。0♯块施工工艺流程如图 7.18 所示。

（1）主墩身施工完成后,进行临时支墩及托架安装。

（2）铺设 0#块支架横、纵梁,进行支架预压。

（3）铺设 0#块底模、侧模,绑扎中横梁钢筋,采取支撑并配穿心拉杆螺丝紧固,使用塔式起重机安装波形钢腹板,绑扎底板及腹板钢筋,安装内模,绑扎顶板钢筋,定位相应预应力筋和管道。浇筑 0#块混凝土,进行梁体养护。梁体混凝土强度达到设计强度的 90% 且养护时间不少于 7 d 后,进行 0#块梁体纵、横向预应力筋张拉、压浆。

（4）进行挂篮主桁架拼装及挂篮预压。调整模板高程,进行 1#块钢筋绑扎、波形钢腹板及预应力管道的定位安装,并进行 1#块混凝土浇筑、梁体养护。当 1#块梁体强度达到设计强度的 90%,混凝土养护时间不少于 7 d 后,进行 1#块张拉、压浆。脱开挂篮底模,挂篮走行至下一块,如此反复施工至 14#块,同时浇筑边跨现浇段。

图 7.18　0#块施工工艺流程

（5）在 14#块挂篮悬浇施工之前,在过渡墩处进行现浇段牛腿支架安装施工。安装完成后,进行横、纵梁的铺设。边跨现浇段上部支撑梁铺设完成后,进行底模铺设。然后进行支架预压,调整预拱度,安装侧模,绑扎底板钢筋并定位安装预应力筋和管道。安装波形钢腹板,绑扎腹板钢筋,安装内模,绑扎顶板钢筋并定位安装预应力钢筋及管道。浇筑梁体混凝土,必须待混凝土强度达到设计强度的 90%,同时混凝土养护时间不少于 7 d 后才能施加预应力。确保边跨现浇段施工前,引桥梁板架设完成,且现浇段的混凝土浇筑和 14#块的浇筑基本同步。

（6）14#块施工完成且边跨现浇段梁体混凝土强度达到设计强度后,进行边跨合拢施工。调整边跨合拢段底模和外模至就位,安装水箱进行配重。根据气温测量统计情况确定夜间温度最低时间段为临时锁定时间,做好临时锁定的充分准备。达到临时锁定条件,进行边跨临时锁定施工。绑扎边跨合拢段钢筋,安装内模并加固模板。在每天气温最低时浇筑边跨合拢段混凝土,养护梁体混凝土。当边跨合拢段梁体强度达到设计强度,同时混凝土养护时间不少于 10 d 后,进行梁体张拉、压浆。桥梁完成边跨合拢,拆除主墩支点处的临时支墩、边跨现浇段施工支架及用于 T 构梁体悬浇施工的挂篮。

拆除中跨段挂篮时,留一套底模架、部分外模架及部分内模架作为中跨合拢施工的吊架,将吊架对称吊装于中跨合拢段两侧悬臂块上。根据合拢段混凝土质量,使用水箱在中跨两悬臂端蓄水配重,每侧配重为中跨合拢段混凝土质量的一半。同样在夜间环境气温最低时进行中跨合拢临时锁定施工。临时锁定完成,进行合拢段的钢筋绑扎、模板安装、加固施工。在每天气温最低时浇筑中跨合拢段混凝土。进行混凝土施工时,边浇筑混凝土边卸除水箱内的水,确保17♯块在整个中跨合拢段混凝土浇筑施工期间受力基本不变。当中跨合拢段梁体强度达到设计强度,同时混凝土养护时间不少于 10 d 后,进行梁体张拉、压浆,完成梁体的最终体系转换。梁渠沟大桥上部结构施工工序如图 7.19 所示。

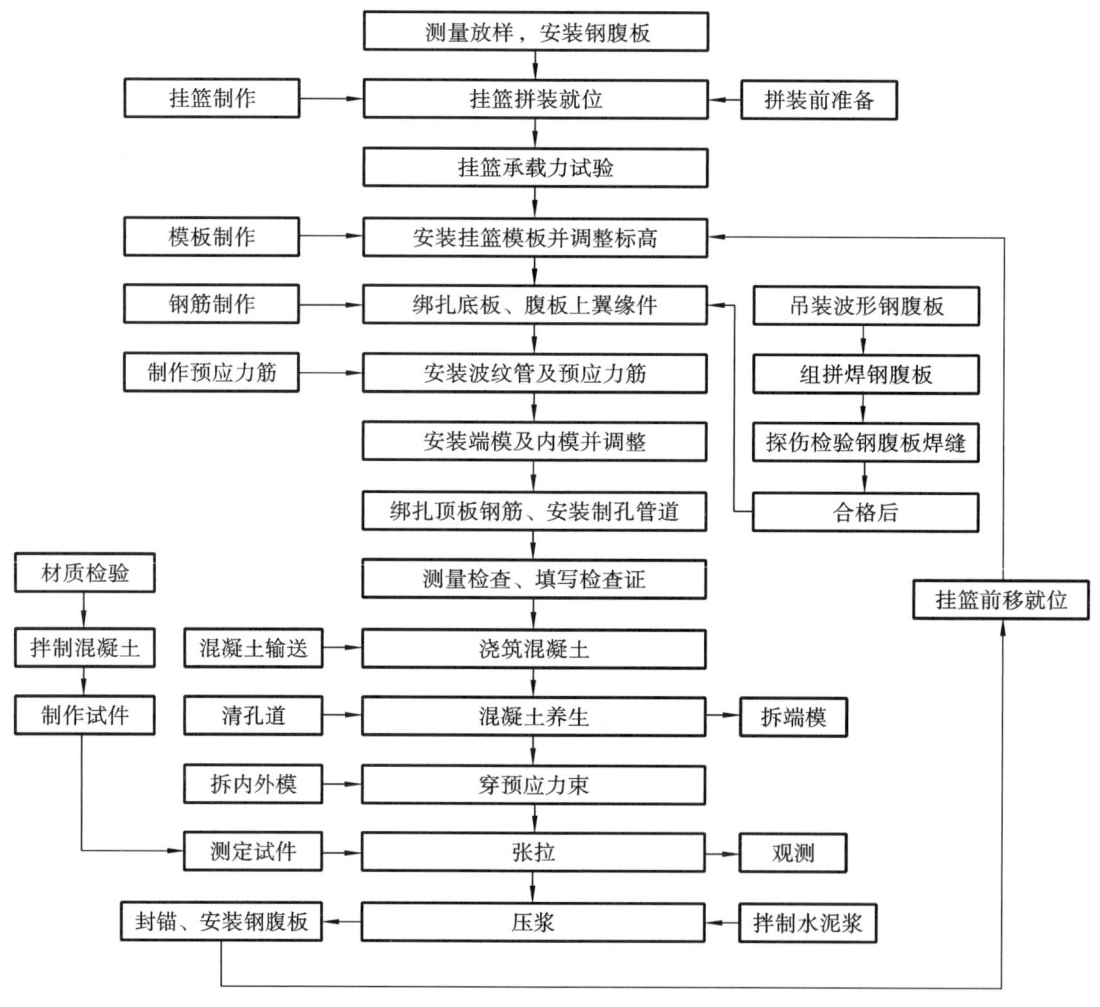

图 7.19 梁渠沟大桥上部结构施工工序

7.5.10　盖梁、台帽施工

盖梁采用抱箍法施工,模板采用定型钢模板,混凝土连续浇筑,施工中应注意各种预埋件的预埋、预留。墩台帽应严格控制顶面标高并收浆平整,保证垫石平面位置和标高准确。底模待混凝土强度达到设计强度的 90％后方可拆除。主要施工环节及注意事项如下。

(1) 抱箍设计:根据盖梁的设计质量,确定抱箍的宽度,抱箍采用 1 cm 厚钢板制作,内径略小于墩柱直径。抱箍与墩柱间粘贴橡胶板,利用抱箍与墩柱的摩擦力提供支撑力。

(2) 支架搭设:以抱箍的连接处为支点,架设两根承重工字钢。

(3) 钢筋工程:按设计图纸进行钢筋加工,在地面将盖梁钢筋绑扎成型,整体吊装就位。

(4) 模板工程:模板采用定型钢模板,面板为大块钢面板,采用槽钢背肋,不设置对穿拉杆。模板安装时,根据测量放样结果先安装底模,待盖梁钢筋吊装就位后支立侧模,采用外置式拉杆进行模板加固,注意模板的密封性。

(5) 混凝土施工:在拌和场集中拌和,混凝土搅拌运输车运输,采用吊车配合人工入模,插入式振捣器振捣,注意应水平分层浇筑。

(6) 模板、支架的拆除:通过对同期养护试块的检查,确定盖梁强度达到设计要求后,拆除盖梁模板及支架,并清理施工垃圾。

(7) 支座垫石施工及支座安装:在盖梁顶面精确放出支座垫石的位置线,严格控制垫石标高。垫石放样后,支设垫石模板。

7.5.11　现浇箱梁工程施工

本项目中涉及现浇箱梁施工的有 K303＋798 天桥 1 联(45 m)、K315＋594 天桥 1 联(45 m)及赤道枢纽互通式立交 CK1＋001.59 匝道桥 2 联(126 m)、FK0＋574.94 匝道桥 3 联(190 m)。根据设计及施工工艺要求,并结合本项目工程结构形式特点和工期,投入满堂支架 3 副、底模 3 副、外侧模板 3 联。采用满堂支架进行施工,支架在预应力施工完成后拆除。梁体分段分层单幅施工,每一联为一段;梁体混凝土分两层浇筑,第一层浇筑底板及腹板,第二层浇筑顶板。

1. 施工方案

(1) 地基处理。

平整场地后,采用 40 cm 厚 5％灰土对地基进行加固处理,使其达到施工承载力要求,表面浇筑 15 cm 厚 C20 混凝土。基底应设置成一定的坡度,地基高于周边地面,并在两侧挖排水沟,防止雨水浸泡地基。

（2）支架搭设。

①测量放样。

测量人员用全站仪放出箱梁在地基上的竖向投影线，并撒白灰标记，最后用全站仪定出箱梁的中心线，同样撒白灰标记。沿中心线向两侧对称布设碗扣支架。

②布设立杆垫块。

根据立杆位置布设方木条，底托下垫 10 cm×10 cm 方木条，使立杆处于方木条中心。方木条放置平整、牢固，对地基不平整的部位支垫木楔子，保证方木条不悬空。

③支架搭设。

采用 $\phi48$ mm×3.0 mm 的钢管碗扣支架作为支撑结构，立杆规格（长度）主要有 5 种，包括 3.0 m、2.3 m、1.8 m、0.9 m、0.6 m，长短立杆错开布置；采用 0.9 m、0.6 m 两种规格（长度）的横杆；斜杆采用长度为 6 m、3 m、1.5 m 的钢管。全桥立杆架横纵向间距按 0.6 m×0.9 m 控制，水平步距都为 1.2 m；立杆顶端采用可调 U 型托撑支撑于模板主肋底部，底部采用可调底座，支承在 10 cm×10 cm 的方木之上；底层纵、横向水平杆作为扫地杆，距地面高度为 300 mm。

支架的四周及中间纵、横向由底至顶连续设置竖向剪刀撑，每四排横向立杆和每七排纵向立杆各设置一道剪刀撑，在每跨支架体系中间设一道水平剪刀撑。

（3）顶托安装。

为保障在支架上实施高空作业方便、安全、省时，可在地面上大致调好顶托伸出长度，再运至支架顶安装。根据梁底高程变化决定横桥向控制断面间距，顺桥向设左、中、右三个控制点，精确调整顶托标高。然后用明显的标记标明顶托伸出量，以便校验。最后再用拉线内插方法，依次调整每个顶托的标高，顶托伸出量一般控制在 30 cm 以内。

（4）模板的安装。

在搭设好的支架上铺设箱梁的底板，将其固定牢固，安设定型的侧模，并在预压前对底模进行调整，消除错台。

（5）支架预压及沉降观测。

支架预压荷载为支架需要承受的全部荷载的 110%，采用砂袋进行施压。在预压支架时，充分考虑各种荷载及偶然的冲撞和振动产生的附加荷载对支架稳定和沉降的影响，以保证浇筑混凝土后支架不产生超过设计规定的沉降，连续预压 7 d，预压期间每天观测 2 次，测量底板施压后的变形数据，作为以后调整的依据。

预压完成后对标高、模板再进行一次调整，对部分碗扣支架进行加固。根据预压后测量的变形数据，按照抛物线设置预拱度。对侧模进行打磨，模板间的间隙用原子灰处理，保证不漏浆，模板涂刷高效专用脱模剂，保证混凝土外观色泽一致。

（6）钢筋加工、安装及预应力管道的安装。

钢筋根据设计图纸在钢筋加工场加工好后，统一配送至施工现场，人工配合吊车安装。预埋波纹管严格按曲线坐标准确放样，采用井字形固定架焊接牢固。定位钢筋间距，在直线段不大于 0.8 m，在曲线段不大于 0.4 m。钢筋安装时，要绑扎或点焊于支承点上，支承点的高度需满足钢筋保护层厚度的要求，支承点的间距在纵横向均不大于 0.5 m。所有钢筋的交叉点均需绑扎，直径大于或等于 16 mm 的钢筋必须焊接。为了防止钢筋网片滑移，可按适当的间隔进行点焊，以增强钢筋网片的整体稳定性。钢筋网片在安装过程中，为了防止人群踩弯钢筋，可用木板或架板铺设临时工作平台。

（7）箱梁内模的安装。

箱梁内模采用 15 mm 厚胶合板制作，内模骨架支撑采用碗扣式支架拼装。考虑到内模断面变化，施工前根据内模断面尺寸首先进行模板配备，骨架支撑提前在现场钉制成型后，按照内模尺寸分节进行拼装，待底板与腹板钢筋绑扎完成后安装。内模顶用钢管支撑，同时将钢管横、纵向连接起来，保证支撑的稳定性。内模安装时在箱梁顶板每孔长度的 1/5 处预留 70 cm×80 cm 的上下人孔，以便后期拆除箱梁内模。

（8）底板、腹板混凝土的浇筑。

为了保证底板混凝土能振捣密实，先浇筑底板，混凝土在拌和站进行统一拌和，配送至工地后，泵送入模。梁体混凝土在顺桥向宜从低处向高处进行浇筑，在横桥向宜对称浇筑。混凝土浇筑过程中，对支架的变形、位移，节点和支撑的压缩及支架地基的沉降进行实时监测，如果发现有超过允许值的变形、位移等，及时采取措施予以处理。

（9）顶板钢筋的安装。

待箱梁底板的强度达到设计强度的 70% 时，开始安装顶板钢筋，顶板钢筋在钢筋加工场加工好以后，统一配送至施工现场，用吊车配合人工安装，并且安装护栏预埋钢筋、伸缩缝预埋钢筋，严格控制钢筋的顶面高程，防止露筋。

（10）箱梁顶板人孔的留设。

每跨箱梁顶板上设置两个人孔，顺桥向错开布置，其尺寸为 60 cm×60 cm。箱梁顶板钢筋在人孔处断开，被切断的钢筋留足焊接长度。待箱梁内模及支架拆除、清理干净后，应将人孔混凝土断面凿毛，清理干净，安装人孔底模，再焊接被切断的钢筋，单面焊长度不小于 10d（d 为钢筋直径），施工完成后浇筑人孔混凝土。

（11）箱梁顶板混凝土浇筑。

混凝土浇筑从箱梁低的一端向高的一端全断面分层匀速推进，尽量做到对称均匀。插入式振捣器插入时，注意插入深度，防止局部过振。浇筑第二层时插入式振捣器应伸入已浇层 10 cm 左右，保证混凝土接触面的搭接。插入式振捣器的移位间距不超过其作用半径的 1.5 倍,与侧模应保持 5～10 cm 的距离。顶板混凝土浇筑完成并终凝后,人工对梁板顶面进行凿毛处理,并清理干净。

(12) 养护。

现浇箱梁采用喷淋养护和洒水覆盖养护,喷淋养护时间不少于 7 d,安排专人负责。当箱梁混凝土强度达到 5 MPa 左右时即可拆除侧模及端模,并对箱梁预应力端头进行凿毛处理。

(13) 预应力筋张拉。

预应力筋采用牵引式预应力穿束设备,待混凝土强度达到设计强度的 90% 以上时,方可张拉预应力钢绞线,采用智能张拉设备在两端对称张拉。

①张拉前对工人进行培训,作技术交底,让每个工人熟悉张拉程序及操作规程。

②张拉时严禁施工人员正对着预应力筋,以免发生安全事故,且在梁体正面设置防护挡板。

③张拉完毕后应采用砂轮切割机切除多余预应力筋,严禁使用电弧焊或氧焊切除预应力筋,切除预应力筋后应用封锚砂浆封住锚头以便压浆。

(14) 预应力筋张拉注意事项。

①张拉前,仔细检查油表是否归零,油顶是否有漏油现象,否则重新校核。

②检查油顶、油表安装是否对应。

③油顶、油表使用满六个月或张拉次数超过 300 次应重新标定。

④预应力筋张拉时,操作工人严禁站在预应力筋的正对面。

⑤预应力筋张拉时,如发现伸长值出现异常,应暂停张拉,待查明原因并采取措施予以调整后,方可继续张拉。

⑥张拉之前,将锚头压浆孔及预应力筋清理干净,预应力筋上不能有油污,将伸出锚头外的预应力管道切除。

(15) 孔道压浆。

预应力筋张拉、锚固后,孔道必须尽早压浆,且在 48 h 之内完成。孔道压浆应采用循环智能压浆系统,该系统能准确控制压力和稳压时间,调节流量,自动实测孔道压力损失。循环智能压浆系统具有远程跟踪、智能控制、及时纠错的功能。压浆后通过检查孔抽查压浆的密实情况,如有不密实的情况,及时进行补压浆处理。压浆时,每次留取不少于 3 组尺寸为 40 mm×40 mm×160 mm 的试件,标准养护 28 d,进行抗压强度和抗折强度试验,作为质量评定的依据。

(16) 封锚。

压浆后先将锚具表面清理干净,再将周围的混凝土面凿毛并冲洗干净。设置钢筋网浇筑封锚混凝土,混凝土标号与梁体相同。

(17) 落架。

预应力工程施工完毕,且管道压浆的强度均达到设计强度的 95% 以上时方可进行落架。落架时宜由跨中向支座的方向依次循环卸落,对称缓慢松开扣件,然后逐步拆除支架。严禁野蛮施工,刚卸落的箱梁上严禁堆放重物和施工车辆通行。

支架卸除后及时清理,并将其运至指定场地整齐堆放,以方便以后施工时使用。

2. 注意事项

在现浇预应力混凝土连续箱梁施工中还需注意待混凝土强度达到设计强度的 90% 以上时,方可张拉预应力钢绞线。张拉次序:先腹板顶束,再腹板底束,最后腹板中间束,张拉时两边对称。张拉控制应力:0→初应力→100% 张拉控制应力(持荷 5 min 后锚固)。张拉时通过张拉力及伸长量进行双重控制。

现浇预应力混凝土连续箱梁的施工要点如下。

(1) 支架的搭设要求稳定可靠并进行超载(上部自重的 1.2 倍)预压,以消除支架的非弹性变形。

(2) 支座垫石表面平整、干净,安装位置要准确,支座用环氧树脂粘贴在垫石上,支座顶钢板要安装准确、水平,不能使支座承受侧压或出现脱空现象。

(3) 保证内模不变形、不漏浆、易固定。内模严格采取固定措施,防止上浮或下沉,保证各个结构尺寸的准确性。

(4) 波纹管埋设要严格按设计要求进行,准确无误、固定牢靠。波纹管的接头要对接严密,不得漏浆。

(5) 现浇预应力混凝土连续箱梁钢筋分布较密,振捣时一定要认真细致,振捣到位,避免产生空洞。

(6) 箱梁根据实际分两次浇筑,每次浇筑不得中断。

7.6　高速公路沿线设施施工

7.6.1　交通工程

1. 护栏施工

(1) 施工前的准备。

在护栏施工之前,承包人应向监理工程师提交详细的施工组织设计,供监理工程师审查,经批准后方可施工。无论采用何种方法安装护栏,承包人应尽量避免损坏路面下埋设的管线设施。若造成损坏承包人应负责修好,修理费用由承包人承担。

（2）立柱放样。

施工前应根据设计图纸进行立柱放样,并以桥梁、涵洞、通道、立体交叉、中央分隔带开口等为控制点,进行测距定位。放样后应调查每根立柱下的地基情况,如遇地下管线、泄水管等或涵洞顶部埋土深度不足时,应该变更立柱位置或调整固定方式。对流砂地质结构段采用 C25 混凝土基础处理。放样时还应通过调整间距来处理间距零头数。

（3）波形梁钢护栏安装。

立柱安装应与设计图纸相符,并且与公路线形协调。在护栏安装过程中,如路肩和中央分隔带情况允许,采用打入法设置立柱。采用打入法设置立柱时,应严格按照钢钎确定的位置,首先安放自制导向器,再将立柱沿导向孔打入,以确保垂直度。立柱打入土中的深度应满足设计要求,当打入过深时,不得将立柱部分拔出加以矫正,而须将其全部拔出,等基础夯实后重新打入。如打入困难,可钻孔或开挖安装立柱。钻孔安装立柱时,立柱定位后应用与路基相同的材料回填,并分层夯填密实,使其具有不低于相邻原状土（材料）的密度。开挖埋设立柱时,回填料应采用质量良好的材料并分层夯实,每层不能超过 150 mm,回填土的压实度不应小于相邻的原状土。岩石中的柱桩应用粒料回填并夯实。

（4）校正波形梁钢护栏。

考虑到护栏结构对景观及驾驶员视线的影响,立柱安装就位后,应立即进行垂直度、位置、标高检查。

（5）护栏板安装完成后将柱帽固定于立柱上。

一个路段施工完毕,自检合格并报请监理工程师检查合格后,根据实际完成情况报请监理工程师计量。

2. 标志、标牌及标线

（1）标志、标牌施工。

①标志制作:符合招标文件、技术规范及国家标准的规定。产品进场时向监理工程师提交产品合格证,并提交样品进行检验。

制作内容:标志版面及附件,支撑结构及附件。

②基础施工:标志柱基础应按设计图纸规定的尺寸于指定地点进行开挖,在浇筑混凝土前基础要进行整修,基底要压实;钢筋的尺寸应符合设计规定,地脚螺栓和底法兰盘位置正确。混凝土浇筑后,应保证底法兰盘标高正确,保持水平,地脚螺栓保持垂直。

（2）标线施工。

①路面的清扫:采用扫帚、板刷和煤气燃烧器,彻底清除路面标线部位表面的灰尘、

泥砂、水分及其他有害物质,保持清洁和干燥。

②放样:采用绳打线法放样,先以道路中央分隔带边缘为基准,测出车道边缘线外边的位置,用直尺向外延伸 5 cm,按 10～20 m 的间隔确定拉绳点,在曲线路段沿曲率半径 5～10 m 设定,然后顺直放绳,按顺序向前延伸。

③涂底漆及虚线定位:用底漆喷涂机在标线部位喷涂底漆。用钢卷尺确定虚线长度,并在虚线两端粘贴胶带,以保证两端平齐。

④材料加热熔融:把热塑涂料投入热熔釜中,加热至 180～220 ℃,使其符合厂家的技术要求,同时充分搅拌。根据涂料有关性能,严格控制温度,搅拌均匀后,转送到划线车桶内。

⑤涂敷:首先把划线车停放在画线位置,然后将标志杆对好基准线且调整好标线位置,打开玻璃微珠控制装置,进行画线作业。

⑥整修:修剔不合规格的标线,扫除散落的玻璃珠及残留物。

7.6.2　绿化工程

1. 绿化种植施工方案与管理技术

(1)栽植前的准备工作。

栽植的树木应根系发达、生长茁壮、树冠饱满无偏冠、主干挺拔、分枝较低(灌木应枝条稠密)、无病虫害并符合设计规格要求;草种应注明品种、品种质量及发芽率;苗木应茁壮,发育匀齐,根系良好,无损伤和病虫害。

(2)土壤改良工作。

在施工过程中,土壤中常遗留有石渣、砂浆、沥青、混凝土、塑料制品等大量废弃物,一般绿化植物难以生长;而在边坡上,特别是上边坡、碎落台和平台,土壤均为新土,硬度高、结构差、肥力低下,植物根系很难伸入深层土壤;下边坡筑路填方均采用生土,缺乏植物生长所需的营养元素,土壤结构差,保水保肥能力低,必须进行改良。

①翻耕平整,加快土壤熟化。草坪地翻土深度不得小于 20 cm,多年生木本花木地翻土深度不得小于 50 cm,翻土时遇废弃物应予清拣。

②在绿化场地土壤中增加营养元素含量,以利于植物生长。

(3)起苗和运输。

①起苗:选生长健壮、无病虫害、树形端正、根系发达的苗木;裸根苗挖出后应立即装车运走,如不能运走,可在原坑中埋土假植,并将根埋严;挖常绿树或灌木前应用草绳将树冠围拢,所掘根系和土球大小应严格按设计尺寸执行;带土球苗应先铲去表面浮土,去浮土以不伤树根为准。

②苗木装卸与运输：装、运、卸、假植树木时，均要保证树木根系、土球完好，不得折断苗木主尖、枝条，不要擦伤树皮，卸车后不能立即栽植的苗木应埋土假植并保护好根系。

（4）栽植工作。

栽植前检查坑槽大小、深度是否与根系、土球规格要求一致，不符合要求者，应予修整；裸根苗应随挖坑、随运、随散苗、随栽植，尽量缩短根部暴露时间，以利于成活；栽植前要对露根苗的根系进行修剪，剪口要平滑；栽树时不得歪斜，要保持树木上下垂直，栽植裸根树木时应根系舒展，不得窝根；行道树、诱导性树种需结合地形、立地条件，因地制宜栽植，可采用行列式、自然式种植模式，合理避免单一栽植模式；大树栽植后必须单独支撑，应采取三脚架支撑，稳定根部，防止风吹歪斜，影响成活；植草应安排在春季，播种前浇足底水，地面平整好，每平方米播种量在 30 g 左右，播后洒水浸透土壤，覆盖地膜，出苗前，必须每天浇水，保持土壤湿润。

（5）养护与管理。

①灌溉与排水：树木栽植后，48 h 内必须及时浇第一遍水；浇第二遍水时要连续进行；第三遍水安排在第二遍水浇后的 5～10 d 内浇。秋季植树如开工较晚可以浇一遍水，但灌水量要足。为了防寒和预防抽条，于入冬前浇足冻水，可以适当提高地温，使树木免受冻害。暴雨后应尽快排除积水，尤其是夏季，积水不能超过 6 h。

②中耕锄草：乔木、灌木下的野草必须及时铲除，特别是对树木危害严重的各类藤蔓，例如菟丝子、葎草等。

③施肥：施肥应同植物的年生长期相结合，除了在栽植时施入有机肥和磷肥作底肥，还应针对不同植物的物候期施加追肥。

④病虫害防治：防治原则是"预防为主，综合防治"。可通过栽培措施防治、机械或物理防治和化学试剂防治等，以防治新植苗木的病虫危害。

⑤修剪整形：树木应通过修剪调整树形，均衡树势，调节树木通风透光和肥水分配，促使树木正常生长。对乔木要剪除徒长枝、病虫枝、并生枝、下垂枝、扭伤枝及枯枝；灌木修剪应使枝叶茂繁，分布均匀；绿篱修剪，应促进其分枝，保持全株枝叶丰满；草皮植物一律不用修剪。

2. 绿化施工中的防路面污染措施

绿化用树木、草皮等不得直接堆放在路面上，应采用土工布和彩条布进行铺垫后再堆放，并且铺垫面积不小于堆放面积的 1.5 倍；绿化种植开挖穴位时，不得将泥土抛撒在路面和边坡上，并及时清理散落在路面上的枝叶；不得将边坡绿化用的泥土和有机肥直接堆积在路面上，应采用土工布和彩条布进行铺垫后再堆放，并且铺垫面积不小于堆放面积的 1.5 倍；若因施工需要，挖掘机必须在路面结构层上作业，应采用轮胎式挖掘机，并且避免对路面造成污染和破坏;苗木运输中应采取覆盖措施,防止对路面造成污染。

7.6.3 房建工程

本项目的房建工程包括省界主线收费站 1 处(总建筑面积 2594.09 m²);主线治超站 1 处(总建筑面积 136.28 m²);湫坡头匝道收费站 1 处(总建筑面积 1510.42 m²);收费大棚 2 座,服务区 1 处(总建筑面积 5132.3 m²)。选定一支经验丰富的专业房建施工队伍施工,加强施工过程中的质量控制,确保房建工程施工质量。

1. 施工测量

(1)根据工作量和工作难度,施测前应仔细核对图纸,根据楼形和现场地形特征,进一步完善测量放线方案,绘制测控布置图。进场后,施工单位与建设单位办理交桩手续,重新校核定位桩和水准点,并浇筑混凝土保护台,做好明显保护标志,防止被埋压或人为破坏,建立测量数据库。

(2)布设平面控制网:根据轴线关系图、现场施工流水段划分、基础及地上结构特征,以便于实测、校核为原则布置轴线控制网,保证建筑物关键部位的顺利投测。

(3)高程控制网的建立:为满足建筑物竖向施工的精度要求,在场区内建立高程控制网。高程控制网的精度不低于三等水准的精度。场区内设置四个永久水准点,作为施工竖向测量控制及沉降测量的依据。水准点距离建筑物应大于 25 m,距离回填土边线大于 15 m。

(4)在建筑物基础施工过程中,对轴线控制桩每半月复测一次。

(5)施工平面测量工作完成,进入竖向施工,墙柱浇筑成型拆掉模板后,应在墙柱侧面投测出相应的轴线,并在墙柱侧面抄测出结构 1 m 线(1 m 线相对于每层楼板设计标高而定),以供下道工序使用。

(6)当每一层平面或每段轴线测设完后,必须进行自检,自检合格后及时填写报验单,必须写明层数、部位、报验内容,并附测量成果表,以便及时验证各轴线。

(7)为满足竖向控制点的精度要求,对每层所需的标高基准点必须正确测设。在同一施工段上所引测的高程点不得少于 3 个,并相互校核,校核后 3 点的校差不得超过 3 mm,取平均值作为该平面施工中的标高基准点。

(8)沉降观测:应按要求设置沉降观测点进行沉降观测。

2. 基础工程

(1)工艺流程:确定开挖顺序和基坑边坡坡度→沿灰线切出槽边轮廓线→分层开挖→修整槽边→清底、支模→浇筑混凝土垫层→绑扎基础梁钢筋→浇筑基础混凝土→混凝土养护→回填土。

（2）施工要点及注意事项如下。

①基础模板：模板采用定型组合模板，局部采用 25 mm 厚松木模板。按设计图纸进行模板设计，现场拼装。

②基础钢筋：钢筋现场加工、绑扎，利用钢筋调直切断机调直、切断，钢筋弯曲机调整钢筋形状。保护层施工用的水泥砂浆垫块的厚度等于保护层的厚度。基础钢筋绑扎时，构造柱钢筋按设计位置绑扎（或焊接）牢固，并辅以支架固定，确保其位置正确，垂直度符合要求。

③基础混凝土浇筑。

a. 在浇筑混凝土前，应清除基底淤泥和杂物，对于干燥土应用水湿润，表面不得留有积水。

b. 混凝土的浇筑应分层连续进行，一般间歇不应超过 2 h，否则按规范规定设置施工缝。

c. 混凝土振捣采用插入式及平板式振捣器。振捣器应快插慢拔，混凝土振捣应均匀、密实，上一层必须在下一层初凝前振捣完毕。

d. 混凝土振捣密实后，根据垫层面设计标高进行拉线找平，然后用木抹子整平。

e. 混凝土要在浇筑完 12 h 左右，进行洒水养护，养护时间不得少于 7 d。

④基础回填。基础施工完毕并经隐蔽工程验收后进行基础回填，回填前清除基坑内的杂物和积水；土方回填施工时，土质满足设计及规范要求，并经监理工程师验收同意。回填要在基础相对的两侧或四周分层均匀进行。

3. 模板工程

（1）外墙模板。

①建筑物地上结构部分基础底板采用砖胎模，上部导墙采用企口式组合大块钢模板，地下外墙模板采用三节式止水螺栓固定，地上外墙模板用穿墙螺栓固定。模板应具有足够的刚度，拆装方便，施工速度快。成型后的混凝土表面应光滑平整，达到清水混凝土的效果。

②面板采用 6 mm 厚钢板，背楞采用槽钢，为保证模板间连接紧密，加工模板时已在其边缘竖向制作企口。模板支设时保证模板拼接严密。为保证模板的刚度，背后横向设置槽钢，内外墙体模板纵向对拉三排穿墙螺栓，间距为 900 mm。模板靠支腿支撑调节，通过支腿丝杠调整大模板的垂直度。

③施工工艺流程：安装前检查预组拼模板及编号→一侧模板吊装就位→架设支撑→安装穿墙螺栓→另一侧模板吊装就位→紧固穿墙螺栓→支撑加固→全面检查调整。

(2) 地下剪力墙、人防出入口等部位的剪力墙采用组合钢模板,施工要点及注意事项如下。

①面板采用 6 mm 厚钢板,背楞采用钢管或木枋。在安装模板前按位置线安装门窗洞口模板,与墙体钢筋固定,并安装好预埋件或木砖等。

②施工工艺流程:组装前检查→安装窗口模板→安装第一步模板→安装内钢楞→调整模板平直度→安装第二步至顶部两侧模板→安装内钢楞,调直→安装穿墙螺栓→安装外钢楞→加斜撑并调整模板垂直度→与柱、墙、楼板模板连接。

③模板按编号安装,遵循先内侧后外侧的原则。按位置线安装门窗洞口模板及预埋件。墙体模板组拼应从墙角开始,向互相垂直的两个方向进行。安装拉杆或斜撑,安装套管和穿墙螺栓。组装模板时,应边安装边校正,相邻模板边肋用 U 型卡连接的间距不超过 300 mm,模板连接缝处宜用 U 型卡,并正反交替安装。大模板安装时根部和顶部要采取固定措施,模板支撑必须牢固、稳定,支撑点应设置在坚固可靠处,不得与脚手架拉结。

(3) 柱模板。

①本项目房屋的矩形框架柱模板采用定型钢模板,其特点是刚度大,支模速度快,装拆迅速,拆模后能达到清水混凝土的效果。

②若模板在连接部位采用弹性节点构造(加海绵条),应保证模板拼缝严密,从而消灭接头处漏浆等质量通病。

③模板用专用螺栓拉紧、调平,以保证接缝平直和严密。

(4) 顶板模板。

①本项目房屋结构顶板工程量较大,为保证质量,采用组合钢模板与 18 mm 厚的双面覆膜竹胶板,模板表面光洁,硬度好,周转频率较高,混凝土成型质量好。

②普通房间模板支撑体系采用门架支撑体系,具有功能多、效率高、承载力大、安装可靠、便于管理等特点。超高房间模板支撑体系用架子管搭满堂支架。顶板模板次龙骨采用 50 mm×100 mm 木方,主龙骨采用 100 mm×100 mm 木方。

(5) 楼梯、门窗洞口模板。

楼梯底模板采用木模板,支撑采用扣件式钢管脚手架;楼梯踏步模板采用定型踏步模板;墙体混凝土先浇筑,楼梯板钢筋埋入墙内,墙体模板拆除后,剔出钢筋并扳直,与楼梯板焊接;门窗洞口模板采用定制洞口模板,使用过程中注意清理、保养,变形超标的模板及时更换。

模板及其支撑体系的拆除,应根据不同部位混凝土的强度来确定施工措施,应注意的事项有:非承重结构侧模应在混凝土的强度能保证其表面及棱角不因拆模而受损时(常规要求达到 1.2 MPa)方可拆除。支撑钢管和穿墙螺栓可待终凝、能支撑自身质量时拆除,不得影响墙面混凝土外观质量。预留孔洞内模板应在混凝土强度能保证表面不发生塌陷、不出现裂缝时方可拆除。承重模板的拆除,根据构件的受力情况、气温等条件确定,并达到设计所需的强度,且堆料不超过构件承载力。

4. 钢筋工程

(1)钢筋的加工与配制。

钢筋在钢筋棚加工配料,运至施工现场后绑扎成型。施工前组织技术人员进行交底,并编制相应的质量控制措施及作业指导书,安排绑扎顺序、排放规则及主要施工方法,明确质量及工期要求,解决施工中的疑难重点。钢筋配制应严格按图纸施工,下料前详细阅读图纸及设计变更。钢筋加工前,应将钢筋表面的油渍、铁锈、漆污、冰块等杂物清除干净。HPB300级钢筋末端需做180°弯钩,箍筋弯钩角度为135°,弯钩平直长度不小于箍筋直径的10倍。

(2)钢筋的连接。

直径大于或等于20 mm的水平筋连接采用闪光对焊;剪力墙暗柱纵筋及其他部位直径大于或等于18 mm的竖向筋连接均采用电渣压力焊;其他部位的钢筋连接均采用绑扎搭接。

同一构件内有多根钢筋需要连接时,搭接钢筋数量在同截面内不得超过钢筋总量的50%(对于柱)或25%(对于梁),接头错开间距不小于$45d$。

(3)钢筋的锚固及节点构造。

①各种预留、预埋管、洞如需穿越柱,尽量避开柱筋,如无法避开,柱竖向筋按1∶6坡度弯折绕洞。

②纵横梁相交时,框架梁梁底主筋放于下排;框架梁相交时,短向框架梁主筋放于下排;次梁与框架梁相交时,次梁梁面钢筋放于上排。梁端箍筋加密区范围内不允许有钢筋接头。当梁与柱边平齐时,梁的外侧混凝土保护层增大,以使其钢筋置于柱钢筋内侧。梁中预留洞严格按设计图纸要求埋设钢管和加强筋,不得遗漏或在混凝土浇筑完后再剔凿开洞重新埋设。

③双向板中,底筋平行于短边者置于下排,平行于长边者置于上排。板底与梁底相平时,板下部筋应置于梁下部主筋之上。板内预埋管须敷设于板内上下两层钢筋网之间,当埋管处无板面筋时,则需沿管长方向加附加钢筋。

板上孔洞直径或边长$L \leqslant 300$ mm时,板筋不断,绕洞而过;板上孔洞直径或边长$L > 300$ mm时,按设计要求设洞边加强筋。

（4）钢筋绑扎就位。

①同层构件先绑扎柱筋，后绑扎梁、板筋。当柱主筋与梁、板筋发生冲突时，一定要保证柱主筋的位置正确。

②柱、梁、板筋的接头位置，锚固、搭接长度要满足设计和规范要求。钢筋绑扎是关键工序，要求质量检查人员实施施工全过程的监督监控。

③柱子核心区采用焊接核心箍，提前加工好后运至绑扎部位。

④板底筋采取在模板上画线的办法来控制间距，板面采用马凳来控制板厚。

⑤采用塑料垫块和附加钢筋梯形支撑的方法保证钢筋位置准确和保护层厚度。

⑥混凝土浇筑前应在板筋上垫九夹板以防止施工时人员荷载的重压使上层钢筋塌陷，影响楼板受力。

5. 混凝土工程

（1）本项目使用的混凝土主要在拌和站集中拌和。

（2）浇筑采用泵送的方法，施工中应尽量避免出现不应有的施工缝，否则会影响整体结构质量。

（3）浇筑混凝土前组织施工技术人员进行技术交底，使操作人员清楚混凝土的浇筑顺序、方法，振捣点布置，施工路线及一些特殊部位混凝土浇筑应采取的措施，并且明确质量要求。每次浇筑混凝土前对输送泵、振捣机具等施工机械进行全面的调试，防止在浇筑过程中发生故障而影响构件质量。

（4）在用不同标号的混凝土浇筑的构件相交处，采用钢板网隔断分区。

（5）在浇筑竖向构件混凝土前，先清洗干净新旧混凝土接茬处的凿毛面，并浇筑 30~50 mm 厚的同标号砂浆。此部分砂浆不宜用输送泵输送，可用井架运输。泵送混凝土时，泵口出料不允许直接冲击已绑扎成型的钢筋。

（6）后浇带混凝土的施工。

①施工缝的处理：清理垃圾、纸屑，接缝处混凝土表面凿毛，用清水冲洗干净，并保持湿润。

②浇灌比原设计标号高一级的混凝土，该混凝土中可加适量 UEA 膨胀剂（u-type expansive agent for concrete，也称"U 型膨胀剂"），以抵消混凝土接缝处的收缩，使新旧混凝土结合紧密、牢靠。

③充分洒水养护 7 d 以上。

6. 屋面及防水工程

（1）楼层防水（卫生间、阳台及外廊）。

卫生间及有水房间刷 1.5 mm 厚防水涂料，分两次涂刷，内墙四周卷起高度不小于

360 mm,管根嵌防水胶,阳台及外廊采用防水砂浆,凡有水湿的房间,楼地面找坡1%,坡向地漏或排水口,凡管道穿过卫生间,须预埋套管,高出地面30 mm;预留洞边做混凝土坎地(高100 mm)或踢脚。

(2)屋面防水。

本项目房建工程的屋面防水等级为Ⅱ级,两道防水设防,采用改性沥青防水卷材,所有防水层四周均涂卷至屋面泛水高度。

屋面竖井及女儿墙阴阳转角处加长卷材,垂直与水平方向各加长300 mm。管道穿板面或在泛水以下外墙穿墙安装,安装后严格用细石混凝土封严,管根四周加嵌防水胶,与防水层闭合。

工艺流程(热熔法施工):清理基层→涂刷基层处理剂→铺贴卷材附加层→铺贴卷材→热熔封边→蓄水试验→保护层施工。

①清理基层:施工前将验收合格的基层表面的尘土、杂物清理干净。

②涂刷基层处理剂:改性沥青防水卷材施工按产品说明书执行。将氯丁橡胶胶黏剂加入工业汽油稀释,搅拌均匀,用长把滚刷均匀涂刷于基层表面,常温下经过4 h后,开始铺贴卷材。

③铺贴卷材附加层:一般采用热熔法铺贴改性沥青防水卷材,在女儿墙、水落口、管根、檐口、阴阳角等细部先做附加层,附加层的范围应符合设计和屋面工程技术规范的规定。

④铺贴卷材:卷材的层数、厚度应符合设计要求。多层铺设时接缝应错开。将改性沥青防水卷材剪成相应尺寸,用原卷心卷好备用;铺贴时随放卷随用火焰喷枪加热基层和卷材的交界处,喷枪距加热面300 mm左右,经往返均匀加热,趁卷材的粘贴面刚刚熔化时,将卷材向前滚铺、粘贴,搭接部位应满粘牢固。采用满粘法时搭接宽度为80 mm。

⑤热熔封边:将卷材搭接处用喷枪加热,趁热使二者黏结牢固,以边缘挤出沥青为度;末端收头用密封膏嵌填严密。

⑥蓄水试验:在屋面防水层施工完成后,需对屋面进行蓄水。蓄水深度通常不低于20 mm,蓄水时间持续24~48 h。期间需密切观察屋面有无渗漏现象,包括屋面与女儿墙交接处、天沟、檐口及管道根部等易渗漏部位。若未发现渗漏情况,表明屋面防水性能达标;一旦出现渗漏,需及时查明原因并返工处理,直至试验合格。

⑦保护层施工:确认无渗漏情况后,开展保护层施工,可铺设水泥砂浆、细石混凝土等材料,施工时注意振捣压实、表面抹平,确保保护层厚度均匀,为防水层提供可靠保护,增强屋面防水系统的耐久性。

7. 给排水工程

(1) 给水管道。

①材料要求。

室内生活给水管采用 PP-R(polypropylene random,无规共聚聚丙烯)给水管,热熔连接。屋面及泵房内生活给水管采用钢塑复合管,管径 DN≤100 mm 时,采用螺纹连接;管径 DN>100 mm 时,采用卡套式连接。

②给水管道施工流程如图 7.20 所示。

③施工方法。

所用管材与配件应符合设计规定,并附有产品说明书和质量合格证书,不得有损坏迹象。管道安装过程中,开口处应及时封堵。安装时应复核管道压力等级和适用场合。管道标记应面向外侧,处于显眼位置。

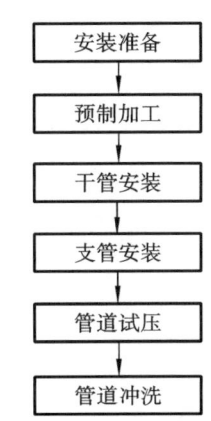

安装准备 → 预制加工 → 干管安装 → 支管安装 → 管道试压 → 管道冲洗

图 7.20　给水管道施工流程

支、吊架安装:管道安装时必须按不同管径和要求设置管卡和吊架,位置应准确,埋设要平整,管卡与管道接触应紧密,且不得损伤管道表面。采用金属管卡时,金属管卡与管道之间应采用塑料带或橡胶等软物隔垫。在金属配件与给水管连接部位,管卡应设在金属配件一端。支、吊架最大间距见表 7.7。

表 7.7　支、吊架最大间距

公称直径/mm		20	25	32	40	50	63
冷水管	横管/mm	650	800	950	1100	1250	1400
	主管/mm	1000	1200	1500	1700	1800	2000
热水管	横管/mm	500	600	700	800	900	1000
	主管/mm	900	1000	1200	1400	1600	1700

给水管道安装注意事项如下。

管道内层为塑胶质,不能与高温物体接触,不得采用砂轮切割机进行管道切割,以免管道损坏和变形;管螺纹的制作必须符合要求,严禁出现乱丝现象;管道在施工时应保证管口平整和光滑,管道接口严密牢固,白漆麻丝要清洗干净,并刷上防锈漆;管道的固定支架要布置合理,既要考虑牢固,满足承载力要求,又要兼顾美观;严格控制管道的垂直度和水平度。

(2) 室内排水管道安装。

①材料要求:室内排水管采用钢塑复合管,管径 DN≤100 mm 时,采用螺纹连接;DN

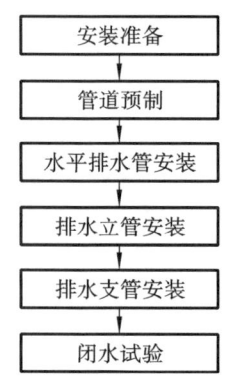

图 7.21　排水管道施工流程

＞100 mm 时,采用卡套式连接。污水及雨水管采用UPVC 排水管,接口粘接连接。空调冷凝水管采用热镀锌钢管,管径 DN≤100 mm 时,采用螺纹连接;DN＞100 mm 时,采用卡套式连接。

②排水管道施工流程如图 7.21 所示。

a. 安装准备:根据设计图纸、技术交底,以及管道坐标、标高画线定位,检查、核对预留孔洞尺寸是否正确。

管道安装前需对原材料进行检验,除检查合格证等资料外,还需对实物进行检查,不合格材料严禁进场使用。

b. 管道预制:对部分管材与管件可预先按测绘的草图组装并编号,堆放在平坦的场地上,下面用木方垫平垫实。

③排水干管安装:通向室外的排水管加防水套管;水平管下返时应用 45°弯头(或用顺水三通)连接;在垂直管段顶部应设清扫口;横管按设计要求设置清扫口、检查口。

安装在设备层内的排水干管可根据设计要求做托、吊架,并保证坡度,注意预留口的位置,并将预留口临时封堵。

④排水立管的安装:排水立管安装前应先用线坠确定管中心位置,安装立管卡后再敷设立管;当立管上、下层不在同一垂直线上时,宜用两个 45°弯头连接;按标准控制好立管垂直度,并按规范要求设置检查口,立管检查口方向要便于检修。

⑤排水支管安装:排水横管与横管、横管与立管的连接应用顺水三通或 45°弯头,支管末端可用带检查门的弯头代替清扫口,以利于管道疏通和维修;排水支管不得有倒坡或局部凹凸现象,保证满足坡度要求;将预留管安装到位,找准尺寸并配合土建将预留孔洞堵严,预留管口装上临时封堵装置;连接两个及以上大便器或三个及以上卫生器具的横管上应设置清扫口。

⑥通(闭)水试验:埋地管道、精装修需包裹的管道须做闭水试验,试验时用充气球胆在检查口处堵严,由预埋口处灌水做闭水试验,以渗透量不超过规范允许值为合格。其他部位可用大量水做通水试验,检查时以无渗漏现象为合格,试验合格后应及时做好填报、签证工作。

8. 机电安装施工

(1)设备预留孔洞做好防雨措施。如施工现场地下部分设备已安装完毕,要采取措施防止设备受潮、被水浸泡。

(2)现场中外露的管道或设备,应用塑料布或其他防雨材料盖好。

(3)室外架空线路立杆施工时,基坑施工挖出的土应堆放于基坑 0.5 m 以外,并不要把标桩埋住,同时基坑四周用土围堆,防止雨水流入。

(4)直埋电缆敷设完后,应立即铺砂、盖砖及回填夯实,防止下雨时雨水流入沟槽内。

(5)室外电缆中间接头、终端头制作应选择在天气晴朗、无风时进行。油浸纸绝缘电缆制作前须摇测电缆绝缘及校验潮气,如发现电缆有潮气侵入,应逐段切除,直至没有潮气为止。

(6)敷设于潮湿场所的电线管路、管口、管道连接处应做密封处理。

7.6.4　机电工程

1. 监控系统

本项目监控设施设计规模为 A2 类。路段监控系统采用三级管理体制,即陕西省中心—咸旬分中心—监控系统外场设备。监控系统外场设备布设采用重点监控方案,结合本项目路线条件,监控重点为互通式立交、服务区、特大桥等路段。

(1)缆线布设。

一般情况下,缆线布设有一定的路径要求,电源电缆、信号电缆应尽量分开。同一走向的缆线应理顺,沿线槽布设;无线槽可绑扎在一起,使线束外观平直整齐,尽量不互相交叉,线扣间距均匀,松紧适度,必要时固定在邻近的结构上或穿金属管、塑料管保护,转弯处要有弧度,使缆线的根部及插头不要受到拉力。

光纤布放时,应尽量减少转弯,绑扎应松紧适度,不得有其他缆线压在光纤上面,必要时应加保护软套管。多余光纤绕圈绑扎于机柜一侧或专用绕线环上。机柜内部的缆线应贴标签或套号码管,避免混淆。

(2)设备安装。

本工程的监控系统均采用联合接地方式,监控机房和外场设备群设置地线。机房内安装接地汇流排,所有需要接地的设备的地线连接于接地汇流排上。

设备组件中的电源插件严禁带电插拔,其他板卡也应尽量避免带电插拔。

其他注意事项如下。

①严禁用眼睛直视从光纤中发出的光。

②通电前要对电源进行测试,确保正常后再通电。

③注意设备各状态指示灯的情况,若有异常,要立即关闭电源。

④电缆接头要整齐,射频接头要连接牢固,光纤接头要清理干净,不能带有灰尘。

(3)外场设备配电。

监控外场设备从就近的地埋式变压器或箱式变压器取电,并根据外场设备配置情况,合理设置外场配电箱及其基础。全线的设备供电电缆采用直埋的方式敷设,过构造物时加穿钢管。

户外配电电缆采用聚氯乙烯绝缘钢带铠装聚氯乙烯护套电力电缆,电缆直埋敷设至设备基础处,并在出线及入线处加装避雷器。

(4)外场设备基础。

外场设备基础包括设备安装基础、机箱基础,内设设备开关、防雷保护器等电气设备。

应根据各外场设备实际采购情况确定设备机箱设置位置。若设备机箱安置在设备立柱或支架上,则在空闲的设备机箱基础上加装电缆保护罩。

基础施工时应按图施工,严格管理,杜绝发生预留、预埋错误或遗漏等情况。

在施工过程中遇到任何问题,都应及时与现场技术指导人员、工程技术人员及设备供货厂商的技术支持人员协商解决。

2. 通信系统

本项目的通信系统组网采用同步数字体系(synchronous digital hierarchy,SDH)＋综合业务接入网的组网方式,不单独设置干线传输设备,利用咸旬高速咸阳管理所干线传输设备上传本项目综合业务数据,由六村堡分中心程控交换机负责本项目语音及电话业务。全线设计两条光缆:从起点至路线终点的通信系统敷设 1 根主干 48 芯单模光缆,监控系统敷设 1 根 48 芯单模光缆,湫坡头收费站至省界主线收费站敷设 1 根 8 芯单模光缆。

(1)人(手)孔的施工要求。

①人(手)孔四壁:采用 C25 混凝土现浇,浇筑后,刷沥青两遍(沥青采用油-30)。

②人(手)孔基础:基底夯实后,用 C20 混凝土现场整体浇筑,然后构筑人(手)孔。

③人孔上覆:采用 C25 钢筋混凝土预制,吊装施工。预制的人孔上覆必须用 M10 水泥砂浆稳固在人孔四壁上,其砂浆应饱满。

④当钢管斜向进入人孔时,应将钢管切成斜面,保证斜面与人孔侧壁平面平行。

⑤电缆支架穿钉根部用砂浆抹圆形灰块,穿钉间距误差不超过±5 mm。

⑥中央分隔带处的人孔铁口圈应高出中央分隔带;路肩处的人(手)孔铁口圈与路面齐平;路基以外的人孔铁口圈应根据地面标高适当高出地面 20 mm,防止积水。

⑦人(手)孔外形尺寸应符合设计要求,偏差不超过±20 mm。

⑧硅芯管直接穿过人孔,气吹穿缆时应根据实际情况将硅芯管截断。

⑨人孔中的硅芯管出墙时应保持 3 cm 以上间距排列。

⑩人(手)孔铁盖装置(包括外盖、内盖、铁口圈等)、电缆支架、穿钉、托板、拉力环、积水罐均为外购产品,其安装方法、预埋位置、技术规范、抗拉强度、防锈处理等均应符合

《通信管道工程施工及验收标准》(GB/T 50374—2018)规定，并在井盖上根据业主要求注明相关字样。预留的路肩人(手)孔应在井盖注明"信号"字样，以区别电力人(手)孔。

人(手)孔施工完毕经验收合格后，施工单位应做好成品保护，并按实际情况填写人(手)孔位置桩号表，绘制通信管道平面图、竣工图，交甲方存档，以便之后交通工程设备穿缆时使用。

(2) 管道施工。

①硅芯管连接采用配套的连接件并使用专用工具操作。硅芯管的对接端面要剪切平直，并将管壁内外棱角磨平。使用硅芯管专用连接器，接头内的橡胶垫圈保持在应用位置，硅芯管从两头插入接头内并应插入到位，然后旋紧两端。

②硅芯管埋设在中央分隔带下，在布放前应将两端口严密封堵，以防水、土及其他杂物等进入管内。

③管道在沟内应平整、顺直。一般情况下不需要固定，在遇到拐弯或沟槽有水，排列硅芯管有困难时，可采用固定支架或用竹片分隔。应保证敷设的管道无扭绞、缠绕、死弯、环扣等现象。

④路床成型后，沿中央分隔带纵向挖基坑埋设通信管道。回填管沟时，应先回填5 cm 厚细砂，再敷设硅芯管。管道敷设完毕后用细砂填实管道沟，最后采用土建设计中的中央分隔带回填材料进行回填。在管道两侧及上面不得回填石块等杂物，严禁用乱石或带乱石的杂土回填，以免损伤管道。

⑤管道过大、中、小桥及通道时采用玻璃钢电缆管箱，管箱和托架的规格按施工图加工，管箱应做镀锌处理，镀锌量为 600 g/m²。所有螺帽连接处均需加弹簧垫圈，铁件焊接处刷 2～3 遍锌粉。

⑥当管道过构造物采用管箱时，如桥头第一个或最后一个托架离桥台间距大于30 cm，应设置一节管箱，并将管箱伸入桥台；间距小于或等于 30 cm 则可不设管箱。

⑦管道过中墩时，在中墩两侧 10 m 以外，硅芯管分两路逐渐过渡到中墩侧壁通过，注意防撞护栏施工应避开硅芯管。

⑧管道过涵洞、通道和桥梁需要调整管道标高时，在构造物两侧 20 m 范围内，硅芯管大约以 1∶20 的坡度通过构造物上部，注意防撞护栏施工应避开硅芯管。

⑨管道铺设完毕后，应做试通实验。试通合格后，要用专用封头盖住管孔，以防泥沙等进入管孔。

⑩管道未经验收不得回填土，如果沟槽内有水，必须抽净后回填，以防回填不实，以后发生沉降，影响管道质量。

⑪硅芯管敷设可采用机械或人工进行。硅芯管敷设尽量平直，构造物两端的土基必

须夯实。

⑫应尽可能避免两人孔之间有接头;如果有接头,应增设专用标识。

3. 收费系统及收费广场照明

收费系统由收费车道子系统、计算机系统、闭路电视系统、有线对讲与监听系统、紧急报警系统和低压配电系统等组成。

本项目在湫坡头收费广场与主线收费广场设置照明系统。湫坡头收费广场采用15 m 高高压钠灯照明;主线收费广场采用 25 m 高高杆灯照明。

参 考 文 献

[1]　艾建杰,罗清波.公路工程施工技术[M].重庆:重庆大学出版社,2020.

[2]　程杨明,蒋昌俊.高速公路隧道施工中的超前支护技术[J].工程建设与设计,2024
　　　(21):188-190.

[3]　戴隆强,骆杨,胡泉辉.道路与桥梁工程施工技术研究[M].北京:中国商务出版
　　　社,2022.

[4]　徐家钰,王凤丽,杜海明.道路工程[M].3版.上海:同济大学出版社,2015.

[5]　韩波.高速公路改扩建工程中的旧桥拆除技术[J].工程建设与设计,2023(18):
　　　116-118.

[6]　钱波,洪晓江.道路工程试验检测技术实训指导书[M].北京:中国水利水电出版
　　　社,2020.

[7]　交通运输部公路科学研究院.公路工程质量检验评定标准 第一册 土建工程:JTG
　　　F80/1—2017[S].北京:人民交通出版社,2018.

[8]　交通运输部公路科学研究院.公路工程水泥及水泥混凝土试验规程:JTG 3420—
　　　2020[S].北京:人民交通出版社,2021.

[9]　交通部公路科学研究院.公路工程土工合成材料试验规程:JTG E50—2006[S].北
　　　京:人民交通出版社,2006.

[10]　交通运输部公路科学研究院.公路路面基层施工技术细则:JTG/T F20—2015
　　　[S].北京:人民交通出版社,2015.

[11]　李国强,魏茸,李宗运.公路桥梁与施工管理[M].北京:中国原子能出版社,2019.

[12]　姚祖康,朱以敬.道路路面工程[M].北京:中国建筑工业出版社,1987.

[13]　李文超,温志剑,赵晓龙.高速公路桥梁工程建设与设计[M].长春:吉林科学技术
　　　出版社,2023.

[14]　李悦.高速公路改扩建若干关键技术研究——以京港澳高速公路改扩建为例[D].
　　　西安:长安大学,2012.

[15]　赵福君,王怡森,易亮.公路桥梁施工技术与管理研究[M].北京:现代出版
　　　社,2021.

[16]　张彧,王天亮.道路工程材料[M].北京:中国铁道出版社,2018.

[17]　潘永祥.公路桥梁与改扩建新技术[M].昆明:云南大学出版社,2019.

[18]　全国安全生产标准化技术委员会非煤矿山安全分技术委员会.爆破安全规程:GB

6722—2014[S]. 北京:中国标准出版社,2015.

[19] 任佳.高速公路改扩建工程路基路面拼接施工技术研究[J]. 工程建设与设计,2023(24):193-195.

[20] 刘培文,牛开民,孟书涛,等.现代道路养护技术[M]. 北京:人民交通出版社,2017.

[21] 陕西省建筑科学研究院.钢筋焊接及验收规程:JGJ 18—2012[S]. 北京:中国建筑工业出版社,2012.

[22] 宋瑞利.高速公路改性沥青 SMA 上面层施工技术及应用效果[J]. 工程建设与设计,2024(20):145-147.

[23] 王宏兵,周长水,岳刚振.高速公路改扩建施工与项目管理[M].武汉:华中科技大学出版社,2023.

[24] 王旻,张振和.图解公路工程施工技术[M].北京:机械工业出版社,2020.

[25] 袁胜强,郑晓光.高速公路改扩建设计理论与实践[M].北京:中国计划出版社,2017.

[26] 交通运输部公路科学研究院.公路工程沥青及沥青混合料试验规程:JTG E20—2011[S]. 北京:人民交通出版社,2011.

[27] 中交一公局集团有限公司.公路隧道施工技术规范:JTG/T 3660—2020[S]. 北京:人民交通出版社,2020.

[28] 赵云华.道路工程制图[M].北京:机械工业出版社,2005.

[29] 赵之仲,王琨.公路工程养护及改扩建施工技术[M].徐州:中国矿业大学出版社,2017.

[30] 中国交通建设股份有限公司,中交第四公路工程局有限公司.公路工程施工安全技术规范:JTG F90—2015[S].北京:人民交通出版社,2015.

[31] 交通运输部公路局,中交第一公路勘察设计研究院有限公司.公路工程技术标准:JTG B01—2014[S].北京:人民交通出版社,2014.

[32] 交通运输部公路科学研究院.公路路面基层施工技术细则:JTG/T F20—2015[S].北京:人民交通出版社,2015.

[33] 招商局重庆交通科研设计院有限公司.公路隧道设计规范 第一册 土建工程:JTG 3370.1—2018[S].北京:人民交通出版社,2019.

[34] 中交第二公路勘察设计研究院有限公司.公路路基设计规范:JTG D30—2015[S].北京:人民交通出版社,2015.

[35] 中交公路规划设计院有限公司.公路桥涵地基与基础设计规范:JTG 3363—2019

[S].北京:人民交通出版社,2020

[36] 中交公路规划设计院有限公司.公路桥涵设计通用规范:JTG D60—2015[S].北京:人民交通出版社,2015.

[37] 中交一公局集团有限公司.公路桥涵施工技术规范:JTG/T 3650—2020[S].北京:人民交通出版社,2020.

[38] 中交公路规划设计院有限公司.公路钢筋混凝土及预应力混凝土桥涵设计规范:JTG 3362—2018[S].北京:人民交通出版社,2018.

[39] 周磊.高速公路改扩建工程方案研究[D].西安:长安大学,2010.

[40] 周水兴,何兆益,邹毅松.路桥施工计算手册[M].北京:人民交通出版社,2001.